中国人民大学"统筹支持一流大学和一流学科建设"研究成果

史 地 徘 徊

丁 超 著

商务印书馆

2016年·北京

图书在版编目（CIP）数据

史地徘徊/丁超著. — 北京：商务印书馆，2016
ISBN 978-7-100-12247-4

Ⅰ.①史… Ⅱ.①丁… Ⅲ.①历史地理学—研究—中国 Ⅳ.①K928.6

中国版本图书馆CIP数据核字(2016)第109850号

所有权利保留。
未经许可，不得以任何方式使用。

史 地 徘 徊

丁 超 著

商 务 印 书 馆 出 版
（北京王府井大街36号　邮政编码100710）
商 务 印 书 馆 发 行
北京市艺辉印刷有限公司印刷
ISBN 978-7-100-12247-4

2016年12月第1版　　开本787×960　1/16
2016年12月北京第1次印刷　印张19 1/4
定价:48.00元

目　录

绪言 ··· 1
 一、有益回顾 ··· 1
 二、正当其时 ··· 3
 三、由谁来写 ·· 10
第一章　科学与社会——中国历史地理学的科学史 ··········· 11
 一、作为"科学"的历史地理学 ······························ 12
 二、科学史视域中的历史地理学 ······························ 14
 三、中国历史地理学的科学社会学审视 ······················ 17
 四、赘言 ··· 45
第二章　学·商·政——禹贡学会时期的中国历史地理学 ··· 47
 一、小引 ··· 47
 二、"燕京有何可恋？" ······································· 52
 三、从古史到古地 ··· 68
 四、"以文字参加抗日" ······································· 79
 五、"救国之方"与"发财之术" ···························· 88
 六、向政界靠拢 ··· 93
 七、现实功用 ·· 97
第三章　师与徒——中国历史地理学的学术谱系构建 ········ 99
 一、小引 ··· 99

二、师生之争 ································· 105
　　三、从门人到稀客 ····························· 124
　　四、择校不如投师 ····························· 132
　　五、从乾嘉出发 ······························· 142
　　六、犹未可知的学术谱系重建 ··················· 147
第四章　经世致用——侯仁之历史地理学的现实关怀 ····· 150
　　一、小引 ····································· 150
　　二、思想历程 ································· 152
　　三、走出书斋 ································· 161
　　四、现实关怀 ································· 175
　　五、当下意义 ································· 177
第五章　何枝可依——基于课程、专业、系科设置的中国历史
　　　　地理学史 ································· 179
　　一、小引 ····································· 179
　　二、1949 年中华人民共和国成立之前的混沌 ····· 181
　　三、1949 年中华人民共和国成立之后的浮沉 ····· 194
　　四、新时期的两栖 ····························· 209
　　五、犹未可知的前景 ··························· 220
第六章　人事有代谢——"谭图"以前的中国历史地图编绘 · 222
　　一、小引 ····································· 222
　　二、读史工具 ································· 223
　　三、"杨图"余脉 ······························ 227
　　四、从地图底本到历史地图 ····················· 253
参考文献 ··· 285
后记 ··· 301

绪　言

《周易·大畜·象传》上说："君子多识前言往行，以畜其德。"① 先把道德说教的意味放置一边，单从学科发展史的角度来看，学界中人了解其所处学术分野的历史进程，纵然不是必需的，肯定也是有益的。

一、有益回顾

对学术发展的历史回顾，是中国传统学术的优良传统。南宋史家郑樵说"学术之苟且由源流之不分"②，如此看来，离开对学术源流的梳理条贯，难免陷入因循与苟且的泥淖之中。有研究者指出，对文学史的研究"不外是在学术史、思想史以及教育史的夹缝中以及交汇处，认真思考这作为课程、著述以及知识体系的'文学史'，到底该如何生存、怎样发展。"③ 对于历史地理学而言，

---

① 周振甫译注：《周易译注》，中华书局，1991年，第93页。
② （宋）郑樵著，王树民点校：《通志二十略·通志总序》，中华书局，1995年，第8页。
③ 陈平原：《重建"文学史"（代序）》，载《作为学科的文学史》，北京大学出版社，2011年，第2页。

何尝不需要对其课程、著述及知识体系的构建过程作一认真思考？

时至今日，学术史已成为历史学中最富活力的领域之一。就中国历史地理学而言，因其在历史学、地理学之间的两栖和跨界，对它进行的学术史梳理就成了一个极具话题性的课题。

每一位历史地理学的从业者，无论他（她）承认与否，其实都在进行着学术史研究。这既体现在《中国历史地理学·综述》[①]和单篇综述[②]中，也体现在学术论文的引言、学位论文的综述和学术专著的前言、后记中。只有对设定领域内的学术史有所梳理，才能凸显出自身研究的价值所在。而历史地理学界各位从业者的成败得失，同样会写进当下和未来的学术史。从某种意义上说，进行各种规模的中国历史地理学学术史研究，就是要寻找这一学科得以安身立命并延绵不息的"命脉"。

本研究的基本目标是在梳理中国历史地理学发展脉络的基础上，搞清历史地理学在中国曾经是什么，是什么因素塑造了中国历史地理学的当下概貌，这一塑造过程是如何展开的（包括何人、何地、何事等叙事要素）。在梳理完既定史实脉络之后，本研究的最高目标似乎也就浮出水面，那就是中国的历史地理学应该是什么。当然，这一最高目标是吸引学界投身学海，劈波斩浪的"灯塔"。

中国历史地理学的发展历程，见于夫子自道式的回忆性著述、盖棺论定式的评说、面面俱到的综述。类似于《中国历史地理学·综述》的著作为把握这一学科的基本发展进程提供了全景式鸟瞰，但这并不意味着中国历史地理学的学科发展史可以就此画上休止符。正如历史地图编绘并不止步于谭其骧主编的煌煌八册《中国历史地图集》，历史地理学的理论与实践并不停留在侯仁之，

[①] 华林甫：《中国历史地理学·综述》，山东教育出版社，2009年。

[②] 这些综述在华林甫编《中国历史地理学五十年（增订本）》（学苑出版社，2005年）中有集中体现。《中国史研究动态》不定期刊发年度历史地理学研究动态，亦可参考。

历史时期黄土高原环境变迁研究并不局限于史念海一样，历史地理学学术史的研究仍处于启程的时刻，还有太多的问题有待细致的史料考索和缜密的逻辑推演。

二、正当其时

清代学者阮元说："学术盛衰，当于百年前后论升降焉。"① 百年前后，是治史者便于选择的时间契机。时间太近，容易陷入当局者自己布下的迷局，且难以摆脱错综复杂的利益纠葛，纵有立论，难成信史。时间太久，话题则未免失去新鲜感，且往往因史料缺失而陷入困境。就是在百年前后这个时间段落，来自日本的"历史地理"词汇传入中国，属于"历史地理方面"的书刊，也在1912年传入中国②，欧美国家的历史地理学也漂洋过海而来。如此看来，深入探究中国历史地理学的百年历程正当其时。

2013年10月22日，侯仁之先生溘然长逝。由谭其骧、侯仁之、史念海引领的中国历史地理学，结束了"三驾马车"的旧时代，步入了格局未定的"后三老时代"。虽然"盖棺论定"的说法有些不近人情，而为中国历史地理学的旧时代写一份"悼词"的想法也未免狂妄，但生前身后事，总得有人说。品评百年学界往事，未尝不是对先贤的最好纪念。

正如有些学界前辈在不同场合所呼吁的，现在是时候研究中国历史地理学的现当代发展历程了。在此不妨举一个例子：中国地理学会历史地理专业委员会是该学科唯一的全国性专业学术团体，但关于该团体的成立时间和首任主任，却是众说纷纭，或认为是

---

① （清）阮元：《〈十驾斋养新录〉序》，载（清）钱大昕著，杨勇军整理：《十驾斋养新录》，上海书店出版社，2011年，第1页。

② 侯甬坚：《"历史地理"学科名称由日本传入中国考》，载《历史地理学探索》，中国社会科学出版社，2004年，第162~178页。原载《中国科技史料》2000年第4期。

1979年在西安成立，或认为是1962年在上海成立。有研究据当事人讲述，1979年西安全国历史地理专业学术会议绝无成立专业委员会的议程，因为在此之前已经成立了该机构。于是，"1961年11月28日在上海成立其下属的二级学会——历史地理专业委员会，当然是一个事实"①。据当时的媒体报道可知，确有"中国地理学会于1961年11月28日在上海举行了历史地理学术讨论会，并宣布成立历史地理专业委员会"②的记载。而且，竺可桢在1961年11月16日的日记中也说中国地理学会"专业委员已选定，130多人。地貌、经济地理学术讨论，……历史地理也要讨论，20人，历史地理5人"③。另据会议当天11月28日的日记所载，地理学会日程包括"论文50篇，历史地理七篇"④。但实际上，此次会议召开的初衷是为了讨论地貌学、经济地理学等强势地理学科分支，而历史地理学则是"加塞"进去的议题。1961年之前的历史地理学，只能匍匐在经济地理学的名义下生存。据竺可桢1961年5月5日的日记可知，中国地理学会理事会当日开会确定"会员暂时以专业委员名义过渡。成立自然地理、经济地理、水文气候、地貌、地图、教学六个专业委员会，总数400~500〔人〕，常委设北京"。其中，六个专业委员会常委的人员构成如下：

  自然：周廷儒，黄秉维，李孝芳，刘培桐，侯学煜；
  经济：侯，仇为之，王，高泳源，（土壤，刘培桐），李；

---

① 侯甬坚：《1978—2008：历史地理学研究的学术评论》，载《历史地理学探索（第二集）》，中国社会科学出版社，2011年，第60页。
② 周航：《中国地理学会举行历史地理专业学术讨论会》，《科学通报》，1962年第1期。
③ 竺可桢：《竺可桢全集》第16卷《竺可桢日记》第十一集，上海科技教育出版社，2009年，第151页。
④ 竺可桢：《竺可桢全集》第16卷《竺可桢日记》第十一集，上海科技教育出版社，2009年，第156页。

气候郭敬辉，李保之；地貌：沈玉昌，王乃梁；地图：张，曾，陈述彭，吕炯，毛；教学：陈凯，王，褚。①

由于日记是格式自由的个性化文体，竺可桢用了很多缩略称呼，标点符号使用也相当随意。譬如，地图专业委员会中的"毛"就是北京大学地质地理系的"毛赞猷"，竺可桢在此前的日记中竟将之写成谐音字"莫展友（北大）"。

在上段引文中，经济地理专业委员会常委中的"侯"只能是"侯仁之"。当时的中国地理学会理事会中只有侯学煜、侯仁之两位侯姓成员，侯学煜的学术专长是植物、土壤，只能归于自然地理专业委员会。侯仁之是历史地理学家，在没有历史地理专业委员会的情况下，只能将之归于距离其专业最近的经济地理专业委员会。

当然，将侯仁之划入经济地理专业委员会只是权宜之计。在此之前，由于历史地理学在中国地理学会中位置的缺失，使得侯仁之的身份属性更加模糊。就在1961年3月24日，中国地理学会理事会开会讨论该年学会工作计划，决定设立四组委员。其名单为：

教学组：侯仁之，黄君衡，李，周。
自然地理组：周，黄，侯学煜，郭敬辉，吕炯，刘培桐。
经济地理〔组〕：王守礼，吴传钧，仇为之，张，任金春（师大）。
地图组：曾世英，陈述彭，赵汝梅（师），莫展友（北大），张世骏，黄文明。

---

① 竺可桢：《竺可桢全集》第16卷《竺可桢日记》第十一集，上海科技教育出版社，2009年，第69页。

会员，全国性学会只有团体会员，不吸收个人会员。①

从3月末的教学、自然地理、经济地理、地图的四个组，到5月初自然地理、经济地理、水文气候、地貌、地图、教学的六个专业委员会，反映出当时中国地理学学科体系的重组和研究者的归队。将身为北京大学地质地理系主任的侯仁之教授划归"教学组"有其合理性，但这势必淡化其历史地理学家的专属身份。在自然地理、经济地理、地图学三分地理学"天下"的情形下，侯仁之只能暂时栖居于经济地理名下。

甚至到了1961年11月28日中国地理学会学术讨论会开幕当天，历史地理专业委员会仍旧寄居在经济地理门下。时任中国地理学会理事长竺可桢在题为"中国地理学会经济地理、地貌专业委员会1961年学术讨论会开幕词"的讲话中，第一句话就说："中国地理学会经济地理和历史地理、地貌的学术讨论会，今天正式开始了。"②为什么出现了文不对题的现象呢？下面接着看竺可桢的发言：

> 根据中央提出的"调整、巩固、充实、提高"的方针，以及今年四月全国科协会议的精神，经过学会常务理事会研究并报请全国科协批准成立自然地理、地貌、水文气候、经济地理（暂时包括历史地理）、地图五个专业委员会以及教学工作委员会……

---

① 竺可桢：《竺可桢全集》第16卷《竺可桢日记》第十一集，上海科技教育出版社，2009年，第41~42页。

② 竺可桢：《中国地理学会经济地理、地貌专业委员会1961年学术讨论会开幕词》，载中国地理学会经济地理专业委员会编辑《中国地理学会1961年经济地理学术讨论会文集》，科学出版社，1962年，第1页。

近几月来，北京、上海、江苏、浙江、陕西、吉林六个省市科协已推荐了一批有一定水平的同志分别担任五个专业委员会的委员……今天到会的只是一部分专业委员，在这次会上我们首先宣布成立地貌和经济地理两个专业委员会……其他几个专业委员会亦将陆续建立……

这次的讨论会是在地理科学大发展形势下召开的……历史地理方面亦将讨论今后发展方向，及如何更有效地为社会主义建设服务等问题……我们相信，通过这次讨论将可更确切有效地把我国的地貌学、经济地理学、历史地理学推向一个新的发展阶段。[①]

不难发现，中国地理学会1961年年底召开的这次会议的原定主题就是经济地理、地貌学，会上首先成立的就是这两个专业委员会，而在半年多以前已经获批成立自然地理、地貌、水文气候、经济地理、地图五个专业委员会和一个教学工作委员会。此时，历史地理学的发展方向尚待讨论，研究力量还很薄弱，所以只能暂时挂靠经济地理专业委员会。

由竺可桢的发言我们可以看到一个工作流程，专业委员会的设置需要常务理事会的研究，并报请全国科协批准。这既需要时间，也需要走流程。此次会上担任地貌、经济地理两个专业委员会主任的任美锷、曹廷藩，以及副主任人选，就是"学会常务理事会建议，并得全国科协同意"。

由上可知，在1961年11月28日的中国地理学会学术讨论会上不可能按照正常流程建立历史地理专业委员会，顶多是对外宣布要成立历史地理专业委员会。至于何时经中国地理学会常务理事会

[①] 竺可桢：《中国地理学会经济地理、地貌专业委员会1961年学术讨论会开幕词》，载中国地理学会经济地理专业委员会编辑《中国地理学会1961年经济地理学术讨论会文集》，科学出版社，1962年，第1~2页。

讨论通过，并报请全国科协批准，现在无从得知，有待日后对档案、日记等未公开资料的发掘。

如果以专业学术团体作为中国历史地理学"全面建立"乃至"成熟"的标志，那么这个学科全面建立的时间点还需再加斟酌。不过，谭其骧在1980年11月写的自传中说"去年在西安召开的全国历史地理学术会议上，中国地理学会历史地理专业委员会决议要办一种全国性的刊物《历史地理》"①。看来，该委员会在1979年已存在当属不争的事实。可是，谭其骧在传记中提到"目前我的兼职有上海市历史学会理事、中国史学会常务理事、中国地理学会理事、中国社会科学院历史研究所兼任研究员、《中国历史大辞典》副总编、《历史地理》主编"②，唯独没有说自己在历史地理专业委员会的角色。在后来出版的《历史地理》第九辑"庆祝谭其骧先生八十寿辰专辑"所刊《谭其骧先生简历》中也未提及此事。

至于首任专业委员会主任，也随之成为谜题。有观点认为侯仁之在1979年西安历史地理学会议上当选为专业委员会首届主任。③又有观点把侯仁之出任主任委员的时间拉到1952年，认为侯仁之在"1952~1985年当选为中国地理学会副理事长和历史地理专业委员会主任委员"④。或者说，侯仁之"1952~1985年历任中国地

---

① 谭其骧：《谭其骧自传》，载晋阳学刊编辑部编：《中国当代社会科学家传略》第二辑，山西人民出版社，1982年，第369页。
② 谭其骧：《谭其骧自传》，载晋阳学刊编辑部编：《中国当代社会科学家传略》第二辑，山西人民出版社，1982年，第366页。
③ 姜义华、武克全主编：《二十世纪中国社会科学·历史学卷》，上海人民出版社，2005年，第301页。具体内容执笔者为吴松弟。
④ 尹钧科、韩光辉：《锲而不舍 锐意进取——记侯仁之教授的治学精神》，载中国地理学会历史地理专业委员会《历史地理》编辑委员会编：《历史地理》第十辑，上海人民出版社，1992年，第2页。

理学会副理事长兼历史地理专业委员会主任委员"①。侯仁之传记中更是明确说他在1952年当选为"中国地理学会副理事长兼历史地理专业委员会主任委员"。可是，又有观点主张谭其骧为首任专业委员会主任，并说"1986年以前，谭其骧担任历史地理专业委员会主任，侯仁之、史念海担任副主任"。② 陈桥驿的观点更为明确，说谭其骧"同时还担任中国地理学会历史地理专业委员会主任，筹划和主持了1982年在上海举行的中国历史地理学界有史以来第一次国际学术讨论会……1985年，中国地理学会各专业委员会换届，他坚持要把历史地理专业委员会的这副担子卸给我，我无法说服他，只好接了这副担子。"③ 陈桥驿担任数届专业委员会主任之职，果如其所言，谭其骧任专业委员会副主任的通常说法是不是失实呢？就在2011年举办的谭其骧百年诞辰的纪念会上，朱士光发言说："后来在中国地理学会组建历史地理专业委员会的时候，因为当时侯先生是中国地理学会的副理事长，就出任了历史地理专业委员会的首任主任，谭先生和史先生出任副主任"④。问题的讨论似乎又回到了起点，到底谁是首届历史地理专业委员会主任呢？这是梳理当代中国历史地理学发展历程的一个关键性知识点。诸如此类的知识点如果不能考实并加以贯穿，又将如何去认清曾经走过的道路？

2015年2月11日，陈桥驿先生溘然长世。历史地理学界又失去了一位可以请益问难的长者。再不去回头检视中国历史地理学的发展历程，激发对关键性问题的讨论，恐怕疑惑仍旧还是疑惑。如

---

① 于希贤:《侯仁之（1911~　）》，载中国科学技术协会编:《中国科学技术专家传略·理学编·地学卷（2）》，中国科学技术出版社，2001年，第225页。
② 张步天:《历史地理学概述》，河南大学出版社，1993年，第101页。
③ 陈桥驿:《回忆谭季龙老师》，载中国地理学会历史地理专业委员会《历史地理》编辑委员会编:《历史地理》第十二辑，上海人民出版社，1995年，第15页。
④ 复旦大学历史地理研究中心主编:《谭其骧先生百年诞辰纪念文集》，上海人民出版社，2012年，第201页。

果后世学人把考证 1979 年西安历史地理学术会议的与会者和会议日程当成了论文选题,这恐怕就是当下学人的失职。

三、由谁来写

根据目前学界的一般运行规则,回顾学科的发展历程,或者展望未来发展趋势,似乎是硕学鸿儒才有资格完成的学术志业。对于初出茅庐的学界新人而言,最好的选择就是洗耳恭听。如果这样,难免发出类似于"科学史是不是很像一种供科学家晚年聊以自慰或是供某些学者自娱自乐的消闲学问呢?"①的疑问。倘若果真如此,学者在学术生涯末期进行的学科史研究未免受制于精力和思维定式的限制,而自娱自乐型的学科史研究则失去强烈的学科关怀意识。

好在获得"自然科学"身份的科学史已经名正言顺地成了年轻学者的饭碗。史学史、学术史、思想史等人文学科也已完成建制化。纵然是白手起家,学者也可以对史学、学术、思想等对学科素养积淀要求颇深的科学进行历史的评述。越来越多的年轻学者投身于对陈寅恪、胡适、冯友兰、竺可桢等学界巨擘所开创的学科的发展史研究中。没有人会苛责年轻学者一定要具备前贤一样的学术素养和人生阅历。正如"台上无大小,台下立规矩"这一曲艺行当的传统一样,学术界对于学术命题的探讨,自然也应没有长幼之别、尊卑之分。任何实质意义上的学术进步都是基于前人研究成果的"革命"。学科史研究上若出现歌舞升平的太平盛世,必将出现掩饰不住的故步自封境地。

---

① 江晓原主编:《科学史十五讲》,北京大学出版社,2006 年,第 2 页。

第一章　科学与社会
——中国历史地理学的科学史

关于历史地理学学科属性的讨论，历时几十年，得出的结论就是"没有结论"。你可以承认它是历史学，那么关于中国历史地理学发展进程的叙事就因而属于史学史。实际上，在题为中国史学史的论著中，或多或少都捎带提到历史地理学。你当然也可以把历史地理学当成地理学，而地理学则属于自然科学阵营，那么对历史地理学在中国发展历程的梳理，就毫无疑问属于中国科学技术史的范畴。

作为科学史的中国历史地理学史，显然要比史学史更有张力和内涵。道理很简单，"科学"是一个几乎可以包打天下的概念，如果把"科学"细分为人文科学、社会科学、自然科学三大领域，那么中国的历史地理学怎么发展也不会溢出这三大领域。更何况很多人本身就乐于承认"历史科学"的概念。如此看来，无论历史地理学属于历史科学还是地理科学，它都可以被视为科学史的研究对象。

一、作为"科学"的历史地理学

科学是什么？什么是科学？——这是科学哲学要探讨的元命题。对于向来以科学自命的历史地理学来说，只有经过类似的盘问，才能在人类精神文化宝库中找到属于自己的合适位置。

科学是一个难以准确界定的词汇。科学社会学的奠基者默顿（R. K. Merton，1910~2003年）曾就此做出如下表述：

> 科学是一个容易使人产生误解的范围广泛的术语，它所指的是诸多不同的、尽管是相关的事项。它通常被用来指：①一组特定的方法，知识就是用这组方法证实的；②通过应用这些方法所获得的一些积累性的知识；③一套支配所谓的科学活动的文化价值和惯例；或者④上述任何方面的组合。①

如此看来，科学的外延非常宽泛，不必为历史地理学的科学身份担忧。如今，在科学大致分类为自然科学、社会科学、人文科学的现状下，历史地理学作为科学门类之一，似乎没有什么疑问。但是，"于无疑处生疑"恰是推动学术进步的基本原动力。历史地理学是不是科学，是什么样的科学，这的确是一个巨大而复杂的问题。当然，这个问题的解答，首先取决于对"科学"的定义。在此，我们无意越俎代庖，像科学哲学那样去深入探讨什么是"科学"的问题，而是采取较为公认的共识。按照一般理解，"'科学'一词应该总是被解释为涵盖所有有条理的知识。当然存在着不同的

---

① [美] R. K. 默顿著，鲁旭东、林聚任译：《科学社会学》上册，商务印书馆，2004年，第362~363页。

'科学'——物理科学、生物科学、行为科学、社会科学、人文科学、医学科学、工程科学等等"①。既然如此,历史地理学可以在科学殿堂里安枕无忧地存续下去。

历史地理学既然是科学门类之一,那么以科学为研究对象的科学哲学、科学社会学、科学史等学科顺势也可将历史地理学视为研究对象。如何下手"解剖"这个研究对象,不同的学科有不同的问题意识、理论框架和研究方法。但谁都无法否认科学哲学、科学社会学、科学史是三个关系密切到无法遽然分开的研究领域。它们所关注的"科学"又被具体化为各个命题。著名科学哲学家约翰·齐曼(J. M. Ziman, 1925~2005年)认为科学"它确实是科学研究的产物;它也的确采用了独特的方法;它是一个组织化的知识体系;它是一种解决问题的工具;它也是一种社会建制;它需要物资设备;它是教育的主题;它是文化的资源;它需要被管理;它是人类事务中重要的因素"②。在他看来,把上述"互相差异、有时是相互矛盾的方面联系起来,并且统一在一起"才能构成完整的科学"模型"。由此可见,对科学的研究既要内在于科学本身,研究它的方法、知识体系等,又要超出科学之外,涉及科学与教育、文化、社会等方面。作为一种道德说教,可以说"真正的科学家(自然科学家或人文和社会的科学家),不仅是要有天赋、有训练和能够从事研究工作,并且必须对学问有极浓厚的兴趣;他的推动力是单纯的求对事、理的了解,万不应唯有名誉或权利的因素"③。但是摆脱社会环境的科学家与纯粹的科学从来就是一种理想——过去是,现在是,将来也是。

---

① [英]约翰·齐曼著,曾国屏等译:《真科学:它是什么,它指什么》,上海科技教育出版社,2002年,第35页。
② [英]约翰·齐曼著,刘珺珺等译:《元科学导论》,湖南人民出版社,1988年,第6~7页。
③ 吴大猷:《谈发展我国的科学研究(1963年)》,载《吴大猷科学哲学文集》编辑组编:《吴大猷科学哲学文集》,社会科学文献出版社,1996年,第259页。

因此，我们显然不能将历史地理学视为经由纯粹学术理念指导下的真空科学。借鉴科学哲学、科学社会学、科学史的思想资源，无疑将为传统的历史地理学学术史注入新的生命力。如果仅将历史地理学学术史视为知识不断增加和条理化的过程，最后形成的只能是一部学术编年史。

二、科学史视域中的历史地理学

如果将历史地理学视为历史学的分支学科，则本研究的属性是史学史。倘若将历史地理学视为地理学的分支学科，则本研究无疑是一项科学史（或称科学技术史）成果。关于历史地理学的学科属性，是一个虽有"定论"但仍有异说的经典命题，这一问题恐怕短期内不可能盖棺论定。当然，历史学也可被视为广义上的科学，于是出现了《唯物史观与历史科学》（庞卓恒著，高等教育出版社，2004年）、《历史科学概论》（葛懋春主编，山东教育出版社，1983年）、《马克思恩格斯列宁斯大林论历史科学》（黎澍主编，人民出版社，1980年）等冠以"历史科学"的著述大量出现。

在人文科学、社会科学和自然科学三足鼎立的当代科学知识框架结构中，如果我们将历史地理学视为人文社会科学的一部分，那么根据人文社会科学哲学的理论体系[1]，探讨历史地理学的性质和对象、结构与功能、进化发展的动力和内在机制、科学家和共同体、科学性与意识形态性、范式转换与学科际沟通、评价与检验等问题，就成了历史地理学哲学的题中应有之义。

可以说，抛却历史地理学学科属性的讨论，我们完全可以借鉴现有的科学史研究套路（如江晓原所概括的实证主义的编年史方法、思想史学派的概念分析方法、社会学的方法等），对历史地理

---

[1] 欧阳康主编：《人文社会科学哲学》，武汉大学出版社，2001年。

学的中国道路加以梳理,这在学理上是贯通的,在方法上是可行的。

科学史研究按其旨趣不同,曾被分成内史与外史两类。"内史主要研究某一学科本身发展的过程,包括重要的事件、成就、仪器、方法、著作、人物等等,以及与此相关的年代问题……外史则侧重于研究该学科发展过程中与外部环境之间的相互影响和作用,以及该学科在历史上的社会功能和文化性质;而这外部环境可以包括政治、经济、军事、风俗、地理、文化等许多方面。"① 按照这种分类方式,华林甫的《中国历史地理学·综述》就是最有代表性的历史地理学史内史著作。本研究如果循着内史的道路走下去,只能做一些查漏补缺的技术工作,不可能有所突破。由此,本研究更多着眼于对中国历史地理学发展外部环境的考察。

已有的科学史研究表明:"科学史不单是概念或理论的历史,它同时还是人类古往今来实践活动的历史。在这些活动中渗透着种种社会因素,由此而产生的科学与社会的互相作用、科学的社会和文化方面的历史进程,即科学的外史则无论对于人们理解历史中科学的生动形象,还是对于人们理解作为现代科学文明所依据的社会基础的历史的形成来说,都是十分重要的。"② 要想重建鲜活生动的中国历史地理学发展史,不能不仰仗于外史。

我们当然可以把历史地理学置于政治、经济、文化、宗教、军事等各个领域加以考察。在宏阔的时代潮流中,历史地理学不过是一株随风飘摇但又具有顽强生命力的小树。我们直接看到的是地面以上的枝叶,但不能忘记它所植根的土壤。蒙文通认为:"讲论学术思想,既要看到其时代精神,也要看到其学脉渊源,孤立地提出

---

① 江晓原:《科学史外史研究初论——主要以天文学史为例》,《自然辩证法通讯》,2000年第2期。

② [日]古川安著,杨舰、梁波译:《科学的社会史:从文艺复兴到20世纪》,科学出版社,2011年,序言第ix页。

几个人来讲，就看不出学术的来源，就显得突然。可先论述当时的变化和风气，突出某些人物。"① 蒙文通的这种主张，实际上就是要求把个体的学术置于学术群体、时代氛围下加以考察，避免就事论事的弊端。后来，余英时提出学术思想研究中的"内在理路"概念。他认为："所谓'内在理路'只是说思想史本身也是一个具有相对独立性的领域，有它内在的问题。我们可以从它的发展过程中找到从上一个阶段转变到下一个阶段的线索（即所谓'理路'）。但这并不是说思想史完全不受外缘因素（如政治、经济等）的影响。"② 这个"内在理路"与科学史上的"内史"何其相似。对外缘因素的考察，也类似于科学史研究中的"外史"趋向。

当然，"从内史到外史，并非研究对象的简单扩展，而是思路和视角的重大转换。就纯粹的内史而言，是将科学史看成科学自身的历史（至少就国内以往的情况看来基本是如此）；而外史研究要求将科学史看成整个人类文明史的一个组成部分。由于思路的拓展和视角的转换，同一个对象被置于不同的背景之中，它所呈现出来的情状和意义也就大不相同了。"③ 对这一领域做出开创性贡献的就是默顿。他在 1938 年正式发表的博士论文《十七世纪英格兰的科学、技术与社会》突破了科学史研究的内史（科学思想史）模式，奠定了科学社会史（外史）的研究范式。④ 循着这一研究思路，英国马克思主义科学史家贝尔纳（J. D. Bernal，1901～1971年）在 1954 年出版的《历史上的科学》一书在"本质上是拿科学

---

① 蒙文通：《治学论语》，载蒙默编：《蒙文通学记》（增补本），生活·读书·新知三联书店，2006 年，第 28 页。
② 余英时：《从"反智论"谈起》，载《史学与传统》，时报文化出版事业有限公司，1982 年，第 117 页。
③ 江晓原：《科学史外史研究初论——主要以天文学史为例》，《自然辩证法通讯》，2000 年第 2 期。
④ ［美］罗伯特·金·默顿著，范岱年等译：《十七世纪英格兰的科学、技术与社会》，商务印书馆，2009 年。

和社会间的相互作用来做论题。如有侧重,毋宁是在科学对历史发生影响的一面,而不在历史对科学发生影响的一面"①。

以往关于历史地理学学术史的研究,更多的是对"内在理路"的条分缕析,必须加强研究的则是政治、经济等外在因素对学科发展的影响和制约。在具体的学术思想史撰述中,宏阔的时代精神(时代背景)描摹与具体而微的个案研究总是无法截然分开的。梳理学人与学脉渊源(换言之学派、学术思潮等)、学人与时代背景(换言之即一时代的政治、经济、社会等层面)之间的关系,是学术思想史研究的惯常思路。探讨历史地理学与国家命运、政局变动的关系,可以呈现出中国历史地理学被政治扭曲而发生的畸变。认清这种畸形的形成机制及其后世影响,也不枉"前事不忘后事之师"的古训。

三、中国历史地理学的科学社会学审视

(一)科学社会史的产生

科学史研究中的内史与外史之分,并不是绝对和明确的。在科学史研究中越来越多的人主张消弭内史与外史之间的紧张和对立,主张综合这两种研究视角。

传统的科学史研究以内史(亦即科学思想史)为主,但其"不足之处是忽视了科学思想之外的社会环境对其产生的影响"②。如何弥补这一缺失呢?在科学史研究分化整合的过程中,逐渐发现"以科学社会学为更合适的盟友"。科学社会学自诞生以来产生了不少流派,但"不论哪一派,只要属于科学社会学,都把科学置于社会之中,即把科学作为一种社会因素看待,把科学这种社会因

---

① [英]贝尔纳著,伍况甫等译:《历史上的科学》,科学出版社,1959年,第25页。

② 魏屹东:《广义语境中的科学》,科学出版社,2004年,第45页。

素与其他社会因素的互动关系或者科学这个小社会内部各有关因素之间的相互关系作为研究重心"①。

科学社会学与科学史有着与生俱来的紧密关系。在科学史阵营看来:"科学社会学就是科学的社会史,是外史的延伸和扩展。科学社会学与外史研究的交相呼应,有力地促进了科学与社会互动关系这一领域的研究。如果说科学内史是对科学知识发展的纵向研究,那么外史与科学社会学(及科学社会史)是对科学史事间的横向的社会关系的研究。正是这种纵横的内外史研究,构成了科学史的整体之网。"② 可以说,科学社会学在科学史领域内的应用,有效推动了科学史的进步和升级。

科学社会学和科学史的融合,促成了科学社会史的生成。研究者发现科学社会学与科学史的融合,导致科学史研究"远离科学思想史,趋就科学社会史。科学思想史,把科学的发展看做是那些围绕着世界之运作方式的观念先后交替更迭的历史;科学社会史所关注的,则是研究自然的人在其所从属的外界社会里所担任的角色和功能"③。科学社会史的研究实践则证明:"绝不要把科学史讲成一部大观念、璀璨的深邃见解交替更迭的历史,我们要想全面地理解科学史,就得认识到,……各种科学技术的实际操作者们进行科学研究的方式也是一个很重要的因素。"④ 简单说来,"科学的内因史就是科学思想史,科学的外因史就是科学社会史"⑤。

---

① 马来平:《科学的社会性和自主性——以默顿科学社会学为中心》,北京大学出版社,2012年,第3页。
② 高策、杨小明等:《科学史应用教程》,山西科学技术出版社,2003年,第77~78页。
③ [英]约翰·亨利著,杨俊杰译:《科学革命与现代科学的起源》,北京大学出版社,2013年,第15页。
④ [英]约翰·亨利著,杨俊杰译:《科学革命与现代科学的起源》,北京大学出版社,2013年,第15~16页。
⑤ 邱仁宗:《科学方法和科学动力学:现代科学哲学概述》,高等教育出版社,2013年,第190页。

具体到本研究来说，我们不只是关注中国历史地理学有什么学者、著作、事件、思想，而是采用科学社会学的研究视角，去分析其所处的社会背景。正如知识社会学的创始人卡尔·曼海姆（Karl Mannheim）所言，"知识社会学也应以同样的方式尽力去调查各种问题和各种学科开始出现与消失的条件。社会学者从长期来看必须能够做得更好，而不是把问题的出现和解决仅仅归因于某些能人的存在。某一特定的时间和地点的问题，以及它们之间复杂的相互关系，必须放在它们所产生的社会结构背景下去看待和理解，尽管这并不能总是使我们理解每个细节"①。本研究所要尝试的，就是通过对细节的复原和贯穿，分析中国历史地理学何以形成今天的面貌。

我们知道，每一个学者都有其性别、年龄等自然属性，也都有政治（阶级阶层）、民族、文化、宗教、教育、家庭等社会属性，还都有城市与乡村、中原与边疆、国内与国外等地域属性。历史地理学者也具备上述自然、社会、地域属性，其学者身份的塑造与之有着息息相关的联系，这种联系的建立及运作，从而构成了历史地理学者身份的复杂性，由此导致了历史地理学发展历程的复杂性和不确定性。

当然，我们也知道，历史上的科学知识与社会之间绝非单纯的决定与被决定的关系，必须充分考虑到二者之间的互动、磨合与调适。换言之，"探析知识与社会的相互建构和共同演化，要求将焦点置于具体条件和情境中的建构过程，而不是采用宏观相一致的因果解释模式"②。必须充分考虑到历史地理学与中国社会之间相互关系的复杂性和不确定性。

---

① [德]卡尔·曼海姆著，黎鸣、李书崇译：《意识形态与乌托邦》，商务印书馆，2000年，第110~111页。

② 刘珺珺、赵万里：《知识与社会行动的结构：知识社会的理论与实践研究》，天津人民出版社，2005年，第90页。

(二) 科学社会史中的中国历史地理学

在展开具体研究之前，我们不妨通过归纳举例的方式，揭开中国历史地理学的科学社会史研究序幕。当然，这只是示例，不可能面面俱到，更全面、更深入的研究期待在日后的研究工作中实施。

1. 写在政治边上

学术与政治的关系，是科学社会学的核心命题之一。中国历史地理学从萌芽破土到成为参天大树，无时无刻不受到来自政治的刺激或羁绊。今天，我们可以大张旗鼓地标榜思想自由，歌颂精神独立，甚至把"自由之思想，独立之精神"奉为治学圭臬。但很不幸（对于某些人来说也"很荣幸"），学术从来也不可能与政治厘清关系，划清界限。一部中国学术史（包括史学史或地理学史）从某种程度上只是中国大历史的一个注脚。

剥离了宏阔的国际政治或波诡云谲的国内政治背景，真空状态下的历史地理学史固然显得纯净而可爱，但是绝不可信。当然，我们也可以武断地把中国历史地理学界的前贤乃至今人分成左中右三派，但这种划分同样抹杀了历史人物的多重面目和历史事实的复杂性。

今天，学界可以开诚布公地探讨张其昀的历史地理学贡献[1]，但要是在几十年前，大陆学界谁敢替这位"帝国主义走狗、披着地理学家外衣的反动政客张其昀"[2] 说半句好话？更不必说他在历史地理学领域内一度领先的译介和探索。张其昀这位国民党元老、"总统府资政"的政治活动，像他的传世文字一样多。试想一下，

---

[1] 韩光辉：《张其昀及其历史地理学贡献》，载《历史地理学论稿》，商务印书馆，2006年。原载《中国科技史料》，1997年第1期。

[2] 陈传康：《自然地理学不是"地理学的基础"，而是一门独立的自然科学》，《自然辩证法通讯》，1958年第1期。

张其昀要不是因为和蒋介石、国民党走得太近,他也不至于退走台湾,其在大陆历史地理学界的影响则不会猝然中断。钱穆对于沿革地理研究也颇有心得,但在新中国成立前,"钱穆与张其昀在广州参加反共组织"①。既然在政治上对新中国持敌对态度,其落脚点也只能选在港台,其学术影响也随之被一度肃清,只能被视为批判对象。

顾颉刚被视为历史地理学的"开山祖师"。有人说他拒绝朱家骅、王云五等游说,绝不从政②,试图将顾先生塑造成政治上永远正确、经济上永远清贫、思想上永远高尚、行动上永远进步的当代圣贤。这种刻意追求"高大全"的思维模式,对于"流转于学、政、商三界"的社会活动家顾颉刚而言,与其说是褒奖,不如说是歪曲。睿智如顾颉刚者,早就意识到"学人遂为政界之附庸,不足以自立,一旦政费竭蹶,则虽专门名家亦惟有束手待毙,学术之不为世重久矣"③。所以,余英时透过《顾颉刚日记》看到:"他的'事业心'竟在'求知欲'之上,而且从1930年代开始,他的生命形态也愈来愈接近一位事业取向的社会活动家,流转于学、政、商三界。"④ 可以说,顾颉刚在20世纪30年代开创的禹贡学会决不只是纯粹的学术事业,其创办初衷、运营及终结,均有其显见的国际关系背景及国内政治势力的影响。如果仅仅是沿革地理和边疆地理研究,而没有明确的抗日救国思想,顾颉刚也不会因此名列日寇的通缉黑名单,禹贡学会的活动也不会因此戛然而止。而正是因为具有鲜明的抗日主张,公开参与众多的抗日活动,在日

---

① 顾颉刚:《顾颉刚日记》第六卷(1947—1950),联经出版事业股份有限公司,2007年,第458页。

② 刘肃勇:《忆古史辨学派开创者顾颉刚》,《中国社会科学报》,2012年8月13日。

③ 顾颉刚:《请设立中国文化银行调节有关文化资金发展文化事业案》,载《顾颉刚全集·宝树园文存》卷五《文化编》,中华书局,2011年,第339页。

④ 余英时:《未尽的才情——从〈日记〉看顾颉刚的内心世界》,载《顾颉刚日记》第一卷(1913—1926),联经出版事业股份有限公司,2007年,第1~2页。

寇入侵北平之后，顾颉刚不得不远走西北，如日中天的禹贡学会及《禹贡半》月刊因为"台柱子"的撤离而陷入停顿，中国历史地理学的发展历程由此改写。

在1949年新中国成立之初的思想改造运动中，谭其骧检讨自己"以前一般政治水平不高，自由散漫，态度不严肃，过于轻松，开会时有时笑，或打瞌睡。发言时往往不考虑政治影响，自以为超政治，而没有认识到个人与集体的关系"①。多年之后的1958年，身为谭其骧和侯仁之共同老师的邓之诚听说"（姚嘉绩②）又言：谭其骧近因学生要求在地理沿革中加入马列主义，而谭拒之，致受批评。……予听之，不啻异闻"③。谁曾料到，这种"异闻"后来成为常识。侯仁之在名作《历史地理学刍议》中就用大段篇幅论述"在历史地理学的领域内唯物主义和唯心主义的对立和斗争"。可以说，不去探究马列主义如何嵌入历史地理学的问题，也就无从理解1949年后的历史地理学发展历程。

谭其骧以主编《中国历史地图集》闻名于世，其学术影响力举世罕有其匹。但这项学术工作自始至终是一项政治任务。毛泽东、周恩来、政治人物时不时在背后擘画，中宣部、外交部等党政机关也参与其中。此外，专为毛泽东而进行的"大字本"注释工作，更是倾注谭其骧不少心力的政治任务。后人曾有如下设想："要是谭其骧17岁后继续参加革命，他可能成为中国共产党的高层领导，干一番惊天动地的事业。要是他新中国成立后更积极地参与政治，他完全可能担任大学校长或更高的职务。"④ 当然这种设

---

① 葛剑雄编：《谭其骧日记》，文汇出版社，1998年，第322页。
② 姚嘉绩，即姚家积，生平事迹不显，毕业于燕京大学，曾任中国科学院历史研究所元蒙史组、历史地理研究组组长，后任中国社会科学院历史研究所研究员。
③ 邓之诚著，邓瑞整理：《邓之诚文史札记》下册，凤凰出版社，2012年，第1099页。
④ 葛剑雄：《悠悠长水——谭其骧后传》，华东师范大学出版社，2000年，第3~4页。

想未免太乐观。如果早年积极投身革命前沿,"也许早就死了,或者成了党内的反革命"①,不可能成为历史地理学的一代宗师。即便是1949年后更积极地参政,其结局未必就比吴晗好多少。谭其骧不可能游离于政治之外,这是中国知识分子的宿命。这种宿命的存在既成就了谭其骧,也正是他的遗憾所在。

没有人能游离于政治之外,侯仁之也是如此。1949年,侯仁之从英国利物浦大学学成归国。此前,侯仁之长期浸淫于西方学术传统和基督教文化背景之下,言行和思想显然不能与新中国的意识形态、高等教育和学术研究指导思想完全契合。于是,侯仁之在燕京大学这所美国基督教会学校里开始"积极靠拢党,参加各项政治学习、政治运动,是教授中的积极分子"②。随着政治立场的日益明晰,其接下来的学术生涯越来越与政治纠缠在一起。在接踵而至的三反五反运动、思想改造运动、忠诚老实运动中,政治上的排队贯穿始终。来自"上面"的被动安排,与来自"下面"的主动表现,奏响了燕京大学每一位教授的命运二重奏。当然,身为历史系教授的侯仁之也没有置身事外的自由。

侯仁之晚年在接受采访时说:"院系调整的时候给了我一个名誉,让我担任副教务长,原因就是我一直在做党的地下工作。在院系调整的时候,因为一些原因,很多人都调走了,有一部分人留下来,而且给我一个职务:副教务长兼地质地理系主任,在过去的燕京人当中。我在学校中担任的职务最大。"③ 而与侯仁之命运迥异的则是侯仁之的同事林超。林超,同样毕业于利物浦大学,曾任中国科学院地理研究所所长。在南京解放前夕,林超选择了南迁广州。在当时看来,"少数在政治思想上或利害关系上和国民党政府

---

① 葛剑雄:《悠悠长水——谭其骧前传》,华东师范大学出版社,1997年,第17页。
② 张世龙:《燕园絮语》,华龄出版社,2005年,第16页。
③ 陈远:《侯仁之:辟密道送学子赴解放区》,载《消逝的燕京》,重庆出版社,2011年,第75页。

关系密切的人，自然做好了随国民党政府南迁的打算"①。于是，林超的南迁之举就成了"政治污点"，在1949年后的历次政治运动中必然要为之付出惨重代价。反右运动期间，有人批评："去年知识分子政策提出之后，我校一阵风地在高级知识分子中发展了一批党员，我听到的一些名字是严仁赓、侯仁之、冯至、陈定民、季羡林、曹靖华等……一分析，这些同志不是教务长，就是系主任、教研室主任等领导干部。这给我一种错觉，好像是专门吸收领导干部入党似的。"② 侯仁之身为北大地质地理系主任兼副教务长，加入中共似乎并不困难。但由于历史上的某些"疑点"，最终未能如愿入党，据说"北大党委报告称呼冯友兰、侯仁之为'投机取巧分子'，企图混入党内。侯仁之为北大副教务长，申请入党一直艰难，主要在于他与一多年好友（托派重要分子）的关系未能查清"③。直到1979年12月31日，北京大学校党委常委才开会同意侯仁之加入中国共产党。

说到入党，谭其骧也是到了1983年6月29日才加入中共，同年12月又当选九三学社第七届中央委员会顾问。另两位历史地理学大家也选择了加入民主党派。史念海早在1953年就加入了中国民主促进会。石泉虽然早年加入中共领导的外围组织，积极参加进步学生运动，但1949年后则选择加入中国民主促进会。诸位历史地理学前辈的政治选择，使得他们有机会参加到国家政治生活中，从而使得历史地理学更为发挥有用于世的功用。谭其骧曾当选数届全国人大代表和上海市政协常委，并作为议案人向全国人大提交

---

① 施雅风口述，张九辰整理：《施雅风口述自传》，湖南教育出版社，2009年，第100页。
② 黄继忠：《大胆向党和党员提意见》，载北京出版社社编：《首都高等学校反右派斗争的巨大胜利——中国人民大学、北京大学、清华大学、北京师范大学反右派斗争材料选辑》，北京出版社，1957年，第216~217页。
③ 陈徒手：《北京高校五十年代对教授入党的态度》，《南方都市报》，2011年12月6日。

"首届博士研究生待遇应适当提高,以利人才培养案"、"组织力量调查研究,为调整现行的省一级行政区划作好准备"、"建议改革现行行政区划中一些不恰当的名称"、"在现行工资制度未作根本改革前,工调时应将中专以上学历计入工龄案"、"建议各大专院校、研究单位,应有权不受户口限制,留用成绩优异的研究生案"等与国家大政方针密切相关的议案。史念海先生也曾当选全国政协委员,在与设置教师节直接相关的全国政协"为提高教师的社会地位,造成尊师重教的社会风尚,建议恢复教师节案"中,史念海就是联名者之一。石泉的参政热情似乎更高一些,曾任全国政协常委、湖北省政协副主席、民进中央常委及湖北省主委。至于侯仁之,1949年新中国成立之初当选中华全国民主青年联合会委员,后又当选北京市人民委员会委员、市人大代表和全国政协委员。正是在1985年4月召开的第六届全国政协第三次会议上,侯仁之与阳含熙、郑孝燮、罗哲文等联名提交加入《保护世界文化和自然遗产公约》的提案,从而开启了中国的世界遗产保护之路。

可以说,这些老先生的每一次政治选择,都会与其学术事业产生息息相关的联系。他们以其赤子之心为养育自己的祖国贡献智慧,从而成为解读现当代历史地理学史中政治与学术关系的绝佳案例。

2. 稻粱谋

任何历史地理学研究者都要解决温饱问题,都要养家糊口。1950年6月30日,顾颉刚检讨自己的"苦痛"之处时说:"现在这个世界乃是要使人作政治生涯的,不容我静静地攻读,一方面又是经济压迫得紧,也无法有自由的生活。……我的学术,别人不了解我,以为是和现实脱节的,其实则是根本摧毁旧社会的,在现实上十分需要。"① 在此，顾颉刚已经厘清了学术与政治、经济、社会需求之间的关系。

在顾颉刚的学术生命中，始终困扰他的问题之一就是如何打好经济基础。为此，他创办刊物、编印通俗读物、编印史地书籍，这些活动难道不是经济活动？在民国学界，顾颉刚曾是与"胡老板"（胡适）、"傅老板"（傅斯年）并称的"顾老板"。这种有点戏谑意味的称呼反映出顾颉刚在学术界的人脉资源丰厚。这种人脉资源的维持和运营，通过大学课堂传授、创办学术组织、编辑学术刊物和普及性读物等途径得以实现。这些途径的畅通，无疑离不开必要的经济基础。事实上，除了北大毕业留校任教之后曾面临欠薪风波之外，民国时期的顾颉刚始终没有过多少"清贫度日"的生活。有人感叹"在旧中国，顾颉刚总是以清贫度日"，这只是皮相之见。

像顾颉刚这种名动京华、誉满华夏的知名教授，在大学支给的薪水之外，其稿费、版税收入亦属优渥。从经营通俗读物编刊社、中国史地图表编纂社、大中国图书局等商业性出版机构的经历看，顾颉刚也可称为事实上的"顾老板"。据《顾颉刚日记》载，1936年9月30日顾颉刚"付买汽车钱与号房"。平心而论，顾颉刚这位民国时期的"有车族"，恐怕没有多少机会体会"旧时代文人的辛酸"。

同样，当史念海进入禹贡学会充当专职研究人员时，是不是该考虑他的经济收入来源问题。一个连温饱都无保障的青年学者，是不可能写出《中国疆域沿革史》的。历史地理学与经济基础的关系，无疑是一个值得关注的话题（图1—1）。

---

① 顾颉刚：《顾颉刚日记》第六卷（1947—1950），联经出版事业股份有限公司，2007年，第651~652页。

图1—1　禹贡学会会员合影（1937年）

3. 学术与思想同在

"思想淡出，学术凸现"曾是学界热衷的议题。中国历史地理学是一门学问，但思想从未淡出这一领域。

1996年2月25日，王元化在纪念谭其骧八十五冥诞学术谈论会上说："他像以前具有独立人格的中国知识分子一样，浸染着忧患意识的传统精神。自然，他决不会赞成将学术作为意图伦理的工具。他从事纯科学性的历史地理学的研究，并不像现在有人所主张的那样，将学术与思想截然分开。他并不能忘情人间疾苦。"[①] 想想谭其骧认为"儒家思想和未来社会扯不上关系"，其思想深刻性并不逊色于时髦的思想家。但是，在一篇谭其骧领衔的老中青三代

---

① 王元化:《记谭其骧（一九九六）》，载《王元化集》第七卷《随笔》，湖北教育出版社，2007年，第86页。

学人联合署名的文章中,他又呼吁"如何运用马克思主义指导历史地理研究,为建立这门新兴学科的体系奠定理论基础,则是当前一项最根本的、最迫切的任务",并结合例证分析,指出"运用马克思主义原理指导历史地理学研究,对发展这门学科说来,是何等的重要!历史地理学能否在四化建设中充分发挥作用,这是个关键"①。这又与主流意识形态保持了一致,由此可见历史地理学者思想复杂性之一斑。

谭其骧把自己的文集命名为《长水集》,虽然他轻描淡写地说:"这并无深意,不过因为我是嘉兴人,据六朝人记载,嘉兴在秦始皇以前本名长水。"其实,越不经意间的举动,越能体现出深沉的乡土之爱。史念海的文集以《河山集》命名,也体现出学术思想渊源和爱国主义精神基础。在了解了白寿彝之所以给史念海的文集如此命名后,瞿林东不禁感叹:"史学家研究祖国的历史,包括祖国的历史地理,不仅仅是一门学问、一门科学,同时也是史学家对祖国的一种天职、一种挚爱。……一个史学家能自觉地意识到其中的分量和价值,并鲜明地把它概括出来,可以说是理性的升华与情感的升华交织到一起,成为优秀史学家所特有的一种精神境界。"②

至于侯仁之的思想资源,我们同样要歌颂其爱国情怀。身为山东人,写出题为《续〈天下郡国利病书〉山东之部》的研究生论文不足为奇。侯仁之在被日寇抓捕和身陷囹圄时的表现,则说明爱国不是空喊口号,还要经得起关键时刻的考验。用刘子健的话说,同时被捕关进陆军监狱的燕京大学师生中,"最有问题的是侯仁之先生",因为《燕京新闻》曾不慎披露了南下同学的名单,而大家

---

① 谭其骧、邹逸麟、葛剑雄:《在马克思主义指导下开创我国历史地理研究的新阶段》,载上海市哲学社会科学学会联合会编:《沿着马克思的理论道路前进——纪念马克思逝世一百周年论文集》,上海人民出版社,1983年,第255、269页。

② 瞿林东:《史学家的河山之恋》,《中华读书报》,2002年5月22日。

都知道此事是侯仁之经手的。抗战胜利后，侯仁之回忆了这段牢狱之灾。这段生动的文字，未收入侯仁之的各种文集中，故摘录如下：

> 但最冷还在夜间，每到夜晚就寝，余即移近邓之诚先生，因邓先生年高而体弱，深夜苦寒，余须就近照顾之，某夜就寝令下而邓先生不能入睡，乃藏头被下而谓余曰："如果按照军法，我们都是'通敌'的罪名，'通敌'的罪名，是要枪毙的……"听了这话，我才第一次考虑到死。其次是六月九日，我们全体被提会审，各戴手镣出狱，背缚以绳，面墙待命，空气极为严重紧张。余左为赵紫宸先生，赵先生更左之墙下，竖立大枪数支，布包数件，赵先生顾而谓余曰："今天死了！"余会意曰："今天死了！"赵先生又曰："我们祈祷吧！"于是我立刻闭目反复默祷曰："我把妻女交托上帝，我相信上帝管她们比我更好！"这是我第二次考虑到死。事后回想：一旦人生尝到真正死的滋味而居然又活下来，真是最有趣的一桩事。①

经过这种生死考验的爱国热忱，才称得上真正的爱国。事后，同在狱中的洪业写了《六君子歌》，说"侯生短视独泰然，偏谓西牢居处便。毕竟吉人相有天，斯文未丧秦坑边"。赵紫宸在狱中也填词《忆江南（咏侯仁之）》："书生好，元气贯当中，今日颠危经骇浪，当来浩荡有高风，一路大江东。"

在新近整理出版的《中国历史地理论集》中，我们惊奇地发现侯仁之晚年一再提到"文艺复兴"的概念。1980年春，侯仁之

---

① 侯仁之：《狱中记趣》，《燕大双周刊》，1945年第2期。

在加拿大的学术演讲中呼吁"去迎接我国一个也可以称之为社会主义的'文艺复兴'新时代的来临！"在后来的学术讲演中他又展望"一个中国式的'文艺复兴'的新时代，应该到来了吧！"① 而要追溯这所谓中国式"文艺复兴"的思想源头，恐怕则是侯仁之"少年时期受益最大的有三本书"中陈衡哲的《文艺复兴小史》。②

4. "天路历程"

科学与宗教的关系，是科学史上的重要命题，科学社会学也往往留心于此。你若翻检历史地理学者的人生履历，似乎他们与基督教大都有着关联，甚至有的就是虔诚的基督徒。

顾颉刚是历史地理学的开山祖师，他在1944年9月20日的日记中说"福音难看，对耶稣殊无明确印象，亦感苦闷，忽于一抽屉中得紫宸所作传，以想象联串事实"，看来后来被尊奉为"国学大师"的人也是读《圣经》的。1934年2月22日，这是一个被历史地理学界铭记的日子，顾颉刚在当天改定了谭其骧起草的《禹贡半》月刊发刊词。就是在这一天，顾颉刚"到韩女士处读《圣经》"③。此间，顾颉刚多次到韩女士处读《圣经》。这位韩女士就是长期执教于燕京大学数学系的韩懿德（Miss Ethel M. Hancock），她是来自英国基督教伦敦会的虔诚教徒。数年后的1937年3月1日，"侯仁之来访问关于基督教之意见"④。这恐怕不是平白无故来的，其中必有缘由。

---

① 侯仁之：《中国历史地理论集（英汉对照）》，外语教学与研究出版社，2015年，第63、217页。
② 侯仁之：《良师益友常相伴》，载《商务印书馆九十年——我和商务印书馆（1897—1987）》，商务印书馆，1987年，第424页。
③ 顾颉刚：《顾颉刚日记》第三卷（1933—1937），联经出版事业股份有限公司，2007年，第163页。
④ 顾颉刚：《顾颉刚日记》第三卷（1933—1937），联经出版事业股份有限公司，2007年，第613页。

侯仁之诞生于基督教家庭，从小生活在宗教文化氛围中。就其教育背景看，从博文中学、潞河中学，再到燕京大学，无一不是教会学校。在燕京大学读书期间，侯仁之是团契活动的积极参与者，在团契组织"六人团"中被称为"三哥"。按照司徒雷登的说法，加入团契的条件是"要立誓信奉耶稣本人的教导，以他为榜样，像他那样生活，而不是恪守什么信条"①。可见，侯仁之当时理应信仰基督教。对此，侯仁之在晚年并不讳言。他说"我出身于一个基督教家庭，从小在教会学校读书，自己也信仰基督教以博爱和服务为宗旨的教义"，并称燕京大学这所"学校的目的就是要遵从基督教的教义，培养乐于为社会服务的专门人才"②。可以说，侯仁之长期信奉基督教教义，这一点区别于那些"潜伏"于教会外围组织的中共党员及其他进步师生。

当时侯仁之对基督教的笃信，从其1938年12月11日写就的《论"天路历程"》一文（图1—2）中可见一斑。该文转述了一位朋友对基督教的责难，但侯仁之呼吁："让基督教在新的努力与工作下，复兴起来，肩起推进人类进步的重任。……青年的基督徒：让我们勇敢地接受这个挑战；要认清楚：这不是进退的选择，而是生死的关键。"③ 很显然，侯仁之认同"青年的基督徒"这一身份。有趣的是，该期《燕大团契圣诞特刊》是由后来成为清史研究大家的王钟翰（1913~2007年）编辑，其中《我的宗教经验》一文的作者是刘适，也就是后来同样成为历史地理学大家的石泉（1918~2005年，本名刘适）。由此也可见当时燕京大学中浓郁基督教氛围之一斑。

---

① ［美］约翰·司徒雷登著，程宗家译、刘雪芬校：《在华五十年——司徒雷登回忆录》，北京出版社，1982年，第62页。
② 陈光中：《侯仁之》，生活·读书·新知三联书店，2005年，第77页。
③ 侯仁之：《论"天路历程"》，《燕大团契圣诞特刊》，1938年。

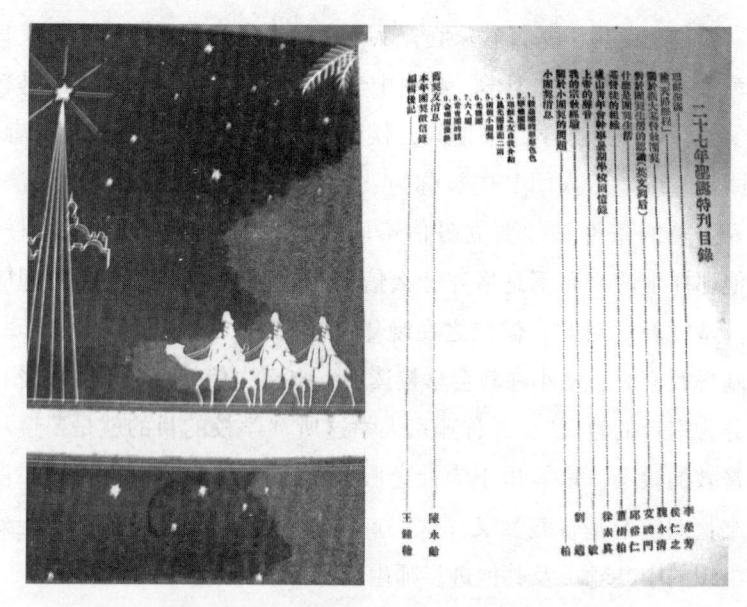

图 1—2 《燕大团契圣诞特刊》书影

需要指出的是,团契"本来是基督教会为了在燕大吸收教友而设立的'预备班',……但是在燕大,尽管契友常常超过在校学生的半数,由此而信奉基督教的人却很少"①。团契是来去自由的松散组织,为不少中共地下党员隐身其中提供了可能。这也就有助于在燕京大学学生和教职员中产生倾向共产党的政治立场。上文提及的刘适(石泉)在 20 世纪 30 年代末期在燕京大学读书时曾组织 Saturday Group(星期六团,简称 Sat. Gr.)②,参加者有侯仁之、刘子健、曹天钦等。刘适后来又到成都燕京大学领导创立的中共地下外围组织"创社"(代号 C. T.③),其对外公开的名号也是团契。

---

① 陆卓明:《回忆燕园内外》,载燕京大学校长陆志韦编写组编:《燕京大学校长陆志韦》,内部印刷,2005 年,第 158 页。
② 石泉:《石泉》,载燕京研究院编:《燕京大学人物志》第二辑,北京大学出版社,2002 年,第 147 页。
③ C. T.,亦即成都青年民主协会,该词既是 Confidential Team(秘密的组织)的缩写,又是 Creative Team(创造的组织)的缩写,可见该组织的性质。

从星期六团、创社可看出当时燕京大学团契组织中基督教与共产党信仰的共存关系。① 这种局面与相对宽松的燕京大学校园文化不无关联。从"当时同学们把燕大校园形象地描绘为'洋气冲天，红光满地'"② 这一点来看，沾染"洋气"的团契与透出"红光"的政治融为一体是可以理解的。

至于谭其骧在1949年以前是否信教，在此不敢妄加揣测，但他接触到基督教文化则是不争的事实，毕竟他早年就读的嘉兴秀州中学，就是基督教会主办的。2014年12月27日凤凰卫视《我的中国心》播出了前中国地理学会历史地理专业委员会主任、《水经注》研究名家陈桥驿的人物专题片，篇中陈桥驿用浓重的乡音说："我是信奉基督教的，今天是安息日，安息日是不好马虎的。"陈桥驿读中学时的学校属于基督教圣公会系统，他读完《圣经》后开始笃信基督教，到了晚年更是坚信"人的宗教信仰是没有任何势力可以左右的"③。

为什么这么多历史地理学家信奉基督教呢？这或许是一个值得思考的问题！

5. 人缘与学缘

学术师承是学术史研究不可或缺的常规内容。民国时期的学界，围绕着胡适、陈垣、傅斯年、顾颉刚等知名学者，形成了不同的"学术派系"。对于这些学术"大佬"来说，或多或少地均持有门户之见。对一般学者而言，想在不同学术派系之间"自由游走"，几乎是不可能的事情。1943年，初出茅庐的燕京大学毕业生

---

① 胡铭心：《执着的追求者——记民进湖北省委会名誉主委石泉同志》，《湖北文史资料》，2002年第1期。

② 北京大学党史校史研究室编：《战斗的历程：1925—1949.2/燕京大学地下党概况》，北京大学出版社，1993年，第46页。

③ 陈桥驿：《八十逆旅：陈桥驿自传》，中华书局，2011年，第41页。

王世襄经由梁思成介绍，想去傅斯年执掌的中研院史语所工作。不料出现了如下场景：

> 这次进谒，傅先生只说了两句话。第一句问："你是哪个学校毕业的？"我回答："燕京大学国文系本科及研究院。"傅先生说："燕京大学毕业的不配到史语所来。"我只得赧然而退。①

多年以后，王世襄认为傅斯年"对燕京大学毕业人员不配进史语所的信念是根深蒂固、坚定不移的。因为燕京大学确实没有请到王国维、陈寅恪那样的国学大师担任教学"。其实，王世襄并没有分析到肯綮所在。燕京大学并非没有大师，陈垣、顾颉刚等学界大师级人物均曾执教燕京大学，而燕京大学毕业的周一良就曾供职于中研院史语所。邓嗣禹同样毕业于燕京大学，后来得到傅斯年的建议而供职北大。当年邓嗣禹供职哈佛燕京学社期间，并不太得志，原因之一就是得不到洪业的赏识。周一良1938年7月致谭其骧信中曾提及邓嗣禹"言洪先生不加援引，故哈燕仅有五百之数，颇倖倖也"②。因人缘而建立学缘，因学缘而建立新的人缘。在人缘与学缘的编织过程中，历史地理学就走到了今天。

历史地理学界的良好人缘，无非是"同声相应，同气相求"的平等的朋友关系，或是薪火相传的师生关系。这种关系，既表现在看得见的会议合影（图1—3）之中，也隐藏着富含春秋笔法的字里行间。

顾颉刚开创禹贡学派，张其昀在南京创办中国人地学会及

---

① 王世襄：《傅斯年先生的四句话》，载《锦灰不成堆：王世襄自选集》，生活·读书·新知三联书店，2007年，第22页。

② 葛剑雄：《悠悠长水——谭其骧前传》，华东师范大学出版社，1997年，第108页。

图 1—3　中国地理学会历史地理学术会议留影（1979 年 6 月，西安）

《方志》月刊，并参与发起中国地理学会，二人俨然成为南北史地学界领袖。虽然顾张二人互相加入了对方张罗的禹贡学会、中国地理学会，但二人之间的关系并不和睦，难以称为真正的朋友。1936年，禹贡学会获得中英庚款董事会一万五千元的年度补助费，学会因而得到较大发展。但由于张其昀策动南京中学教员集体反对补助禹贡学会，1937 年度的补助费也就停止了。[1] 那么，又是谁在鼓动张其昀呢？顾颉刚在 1937 年 6 月 17 日的日记中写道：

> 今日晤润章，悉本年英庚款一个学会也不补助，禹贡学会的局面炸了！这真是我们的大不幸事！我很疑心，这是王世杰和我们捣蛋，他派人到英庚款会闹，说是"禹贡学会可以给钱，为什么我们私立中学不给钱！"因此，庚款会这次一个学会也不给。[2]

---

[1]　顾颉刚：《顾颉刚自传》，北京大学出版社，2012 年，第 86 页。
[2]　顾颉刚：《顾颉刚日记》第三卷（1933—1937），联经出版事业股份有限公司，2007 年，第 656 页。

看来，在获取中英庚款董事会补助这件事上，张其昀、王世杰曾被顾颉刚视为坐在另一条板凳上的"假想敌"。此事令顾颉刚耿耿于怀，他甚至与郭敬辉、童书业私底下一起猜测到底是谁在背后捣乱，结论则是"授意南京私立中学向英庚款会破坏禹贡学会者乃张其昀，因此人在南京各中学校颇有势力，史地教员均为彼之学生也。洵如是，则此人真该骂"①。当然，顾颉刚似乎也不必过多抱怨，他能获取巨额的中英庚款补助，则与其利用与朱家骅的良好私交有着直接关系。

在顾颉刚眼里，他的敌人似乎和朋友一样多，尤其是在民国时期的上海。他在日记中写道：

> 丕绳告我，黄永年语彼，近日周予同在复旦讲堂上大骂我，谓我"邪说横行"，此真怪事，我有何邪说耶？总之，我加入上海学术界便是罪，使海派之惴惴不安者我之过也。惟念当《古史辨》初出，予同亦颇捧场，何前恭而后倨耶？无他，以前无利害关系而今则相迫相摩耳。我之树敌，皆由此来，孟真如此，煨莲如此，晓峰如此，赞虞如此，宾四如此，正不必责予同矣。予是以决绝辞去复旦，使彼辈得高枕而卧也。②

童书业（丕绳）、黄永年是顾颉刚的学生辈，来自学生辈的小报告让顾颉刚颇为感慨。日记中列出了一堆场面上的老朋友，傅斯年（孟真）、洪业（煨莲）、张其昀（晓峰）、缪凤林（赞虞）、钱穆（宾四）、周予同，而正是因为他们的存在，使得顾颉刚决绝放

---

① 顾颉刚：《顾颉刚日记》第三卷（1933—1937），联经出版事业股份有限公司，2007年，第656页。
② 顾颉刚：《顾颉刚日记》第六卷（1947—1950），联经出版事业股份有限公司，2007年，第6~7页。

弃了与复旦大学的学缘。1949年新中国成立前夕,顾颉刚曾拟应罗竹风、杨向奎、赵纪彬之邀赴青岛山东大学教职,其出发点除了经济原因外,就是"上海门户之见甚深,非予教书之地。青岛风景佳胜,适于读书居家,山大历史短浅,尚未造成学阀系统,或可移住"①。但当顾颉刚下决心要去的时候,却因为胶济铁路发水灾,路途中断,只得返回。一场突如其来的大水,就这样改写了中国的学术版图和顾颉刚的学术人生路径。

朋辈如此,师生辈也一样,人缘的好坏与否,直接决定学缘的建立和传承。2014年清明节小长假期间,钮仲勋先生在接受笔者采访时介绍过谭其骧的"师生观":

上世纪八十年代,有一次在延安饭店开会,葛剑雄问谭先生:"现在说自己是谭先生的学生很多,严格说起来,哪些真正算是您的学生呢?"谭先生回答说:"有两种人可以算我的学生:第一种,上大学时选过我的课,填过我的选课单的本科生。还有一种人,就是我的研究生。"

如果按照这个标准,侯仁之和史念海都可以称谭其骧为老师,虽然他们年岁相差无几。有人也是这样认为的,例如说"季师在辅大之学生史念海,在燕大之学生侯仁之、张家驹、王锺翰,以后亦成为知名学者"②。当然,师生这种人缘建立了,并不意味着学缘的必然传承。但是,类似于顾颉刚与何定生的反目,与牟润孙的疏离,这种情况下肯定不会建立学缘的前后相承。像牟润孙,他在

---

① 顾颉刚:《顾颉刚日记》第六卷(1947—1950),联经出版事业股份有限公司,2007年,第480页。
② 程光裕:《谭其骧季龙师的学术成就与学术思想(1940—1949)——浙东学术、求是精神的实践》,载复旦大学历史地理研究中心主编:《谭其骧先生百年诞辰纪念文集》,上海人民出版社,2012年,第8页。

燕京大学读研究生的时候，研究的题目就是外族内徙史，与谭其骧的题目内地移民史相对应，但牟润孙似乎更愿意承认自己"列励耘书屋门墙"。

历史地理学圈子不大，故事很多。仔细梳理一下，它便就从"学术八卦"变身为类似于中国科协推行的当代中国科学家学术谱系研究。一提及学术谱系，首先要知道"师承关系的系谱性"[①] 恰恰是传统工匠民俗的重要特点。而工匠民俗的内容之一祖师崇拜，在历史地理学界也能找到影子。

6. 祖师崇拜

当下的历史地理学界，顾颉刚被视为开山祖师，其三位高足谭其骧、侯仁之、史念海则被誉为发挥了奠基性作用并引领学科发展的"三驾马车"，尊称为"历史地理学三老"。转念一想，顾颉刚之于历史地理学的地位，难道不是一种基于"学术领袖的神威和功能"的"祖师崇拜"？顾颉刚还被视为中国民俗学的开山祖师，当民俗学界开始大胆反思"顾颉刚或者钟敬文，都只是一帖灵符，一种标示传统的外部识别符号"[②] 之时，我们是不是也该照方抓药，对中国历史地理学的发展历程来一次"问诊"？尤其是在顾颉刚的专书、论文、日记、读书笔记等资料大都公之于世的情况下，是时候检讨一下顾颉刚的历史地理学观念的缘起与流变，实践的影响及继承啦！

在中国传统文化中，祖师崇拜的现象由来已久，它与师承制度、职业行话、行业禁忌一样，均为中国传统的工匠行业习俗。该习俗表现为"喜追源始，即凡事都要找出来历，找出源头，找出肇始。崇德报功，或谓报本返始，即崇拜、追念、报答有功绩的古

---

① 钟敬文主编：《民俗学概论》，上海文艺出版社，1998年，第62页。
② 施爱东：《中国现代民俗学检讨》，社会科学文献出版社，2010年，第6页。

人，特别是创始人"①。在当下学界中，崇德报功的心态仍旧十分流行。敬仰自己的老师，表彰其学术功绩，歌颂其道德情操，这都是人之常情。但人之常情的发酵与累积，则塑造出一尊尊树立在青年学子面前的"神像"。圈外人给学界"诸神"像梁山好汉一样排座次，谭其骧获封"地理星九尾龟陶宗旺"②。圈内人也愿意把谭其骧说成这样："我们的谭其骧先生何尝不是历史地理学的鼻祖、权威，并且是一代宗师呢？"③ 但是，据谭其骧的好友陆宗达说："谭其骧当年在北京常和祖父他们一群人聚会游乐，因为他性格外向急躁冲动，人送绰号'谭疯子'，他也不以为忤，欣然受之。只是除去这个圈子里的朋友，别人是不知道的。"④ 谭其骧自己描述的京华生活，也是充满吃馆子、上茶座、听京戏、唱昆曲的市井气息。到底哪一个谭其骧更真实、更可爱、更接地气呢？后世学人说谭其骧随便出手都是五星级文章，而谭先生却认为发表于1962年的《何以黄河在东汉以后会出现一个长期安流的局面》"才是一篇够得上称为历史地理学的研究论文"⑤。两相比较，不难发现前辈学人的虚怀若谷。

每一个处于社会关系网络中的个人或群体，都试图谋求自身利益的最大化，这是人的天性使然，本无可厚非。供职于中国社会科学院历史研究所历史地理研究室的研究者更愿意认为本单位"与

---

① 李乔：《行业神崇拜：中国民众造神运动研究》，中国文联出版社，2000年，第61页。
② 胡文辉：《现代学林点将录》，广东人民出版社，2010年，第356~359页。
③ 周源和：《怀念一代宗师谭其骧先生》，载复旦大学历史地理研究中心主编：《谭其骧先生百年诞辰纪念文集》，上海人民出版社，2012年，第128页。
④ 陆昕：《祖父陆宗达及其师友》，人民文学出版社，2011年，第175~176页。
⑤ 谭其骧：《〈长水集〉自序》，载《长水集》上册，人民出版社，1987年，自序第10页。

复旦大学历史地理室、地理所历史地理室并称为历史地理学的三大支柱"①。大多数研究机构在叙述自身的发展历程时都乐于将之与某些学界"要人"联系在一起。

有意或者无意地去抬升某些前辈学人、研究机构的地位和影响力,这实际上就涉及科学社会学中的承认问题。已有研究把不同形式的承认分成两类:"通过职位的承认和通过名望的承认。第一种形式是相当具体的,它包括在科学的社会结构中占据有声望的职位。通过名望的承认较为杂乱。它包括科学家的知名度和他的同行对其工作的非正式评价。这两类承认不是完全相关的。"② 这两类承认同样适用于中国的历史地理学。当老先生们在晚年应接不暇地获得来自国内外的各种荣誉、称号、奖项的时候,当为他们举办的祝寿和诞辰周年纪念会召开的时候,当他们的塑像竖起的时候,我们应该知道这就是历史地理学界的"马太效应",这就是崇德报功的祖师崇拜在发挥效力,它与"各行工匠对本行业开创者或技艺超群者的怀念与崇拜"③ 并无本质上的区别。

用科学社会学的观点说来,"在科学界享有的威信,主要是根据科学家被认为在发展其所从事的领域的知识上做出贡献的大小来划分等级的,而受其他各种个人成就(例如教学、从事科学方面的政治活动或研究方面的组织工作)的影响要小得多"④。当我们面对《中国历史地图集》、《长水集》、《历史地理学的理论与实践》、《河山集》等具有奠基意义的著作时,不承认老先生们的卓

---

① 陈可畏、邓自欣:《历史地理组的成立与任务》,载中国社会科学院历史研究所编:《求真务实五十载:历史研究所同仁述往(1954—2004)》,中国社会科学出版社,2004年,第521页。
② [美] 乔纳森·科尔、斯蒂芬·科尔著,赵佳苓等译:《科学界的社会分层》,华夏出版社,1989年,第66~67页。
③ 钟敬文主编:《民俗学概论》,上海文艺出版社,1998年,第62页。
④ [美] 哈里特·朱克曼著,周叶谦、冯世则译:《科学界的精英——美国的诺贝尔奖金获得者》,商务印书馆,1979年,第12页。

越贡献,那就是数典忘祖,狂妄自大。但如果不考虑到他们在教学、学术组织、政治资历等方面的影响,也无助于认清真正的历史地理学前行之路。

今天是一个媒体之"大师"帽子满天飞的时代,在给某位学者戴上这顶桂冠的时候,是不是先应该考虑一下成为大师的条件。杨向奎曾开出了成为大师的标准:①学问自成体系;②形成一个独立学派,这个学派对于学术发展起了推动作用;③有比较完善的方法论和认识论。① 如果按照这个标准,大师就成了"珍稀人物",这在历史地理学界也毫不例外。未来被誉为"大师"的人物,已在中国地理学会历史地理专业委员会中若隐若现。能够名列其中,本身就是对其在业内学术地位的肯定。可以说,当我们开始考虑承认与否时,历史地理学界内部就不再平静了!

7. 失踪者

"古来圣贤皆寂寞,惟有饮者留其名。"历史地理学界颇具名士风度,擅长饮酒的学者颇有几位。但历史地理学史上声名不显的隐者,他们的思想资源和学术创获也值得发掘。

梳理中国历史地理学的发展历程,大致可以梳理出"顾颉刚→谭其骧、侯仁之、史念海等→弟子及再传弟子"的脉络。这一脉络可以整理出眉目清晰的学术师承关系,为学界呈现出薪火相传的学术谱系。可问题在于,眉目清晰的历史恰恰可能是伪史。历史不是可以随意打扮的小姑娘,但历史这位小姑娘的奇思妙想和反常举动,却不是随意就能参悟透的。

我们都知道谭其骧与周一良"风义平生师友间"的友谊。当时周一良在辅仁大学读书,本来该上谌亚达的必修课"中国地理概论",却因为兴趣使然,加之谌亚达念讲义的教学方式太枯燥,

---

① 杨向奎述,李尚英整理:《杨向奎学述》,浙江人民出版社,2000年,第15页。

于是逃课去隔壁教室听谭其骧同时开设的沿革地理。① 但我们也不要小瞧了谌亚达在中国地理学史上的贡献。

谌亚达（1902~1981年，字稷如，江西南昌人），早年留学日本，翻译过葛德石（G. B. Cressey，1896~1963年，又译作葛勒石）的《中国地理基础》（China's Geographic Foundations）、《中国区域地理》、白吕纳（Jean Brunhes，1869~1930年，又译作布留诺）的《人文地理学》（La Geographie Humaine）等地理名著。尤其是后一部书，里边已经较为详尽地介绍了西方的历史地理学思想。谌亚达与谭其骧是否有深交，无从得知，但有一点可以肯定，二人有一位共同的好友谢兴尧。

谭其骧执教过的辅仁大学，现在纳入到北京师范大学。如今的北京师范大学，在历史地理学领域的名声，肯定比不过复旦大学和陕西师大。但这并不意味着历史上的北师大对历史地理学没有贡献。除了一度在辅仁执教的谭其骧能和北师大扯上关系，我们更应该关注北师大的前身北京高等师范学校史地部，以及该系毕业的杰出校友楚图南。

一提到楚图南（1899~1994年，云南文山人），我们更多会想到他是社会活动家、革命教育家、文学翻译家乃至书法家，但很少有人把他当成地理学家，尤其不会关注他在历史地理学上的贡献。楚图南1923年毕业于北京高等师范学校史地部，后来曾执教暨南大学史地系。他曾把迪金森（R. E. Dickinson，时译为德铿生）、霍华士（O. J. R. Howarth，时译为霍威尔士）的《地理学发达史》（The Making of Geography）译成中文。更为重要的是，他1935年发表的《中国历史地理学发凡》（《地学季刊》第2卷第3期，署名楚曾）一文介绍了当时西方主流地理学家的成果，认为"历史

---

① 周一良：《纪念老友谭其骧教授》，载《周一良集》第5卷《杂论与杂记》，辽宁教育出版社，1998年，第273~274页。

的地理学,简称为历史地理学。中国旧时的名词,称为沿革地理,或沿革地理学。近来又有人称之为史迹地理学",并给历史地理学做出如下阐释:

> 因为地理学的范围至为广大,内容也最为复杂。如只认历史地理为沿革地理,则地质的构成,陵谷的变迁,这是属于地质学。如社会之形成,文化之传播这是属于历史学。此外如单是研究生物的起源及演进,以及物产、海洋、气候诸现象,亦俱各有所属,不在历史地理学的范围以内。所谓历史地理,必须是与政治,亦即布鲁诺所谓的政治的社会之研究,即以政治为中心,亦旁及与政治有关的历代军事,交通,商业之地理的研究,这才叫做历史的地理学。①

这种观点,放在今天也不落伍,甚至仍不乏其深刻之处。楚图南还指出了历史地理学的两种研究法,一是叙述的研究,一是批评的研究,并将历史地理学精练地定义为"历史事件的空间性的叙述或研究,便是历史地理学"。时至今日,恐怕也找不出比这更为精练的定义。

那么,楚图南在何地以何种身份写这篇文章呢?当时的楚图南本打算去苏联学习,因故未能成行,于是经郑振铎介绍到暨南大学史地系任教,教授地理学史、亚洲地理等五门地理课。无独有偶,在他的同事中还有一位地理学家盛叙功,他同样是一位有功于中国历史地理学但又鲜为人知的"失踪者"。

盛叙功(1902~1990年,浙江金华人),与楚图南同年毕业于

---

① 楚图南:《中国历史地理学发凡》,载麻星甫、王淑芳选编:《楚图南集》第2卷,云南教育出版社,1999年,第281页。

北京高等师范学校史地部,后赴日留学,专攻地理,回国后在暨南大学(曾任史地系主任)、北京师范大学、西南师范学院等校任教。盛叙功的学问以经济地理、地理学史见长,同时擅长世界历史地理,著有《欧洲历史地理》手稿。研习历史地理的人大概都知道他的《历史地理刍议》(《西南师范学院学报》,1984年增刊)。可惜此文发表在增刊上,流传不广。加之人在西南,又没有文集传世,吉光片羽,渐已蒙尘。

在郑振铎任文学院院长的暨南大学,一时间汇集了楚图南、盛叙功两位地理学先进分子。我们已经意识到"历史地理学研究在暨南大学有着深厚的学术积淀",但在梳理这份学术遗产时,提到了"魏源之撰《海国图志》,罗香林之客家民系地理研究,徐近之之首创历史气候学,谭其骧之粤东移民研究,岑仲勉之中外史地研究,徐俊鸣之奠基岭南历史地理学,李长傅之南洋史地研究,曾昭璇之开辟历史地貌学,周连宽之西域史地研究,陈代光之广州城市历史地理研究,司徒尚纪之广东历史文化地理研究"①,后来又专门点到李龙潜、唐森等的名字,而楚图南、盛叙功二人却隐身在省略号里,在此不得不为这熄灭了的"学术薪火"感到遗憾。

谭其骧固然是历史地理学大家,他的暨南情缘"第一次在1927年秋至1930年夏,是暨南大学的学生;第二次在1947年秋至1949年解放前,是暨南大学的教师"②,这是今人已经铭记而且乐于提及的,所以要记上一笔"建国前,历史地理学家谭其骧教授曾在暨南大学文学院工作,讲授中国沿革地理"③。但我们不能忘了还有两位隐者也曾在这里传播过历史地理学。如果真的要梳理

---

① 暨南大学历史地理研究中心编:《中国历史地理研究》第1辑《民族与边疆历史地理》,暨南大学出版社,2005年,编者前言第1页。
② 谭其骧:《我与暨南》,载夏泉主编:《凝聚暨南精神:暨南大学建校100周年(1906—2006)》,广东人民出版社,2006年,第356页。
③ 佚名:《暨南大学历史地理研究中心概况》,《中国历史地理论丛》,2015年第1期。

清楚某一所大学、某一个学者的学术脉络,殊非易事。除了前述人物,顾颉刚是否也与暨南大学结缘呢?在1934年2月《申报》的一篇报道中说:暨南大学"颇呈蓬勃气象,国内名儒硕学,如文学院院长孟寿椿氏、理学院院长李熙谋氏、商学院院院长董修甲氏、政治系主任楼桐荪氏、经济系主任叶元龙氏、史地系主任顾颉刚氏……"①。当时的顾颉刚正在燕京大学教书,且《禹贡》半月刊就在此时创刊。能查到的暨南大学史地系主任有周予同、陈高佣、沈炼之等,难道顾颉刚分身有术?

这里仅仅是举证,相信经过更为详尽的考索,历史地理学的发展历程将呈现出另一番不为人熟知的景象。在此不妨多写一笔:楚图南、盛叙功就职于暨南大学,与郑振铎有着密切关系。那么,郑振铎为何离开燕京大学转投暨南大学呢?这又与顾颉刚、洪业等产生了关联。此中细节,后文再叙。

四、赘言

本研究只是迈出本人研究中国历史地理学的科学社会史的第一步,不求面面俱到,但求有所创获。本研究既不可能对这一历史进程有着事无巨细的关注,研究结果的推出也不可能对整个学科有全局性的影响。虽然"从某种意义上讲,历史认识可以被看作是一种断言过去的努力,如果这是可行的,那么同样的分析原理可以合理地用于对眼前的困惑作出另一种猜测"②。不过,就目前而言,这对本人来说只是一个宏大到无法实现的梦想。

文学史家陈思和在倡导"重写文学史"的时候,反对"以一贯正确的权力者自命,企图恢复文化霸权的做法",并随之呼吁:

---

① 本报讯:《暨大之新气象》,《申报》,1934年2月21日。
② [美] D. 普赖斯著,任元彪译:《巴比伦以来的科学》,河北科学技术出版社,2002年,修订版前言第2页。

在学术上，我宁可坚持一个古老而天真的民主意识，即每一个人，每一种学派，都应该有说话的权利，有平等争鸣的权利。我承认我的文学史仅仅是个人的文学史，我也不认为它会无可挑剔，或者代表着真理，我本不是真理在握的人，我只是求真，这个真，就是我面对尽可能丰富的历史材料和文学材料后所产生的真实的思想认识。[1]

本人不奢望抓住任何"文化霸权"，也坚信自己极有可能就是某些"谬误"的忠实拥趸。"不过当公正的叙述一经完成，如何从中引出结论就是历史学家的特权。"[2]——科学史之父乔治·萨顿（George Sarton，1884~1956年）的这番话倒是满满的正能量。

事已至此，就把这项初步的研究当成为了谋取老师给个好成绩的课堂作文，只不过这篇关于理想的作文文字有些长，题目有些大。

---

[1] 陈思和：《关于编写中国20世纪文学史的几个问题》，载《陈思和自选集》，广西师范大学出版社，1997年，第21~22页。

[2] ［美］乔治·萨顿著，刘兵等编译：《科学的历史研究》，上海交通大学出版社，2007年，第11页。

第二章 学·商·政
——禹贡学会时期的中国历史地理学

一、小引

学界一般认为,在中国"历史地理学是一门既古老又年轻的学科,说它古老,因为它在我国有悠久的历史渊源;说它年轻,因为作为现代地理学的一个分支,它建立的时间还不长。"[①] 历史地理学的前身是沿革地理,以东汉班固于公元1世纪撰写的《汉书·地理志》为开端。现代学科意义上的"历史地理学"名称与概念,在20世纪初由日本传入中国,此后中国学术界长期将"历史地理(学)"与本土固有的"沿革地理"相混淆,直到1950年侯仁之《中国沿革地理课程商榷》[②] 一文的发表,这一局面才得以改观。

虽然不能否认张其昀、楚图南等在民国时期已经开始传播西方历史地理学思想,但西方历史地理学系统介绍到中国,则在1949年新中国成立之后。1950年,侯仁之在以英国历史地理学家达比(H. C. Darby,1909~1992年,或译作"德贝")为代表的现代历

[①] 《复旦学报》记者:《历史地理学的由来和发展——谭其骧教授和他领导的历史地理研究室的学术成就和特点》,《复旦学报》,1980年第2期。

[②] 侯仁之:《中国"沿革地理"课程商榷》,《新建设》,1950年第11期。

史地理学的理论和方法的影响下，不仅指出了"沿革地理"与"历史地理"的本质区别，还说明历史地理学的研究"以不同时代地理环境变迁为主"，"从先史时期开始，举凡每一时期中自然和人文地理上的重要变迁"都在讨论之列。1961年11月28日，中国地理学会在上海举行了历史地理学术讨论会，开始对外宣布成立历史地理专业委员会。至此，作为地理学一部分的历史地理学，在学术界正式开始逐渐"建制化"。

可以说，20世纪上半期是中国历史地理学学术史上由传统沿革地理转为现代历史地理学的过渡期。毫无疑问，此间最具影响的事件莫过于顾颉刚发起创办的"禹贡学会"及由顾颉刚和谭其骧主编的《禹贡》半月刊。《禹贡》半月刊自第3卷第1期开始，其英译名称由 The Evolution of Chinese Geography 改为 The Chinese Historical Geography，一般认为这是"历史地理"在中国出版物出现的开始。

正因为此，顾颉刚对于中国历史地理学的贡献，获得了学界的普遍公认。姜亮夫认为"历史地理之学"是顾颉刚三个最大的学术贡献之一，其"历史地理之学，使中土有新建之学科而日益深厚，大为渡越前修"[①]。朱士嘉则认为顾颉刚"是中国历史地理学和中国民俗学的创始人"，并将禹贡学会和《禹贡》半月刊创办视为"标志着中国历史地理学的诞生"[②]。而历史地理学界更是将顾颉刚视为"中国历史地理学的开山祖"[③]。显然，顾颉刚对中国历史地理学发展所起的促进作用居功至伟，而亲承顾颉刚教泽的谭其骧、侯仁之、史念海诸位前贤更是为历史地理学的发扬光大进行了

[①] 姜亮夫：《顾颉刚先生伤辞》，载王煦华编：《顾颉刚先生学行录》，中华书局，2006年，第18页。

[②] 朱士嘉：《回忆顾老师对我的教导和禹贡学会》，载王煦华编：《顾颉刚先生学行录》，中华书局，2006年，第18页。

[③] 华林甫：《中国历史地理学·综述》，山东教育出版社，2009年，第101页。

富于开创性的理论探索和研究实践。

仔细审视中国历史地理学的现代化历程,不难发现燕京大学在其中发挥着举足轻重的"地理舞台"作用。顾颉刚创办禹贡学会和《禹贡》半月刊之时,正是燕京大学的专任教授(图2—1)。禹贡学会及其刊物的地址也位于燕京大学,禹贡学会的会员及主干也以燕京大学的学生为主。后来成长为中国历史地理学主将的谭其骧、侯仁之诸先生也是在燕京大学结缘顾颉刚,从而走上历史地理研究之路。

初创时期的中国历史地理学在人才培养、学术机构、刊物等方面都打上燕京大学的"烙印"。正如顾颉刚在回顾自己步入古史辨研究的学术历程时讲到的,倘若没有遇见毛子水、章太炎、傅斯年、胡适等及《新青年》等刊物,就不会有后来的古史辨运动。"总括一句,若是我不到北京大学来,或是孑民先生等不为学术界开风气,我的脑髓中虽已播下了辩论古史的种子,但这册书是决不会有的。"[①] 同理,离开了对当时在燕京大学的种种因缘际会的勾勒与复原,我们也无法了解中国历史地理学在草创时期的发展历程。

可以说,燕京大学为中国历史地理学现代化历程的萌生提供了合适的"土壤"。本研究在此所欲彰显的正是中国历史地理学的燕京大学渊源,而历史地理学与燕京大学结缘的肯綮所在,就是顾颉刚在燕京大学的长期任职。顾颉刚若不应邀北上主持燕京大学历史学系教席,便不会团结一批青年才俊聚集于以《禹贡》为核心的古史地理研究之中,便没有禹贡学会的成立与《禹贡》半月刊在燕京大学的创办。谭其骧先生若不就读燕京大学研究生,上顾颉刚的课,也不会一开始就参与到创办禹贡学会与《禹贡》半月刊之

---

① 顾颉刚:《〈古史辨〉第一册自序》,载《古史辨自序》,河北教育出版社,2000年,第95~96页。

图 2—1 执教燕京大学期间的顾颉刚

中。同样,没有燕京大学的求学与执教,侯仁之先生负笈英伦、引介西方历史地理学的学术道路也会改写。正是因为上述假设不是"假设"而是"事实",中国历史地理学的学科发展史才正如我们熟悉的那样被撰写演绎。

然而,上述"事实"得以实现的条件,既与师承关系有着直接的联系，又与燕京大学所提供的时空背景息息相关。可以说，脱离了对燕京大学特定时空背景的考察，则中国历史地理学学术史的梳理未免陷于空疏。同时，师承关系为个体学者的成长起着直接的引导作用，而燕京大学的整体氛围又为师承关系的形成提供可能。师承关系，不仅是师生之间的"传道、授业、解惑"，实际上还是学术传统的传承与创新。这样，考察中国历史地理学的现代化进程，就不能局限于学人的个体探索，还应着眼于师承关系的发掘。复原鲜活的历史场景，再现历史场景内具体的历史地理学"人事"，对于理解中国历史地理学的学科特质及其塑造过程无疑是大有裨益的。遗憾的是，学界尚缺少类似性质的研究，以致对草创时期的中国历史地理学产生诸多误解。这些误解，或受先入为主的观念所误导，或由于史料搜辑范围之局限及对有限史料的误读。

与"宏大化叙事"相比，本文更乐于采取复原历史细节，再现历史场景的研究思路。这一研究思路绝非本文首创，自然不敢掠人之美。文学史家陈平原在研究"五四"新文化运动时指出："作为研究者，你可以往高处看，往大处看，也可以往细处看，往深处看。我采取的是后一种策略——于文本中见历史，于细节处显精神。"[①] 正是基于上述考虑，陈平原在研究中采取了"选择新文化运动中几个重要的关节点，仔细推敲，步步为营"的研究思路。具体到中国历史地理学的现代化进程而言，足以"牵一发而动全身"的历史细节有如下几处：其一，顾颉刚学术事业在燕京大学的继续，该细节为中国历史地理学的发展起了奠基作用；其二，禹贡学会及《禹贡》半月刊的创立，这为中国历史地理学人才的培养与聚合提供了合适的场所；其三，学术师承关系，为当今中国历史地理学的多元化学科特质打下了基础。

---

① 陈平原：《文本中见历史 细节处显精神——〈触摸历史与进入五四〉导言》，《鲁迅研究月刊》，2005年第7期。

囿于篇幅，本文无法全面铺开论述上述问题。在此主要论述顾颉刚学术事业在燕京大学的延续及其对禹贡学会和《禹贡》半月刊的影响，以及由此而带来的学术生命路径的转折。

二、"燕京有何可恋?"

顾颉刚结缘燕京大学之原委，在《顾颉刚日记》（联经出版事业股份有限公司，2007 年）中有详细记载。加上此前出版的《顾颉刚年谱》（顾潮编，中国社会科学出版社，1993 年）、《历劫终教志不灰——我的父亲顾颉刚》（顾潮著，华东师范大学出版社，1997 年）等书，足以梳理出顾颉刚何以从 1929 年开始执教燕京大学达八年之久的个中缘由。

顾颉刚自称："我在民国十年至廿五年一段时间，即我之开花期"，并且"此时精神充沛，发表力特强，一过此期则思想及发表力渐即于干涸。"① 可以说，顾颉刚在燕京大学的岁月几乎占了其"开花期"的一半，足见燕京大学时期在顾颉刚学术生涯中的重要性。顾颉刚自称："来到燕京大学教书，环境安静，又无人事上的纠扰，每周只教三小时的课，其他时间可以专心从事研究，不多时就感觉进步很大。这时我算完全投入了学术之宫。"② 而在来燕京大学之前，顾颉刚在三年里辗转于北京大学、厦门大学、中山大学之间，在每所大学执教的时间都不长，而且时常身陷于学界倾轧和纠纷之中。两相比较，不难看出燕京大学确是值得顾颉刚留恋之处。也正是有了这种留恋，才为中国历史地理学这一学科及学术力量在燕京大学的萌发提供了可能。

---

① 顾颉刚：《顾颉刚日记》第五卷（1943—1946），联经出版事业股份有限公司，2007 年，第 140 页。
② 顾颉刚：《我的事业苦闷》，载《顾颉刚全集·宝树园文存》卷六《政治及其他编》，中华书局，2011 年，第 350 页。

(一) 维持生计

燕京大学之所以吸引顾颉刚在此久留,待遇之优越自然是原因之一。翻检顾颉刚日记与书信,不时看到他对自己"经济基础"薄弱的感喟之言。顾颉刚在苏州老家有田产,也曾经办过朴社发行《古史辨》,加上学校薪水和稿费收入,他的经济状况当然强于一般市民阶层。问题在于,顾颉刚既要养活一个大家庭,又要张罗一摊学术事业,提携学术后辈,到处都要花钱。

如何处理挣钱与治学的关系,是顾颉刚早年开启学术生涯时就开始考虑的问题。顾颉刚在 1924 年就说:"我总想把'维持生计'与'加增学问'两件事情打通了,无论如何困难,我总是照着这方面走。万一我将来生计方面宽裕,可以不必操心,我自然专心努力向学问做去。"① 不幸的是,顾颉刚总是要为"维持生计"而考虑。二十年过去了,顾颉刚对自己的学生杨向奎说:"十余年来,我志趣未变,我人生观未变,我工作计划亦未变,所变者惟有经济观念,以前不觉此问题之重要,今则觉其太重要耳。"② 随着顾颉刚社会影响和学术雄心的扩大,其日常开销也就越来越大,因而对于"经济基础"的认识越为深刻。

如果仅仅是维持家用,顾颉刚或无太大经济压力,但他还要为自己门下的众多年轻人考虑经济来源。顾颉刚在 1937 年 8 月在日记中补写道:

> 余以爱才,为青年所附集,能成事在此,而败事亦在此。盖大多数之青年为衣食计,就余谋出路,使余不得不

---

① 顾颉刚:《致容庚(1924 年 9 月 22 日)》,载《顾颉刚全集·顾颉刚书信集》卷二,中华书局,2011 年,第 166 页。
② 顾颉刚:《致杨向奎(1945 年 10 月 25 日)》,载《顾颉刚全集·顾颉刚书信集》卷三,中华书局,2011 年,第 112 页。

与各方交接,旁人不知,以为我有意造自己的势力,于是"顾老板"、"顾大师"之绰号纷然起矣。①

既然创办禹贡学会团结笼络了一批像谭其骧、史念海、冯家昇这样的青年才俊,但他们也要居家过日子,解决家庭的经济来源问题。怎么办?道理很简单,跟谁干活,向谁要钱,称呼顾颉刚为"顾老板"也恰如其分。多年以后,王钟翰回忆说:"众所周知,二三十年代时,我国学术界有一种风气,凡有大名望、高地位的著名教授被称为老板,如胡适(已故)被称为胡老板,顾先生被称为顾老板。老师既被称之为老板,学生自然就是伙计了。"② 这里只是点出老板们"大名望、高地位",而没有说他们能够支配的财富多,或许与中国士人耻于言商、羞于言利的心态有关。

为了自己学术事业的开展,也为了自己生计的保障和提高,顾颉刚除了对供职单位提出足够的薪水要求,只能是利用各种公私关系,四处找钱。当然,一旦找到了丰厚的经济来源,流言蜚语就会跑出来。顾颉刚在1931年9月9日的日记中说:"振铎告我,谓沪上流言,北平教育界有三个后台老板,一胡适之,一傅孟真,一顾颉刚也。噫,如予之屏息郊外,乃亦有后台老板之资格耶?可怕!"③ 流言总是以部分事实真相为基础而编造的,而且有时候流言就是顾颉刚不愿意承认的真相。对于一个在民国时期能够买得起汽车的学者来说,他难道不是一个学界稀有的"后台老板"?

我们回头看当时燕京大学为吸引顾颉刚而开出的薪水条件。据《燕京大学执行委员会会议记录》(1929年8月1日、2日)记载,

---

① 顾颉刚:《顾颉刚日记》第三卷(1933—1937),联经出版事业股份有限公司,2007年,第673页。
② 王钟翰:《我和〈清史稿〉与〈清史列传〉》,载张世林编:《家学与师承:著名学者谈治学门径(第二卷)》,广西师范大学出版社,2007年,第4页。
③ 顾颉刚:《顾颉刚日记》第二卷(1927—1932),联经出版事业股份有限公司,2007年,第561页。

执委会表决接受哈佛—燕京学社关于顾颉刚教授任教的报告，报告内容为"哈佛—燕京学社以月薪 275 美元邀请顾颉刚教授充任该学社研究教授，并以同意他在历史学系任教不多于 3 小时为条件"①。这样，顾颉刚的年薪就有 3300 美元，但他的上课时间却是有上限的。在有相当的经济保障的情况下，顾颉刚可以把更多的时间用于学术事业上。那么，当时顾颉刚的薪金水平如何呢？在同一宗档案中还讲到了历史学系讲师张星烺的薪水问题，此时张星烺的年薪为 1000 美元，不足顾颉刚的三分之一。另据《燕京大学执行委员会会议记录》（1929 年 8 月 8 日）载，历史学系研究生助教（graduate assistant）朱士嘉的月薪仅有 30 美元，年薪也不过 360 美元。要知道，这里说的都是硬通货美元，而不是中国货币。不比不知道，一比吓一跳，燕京大学给予顾颉刚的待遇不能说不优厚。

顾颉刚立足燕京大学之后，又对薪金提出了新的要求。1931 年 3 月 6 日，顾颉刚向司徒雷登提出辞呈。他在给洪业的信中诉说经济上的亏欠，为了在北京供养父母，甚至把父母每月喝黄酒要花的钱都算上了——"家父母每日须饮二斤，北平绍兴酒价贵，须四毛一斤，故每月须廿四元。"② 当然，顾颉刚是个大牌学者，堪称燕京大学的台柱子，他有资格向校方提出加薪的要求。即便是不能如愿，也可以到北京大学、北平研究院乃至清华大学另谋高就。

经由洪业，顾颉刚与燕京大学达成妥协，仍旧留任。顾颉刚对胡适说："北大与燕大之取舍，真成了难题目。此间许多人不放走，当局且许我奉养老亲，住入城内。为我自己学问计，确是燕大比北大为好。"③ 由此可见，顾颉刚对燕京大学方面提供的新的薪

---

① *Minutes of the General Faculty Executive Committee*, August 1st and 2nd, 1929, 北京大学档案馆藏，燕京大学档案 YJ1929011。
② 顾颉刚：《致洪业（1931 年 3 月 12—13 日）》，载《顾颉刚全集·顾颉刚书信集》卷二，中华书局，2011 年，第 452 页。
③ 顾颉刚：《致胡适（1931 年 3 月 18 日）》，载《顾颉刚全集·顾颉刚书信集》卷一，中华书局，2011 年，第 473 页。

金水平表示认可。那么，他为何认定在燕京大学要比在北大更利于做学问呢？这还得从承担事务、人际关系角度加以考察。

(二) 脱身琐务

顾颉刚曾任中山大学史学系主任、语言历史学研究所所长，但他似乎认定自己不善于处理行政事务，认为这样耽误治学。当年他决意去广州，自己的打算就是"如果我的生活可以由我自己支配，四五年后我必有小成，十年后我必有大成"①。于是，顾颉刚在给中山大学戴季陶、朱家骅的请辞信中说：

> 在薪金上，在地位上，我在燕大所居都比中大为低，但是我本不计较这些，我所计较者只在生活上安定与学问进步。燕大既在北平乡间，甚为僻静，又一星期只有三小时功课，不担任事务，我可以依我六年前所定的计划，将应读的书读着，应研究的问题研究着。我无所爱于燕京大学，我所爱的是自己的学业。②

当时戴季陶、朱家骅是执掌中山大学的校领导，既然向领导请辞，理由总是要说得充分一些，也要更"冠冕堂皇"一些，譬如，他说自己不计较薪水问题。在美国人开办的领取美金的燕京大学，薪水自然比与政局捆绑的更密切的国立中山大学要更有保障。

当然，此时的顾颉刚还是一个纯粹的学者，在他离开中山大学，转投燕京大学的众多理由中，燕京大学能提供继续自己学术的优良环境，脱身于琐碎的行政事务和本不擅长的教课，这肯定是个

---

① 顾颉刚：《致叶圣陶（1927年7月4日）》，载《顾颉刚全集·顾颉刚书信集》卷一，中华书局，2011年，第90页。
② 顾颉刚：《致戴传贤、朱家骅（1929年7月28日）》，载《顾颉刚全集·顾颉刚书信集》卷二，中华书局，2011年，第452页。

重要砝码。进入燕京大学以后,顾颉刚对胡适说:"我在此间,很安定。所以然之故,因为外国人掌大权,使得中国人少倾轧许多。若在城内诸大学,则倾轧是正业而学问为旁门,在此环境中便无法安心治学矣。"① 这城内的诸大学,当然包括也向他伸出橄榄枝的北京大学。

(三) 燕京大学的中国化

丰厚的待遇,不为琐务纠缠,这两者并不是顾颉刚决定执教燕京大学的唯一原因。燕京大学愿意接纳顾颉刚,这是个基本的前提。

在民国时期的教育版图上,燕京大学是以新闻学、社会学等"西学"著称的教会大学,它何以垂青于专长上古史研究的顾颉刚呢?这与燕京大学的中国化有关。如钱穆所言"燕大乃中国教会大学中最中国化者"②,既然要中国化,而历史学又是中国传统国学的固有内容,那么,延揽顾颉刚这样的古史研究翘楚,自然在情理之中。

据长期主持燕京大学的司徒雷登(图2—2)回忆:"哈佛—燕京学社为燕京做了许多好事,其中一件就是使我们——并且通过我们使中国的其他几所教会学校——能够把汉学研究提高到任何一所中国学府的同一水准上。"③ 顾颉刚在1928年给胡适写信说:"今年春间,燕京大学来书见聘,谓在美国已捐得大批基金,开办中国学院,邀我去作研究。我觉得这是很合我的宿志的,我一定要把所

---

① 顾颉刚:《致胡适(1930年4月20日)》,载《顾颉刚全集·顾颉刚书信集》卷一,中华书局,2011年,第468页。
② 钱穆:《师友杂忆》,生活·读书·新知三联书店,1998年,第154页。
③ [美]约翰·司徒雷登著,程宗家译、刘雪芬校:《在华五十年——司徒雷登回忆录》,北京出版社,1982年,第59页。

图2—2 司徒雷登像

有的时间供我从容的研究,才可使我心安理得地过生活,所以便答应了。"① 一年之后,顾颉刚在1929年5月2日的日记中也提到"燕京大学与哈佛大学合办之国学研究所,去年已见聘,予以不能

---

① 顾颉刚:《致胡适(1928年8月20日)》,载《顾颉刚全集·顾颉刚书信集》卷一,中华书局,2011年,第456页。

脱广州未应。此次来，又承见招，拟应之"①。1929年6月12日的日记又载："绍虞来，告燕京职事已通过。"② 其实，早在顾颉刚离开北大南下之时，燕京大学已有意延揽，据顾颉刚1926年7月11日的日记载："刘廷芳先生谓早知我肯离北大，燕京方面已早请矣。"③ 这个刘廷芳何许人也？他时任燕京大学神学院院长、校长助理，后来任中华全国基督教大学委员会主席等职，当然有资格为燕京大学代言，替燕京大学延揽人才。1928年年初，人心思动的顾颉刚给容庚写信说："燕京固能办中国学研究院，弟决返北京，因弟之家实在北京而非苏州也。"④ 既然"客舍似家家似寄"，苏州都不回去了，最理想的场所就只剩下文化古都北京，以及正在召唤他的燕京大学。

显然，离开了燕京大学实行中国化、举办国学这一大背景，顾颉刚无疑将会与燕京大学失之交臂，历史地理学也几乎不可能在当时扎根于燕京大学。

（四）人际关系

就环境而言，人际关系也是至关重要的。促使顾颉刚离开中大的主导因素之一就是他与傅斯年的人事纠葛。

1. 老友反目

顾颉刚、傅斯年都是学界"牛人"，"牛人"都有牛脾气，一

---

① 顾颉刚：《顾颉刚日记》第二卷（1927—1932），联经出版事业股份有限公司，2007年，第279页。
② 顾颉刚：《顾颉刚日记》第二卷（1927—1932），联经出版事业股份有限公司，2007年，第291页。
③ 顾颉刚：《顾颉刚日记》第一卷（1913—1926），联经出版事业股份有限公司，2007年，第767页。
④ 顾颉刚：《致容庚（1928年1月28日）》，载《顾颉刚全集·顾颉刚书信集》卷二，中华书局，2011年，第176页。

旦顶撞起来，局面不堪收拾。顾颉刚对胡适说："我若是要名要利，则中山大学所以待我，孟真所以为我设法者确已不薄，我应当感激不已，却之不去。不幸我的目的不在名利而在别的。我便不能因有了饭吃了故而舍弃我的真生命。"顾颉刚怕丢了"真生命"，不愿意委身于傅斯年。在他看来，傅斯年"一定要我在他的支配下过生活"①。顾颉刚与傅斯年矛盾激化的引爆点之一就是辞退钟敬文事件。在顾颉刚看来：

> 敬文为人如何是另一个问题，他做国文系教务员不尽职也有被辞之理由，但孟真告我，此次之事乃系戴校长因《吴歌乙集》中有秽亵歌谣，故令孟真辞之，则实不合。即使民俗学会中有不应印出秽亵歌谣，其责亦在我而不在敬文。今使敬文蔽我之罪，这算什么呢！岂不是项庄舞剑，意在沛公！又岂不是太子犯法，黥其师傅！②

顾颉刚把此事当成了傅斯年在给自己"上眼药"，强烈的自尊心受到挫伤。当傅斯年指责顾颉刚忘恩负义的时候，顾颉刚也就没有坚守中山大学的必要。

因为与傅斯年关系恶化，顾颉刚于是向他们二人共同的老师胡适写信诉苦，寻求道义上的支持。顾颉刚还特意叮嘱胡适，"请勿

---

① 顾颉刚：《致胡适（1928年8月20日）》，载《顾颉刚全集·顾颉刚书信集》卷一，中华书局，2011年，第459~460页。此信又收于中国社会科学院近代史研究所中华民国史研究室编《胡适来往书信选》上册（社会科学文献出版社，2013年），该书根据落款时间"十八年八月二十日"，将此件归于1929年书信。查顾颉刚1928年8月20日日记，有"适之先生前日有信来，疑我因骄傲致树敌，故作书报之"记载，而1929年8月20日则无相关记载。故此信写于1928年的可能性较大。
② 顾颉刚：《致胡适（1928年8月20日）》，载《顾颉刚全集·顾颉刚书信集》卷一，中华书局，2011年，第455页。

把我对于他不满的话告他,因为他的脾气太坏,我怕和他开衅也。"① 但傅斯年还是从胡适那里听到了顾颉刚的牢骚话,因而与顾发生面对面的冲突。1928 年 11 月 13 日,顾颉刚在日记中写道:"今日上午,与孟真相骂,盖我致适之先生信,为孟真所见,久不嫌于我,今乃一发也。予与孟真私交已可断绝。"② 至此,顾颉刚与傅斯年的关系已经恶化至极。

此前,顾颉刚在这封不愿被傅斯年看到的信中,向胡适表白"两年来的环境和心情"。就其与傅斯年的关系,说了如下一段话:

> 我和孟真,本是好友,但我们俩实在不能在同一机关作事,为的是我们俩的性质太相同了:(1) 自信力太强,各人有各人的主张而又不肯放弃;(2) 急躁到极度,不能容忍。又有不同的性质亦是相拂戾的,是我办事太欢喜有轨道,什么事都欢喜画了表格来办;而孟真则言不必信,行不必果,太无轨道。又我的责功之心甚强,要使办事的人都有一艺之长,都能够一天一天的加功下去而成就一件事业。孟真则但责人服从,爱才之心没有使令之心强,所以在用人方面,两人的意见便时相抵触。③

所谓"江山易改,本性难移",顾颉刚意识到其与傅斯年在性格上的直接冲突而又不肯迁就,所以也就无从在傅斯年掌控主导权的中山大学和中央研究院史语所谋得安身立命之所,遁入外国人主

---

① 顾颉刚:《顾颉刚致胡适(1928 年 6 月 15 日)》,载中国社会科学院近代史研究所中华民国史研究室编:《胡适来往书信选》上册,社会科学文献出版社,2013 年,第 345~346 页。

② 顾颉刚:《顾颉刚日记》第二卷(1927—1932),联经出版事业股份有限公司,2007 年,第 222 页。

③ 顾颉刚:《致胡适(1928 年 8 月 20 日)》,载《顾颉刚全集·顾颉刚书信集》卷一,中华书局,2011 年,第 456 页。

导的燕京大学未尝不是一个好的选择。而傅斯年对于顾颉刚"去就之际不敢赞一词"①。

此后,顾颉刚与傅斯年维持着表面上的和平相处,虽然也时有谋面,间或书信往来,但心中的芥蒂和猜忌始终没有消除。于是,1951年1月1日听闻傅斯年的死讯后,顾颉刚在日记中写下"此人一代枭雄,极能纵横驰骤,竟未能有所成就,可惜也"②。反观当年傅斯年对顾颉刚"实是亭林、百师以来章句批评学之大结论,三百年中文史学之最上乘"③ 这段赞语,不禁令人唏嘘不已。

2. 与洪业的交好

顾颉刚选择燕京大学,与洪业教授有着密切关系(图2—3)。洪业之于燕京大学,有着举足轻重的地位。据周一良晚年回忆,当时"北大清华之间虽不无门户之见,但大体上这两所国立大学和史语所关系较近。而燕京是教会大学,自成格局与体系,与这三个机构关系都比较疏远。近年我才听说,洪先生与傅先生这两位都具有'霸气'的'学阀',彼此间的关系也不融洽。"④ 正是因为燕京大学与北大、清华、史语所的关系较为疏远,而实际主持燕京大学历史学系的洪业与傅斯年关系也较疏远,这也就为顾颉刚回避其与傅斯年的矛盾提供了可能。顾颉刚曾评价洪业称:

> 史学系中,以您的关系为最深,照了一班人的通例,您大有对我侧目而视的资格,但是您毫无这种意思,依然

---

① 傅斯年:《傅斯年致顾颉刚(暂系年于1929年3月)》,载王汎森等编:《傅斯年遗札》第一卷,社会科学文献出版社,2015年,第143页。
② 顾颉刚:《顾颉刚日记》第七卷(1951—1955),联经出版事业股份有限公司,2007年,第2页。
③ 傅斯年:《傅斯年致胡适(1926年8月17日、18日)》,载王汎森等编:《傅斯年遗札》第一卷,社会科学文献出版社,2015年,第37页。
④ 周一良:《毕竟是书生》,北京十月文艺出版社,1998年,第29页。

容许他们接近我。这足以证明您只有事业心而无嫉妒心，您是要自己做事而又要他人做事的，不是自己不肯做事而又不要他人做事的。这就和我的宿志起了共鸣了！我不能得之于十余年的老友而竟能得之于初识的您，岂不是一件最快乐的事呵！①

显然，寻求和谐的人际关系，便于自身学业的开展，是顾颉刚进入燕京大学的主要考虑之一，也是此后他拒绝北大之邀的主要顾虑。

图 2—3　顾颉刚、洪业访问崔东壁故里（1931 年）

在上述因素的共同作用下，顾颉刚于 1929 年 5 月应燕京大学之聘，直至 1937 年抗战全面爆发。对于执教燕京大学的选择，傅斯年曾质疑"燕京有何可恋，岂先为亡国之准备乎？"而顾颉刚在 1931 年 6 月 12 日的日记中辩驳道："我入燕京为功为罪，百年之

---

① 顾颉刚：《致洪业（1931 年 3 月 7 日）》，载《顾颉刚全集·顾颉刚书信集》卷二，中华书局，2011 年，第 449 页。

后自有公评，不必辨也。"① 不用百年，顾颉刚在燕京大学所做的学术贡献已获得举世公认。如果说顾颉刚在北京大学倡导的古史辨运动，在中山大学倡导的民俗学研究是其学术生涯上值得大书特书的亮点，那么，在燕京大学倡导的沿革地理、民族史、边疆地理研究则是足以与前二者并称的学术事业。

当然，燕京大学绝非世外桃源，人际纠葛、经费不足、事务繁剧等问题仍旧纠缠于顾颉刚学术生活之中。虽然不愿承担事务，顾颉刚也还是当了燕京大学历史学系主任，还参与过哈佛燕京学社的管理事务，后来参与的社会活动更不少。同在燕京大学的陈垣、张尔田等对顾颉刚也颇不认同，张尔田在课上也直言不讳地批评"古史辨"。就连一度惺惺相惜的洪业，后来也产生误会，逐渐疏远。对于和洪业的交恶，顾颉刚是这样说的：

> 历史系主任洪煨莲本来是执意拉拢我的，自有此事（案，即 1935 年郑振铎解聘），因为郑振铎是他的同乡，疑心我要拆他的台。我为了研究《尚书》先编《尚书文字合编》、《尚书通检》、《尚书讨论集》数种，向哈佛燕京学社请款美金二千元。《尚书通检》已出版，《尚书文字合编》刻成了十分之八。《尚书学讨论集》已抄数百篇，也印出一部分。抗战既起，我离开燕京，他把我告到哈佛燕京社的总干事 G. Elisseeff 处，说我拿钱不做事，这位总干事就给我来信，要我退还这笔钱。在抗战时期币值大跌的时候逼我拿出两千美金，不是要我的命吗？我还了一封信去，说请你查查哈佛大学的图书馆是不是有我编印的《尚书通检》和《尚书讨论集》？还请打听北平文楷斋

---

① 顾颉刚:《顾颉刚日记》第二卷 (1927—1932)，联经出版事业股份有限公司，2007 年，第 536 页。

刻字铺，是不是刻了《尚书文字合编》？这信去后就没有事了。但这种手段，可不使人害怕？①

这里边提到了洪顾二人在几件事上的分歧：其一，解聘郑振铎事件；其二，申请哈佛燕京学社经费从事《尚书》研究。这两件事的是非曲直，颇值得辩驳一番。

对于郑振铎的解聘，直接原因是郑振铎因为燕京大学图书馆购书问题和《插图本中国文学史》两事贻人口实，吴世昌等学生发起"驱郑风潮"。对于此事，可以解读为"反映了一位坚持五四立场的文化人和20世纪30年代初燕京大学的学院体制之间的冲突"②。对事件本身来龙去脉的考索固然重要，但首先要回答一个问题，如果郑振铎深得人心，为何当时没有同事和学生为他说话，发起"保郑风潮"？郑振铎的"不得人心"，应属事实。郑振铎1931年经郭绍虞介绍到燕京大学任教授，直至1935年改任暨南大学。其间，郑振铎与郭绍虞关系闹僵，不可收拾。如已有研究所申明的，郑振铎既不满于系主任的文学教育主张，又对人事安排不满。既然如此，应该主动请辞，何必等到被离职？1935年1月11日，由吴雷川（燕京大学校长）、黄子通（文学院长）、郭绍虞（系主任）、顾颉刚组成的四人委员会通过决议，令郑振铎限期离职。即便是顾颉刚、郭绍虞二人同意辞退郑振铎，吴雷川、黄子通二人反对，恐怕也不会形成最终决议。郑振铎在1958年的演讲中说："我在燕京大学代表进步的一派，校当局就很恨我。司徒雷登是个老狐狸，他唆使一批教员和学生一起排挤我。我提出辞职，有些学生很同情我。"③ 这种近乎谩骂的言辞，无非是想掩饰些什么。

---

① 顾颉刚：《顾颉刚自传》，北京大学出版社，2012年，第109页。
② 季剑青：《1935年郑振铎离开燕京大学史实考述》，《文艺争鸣》，2015年第1期。
③ 陈福康：《郑振铎传》，北京十月文艺出版社，1994年，第312页。

此事进展过程中，洪业是否干了些什么？顾颉刚说洪业"因为郑振铎是他的同乡，疑心我要拆他的台"，这个理由有所牵强。郑振铎，祖籍福建长乐，1898年生于浙江温州。洪业，1893年生于福建省城，但他的童年是在山东度过的。因此，二人很难说是什么严格意义上的同乡。洪业1915年即留学美国，1923年回国执教燕京大学。1928年、1946年又两度赴美讲学，后定居美国，直至逝世。对于长期漂泊在外，接受西式教育的洪业来说，说同乡关系有意义吗？况且，郑振铎任燕京大学中文系教授时，洪业任历史系教授，兼任大学研究院文科主任和导师。郑振铎既非洪业手下，也不是洪业引介到燕京大学的，顾颉刚的"拆台"之论不知从何说起。

当然，郑振铎比较赞赏洪业主持的引得编纂工作，认为此举"其用力独劬，其影响最大"，并说这是"具有近代意义的索引之真正意义者"①。但郑振铎写下上述评论是在1937年6月21日，此时"驱郑事件"早已平息。更重要的是，郑振铎并未像顾颉刚一样申请哈佛燕京学社的经费，为引得编纂处工作。

洪业主持哈佛燕京学社引得编纂处工作二十余年。"引得编纂处整理了十三经中的十二经，独没有《尚书》，顾颉刚的《尚书通检》另由燕京大学出版。因为顾虽赞同编纂处的宗旨，但不愿意用洪业'引得'这两个字，也不喜欢洪业的'中国庋撷检字法'，但他用的是引得编纂处的人，体例也按照引得编纂处的惯例。"②当洪业、顾颉刚共处燕京大学时期，这并不是尖锐的矛盾。当顾颉刚转投齐鲁大学，并在其领导的国学研究所，另起炉灶进行引得编纂的时候，这就势必与洪业领导的引得编纂处在争取哈佛燕京学社

---

① 郑振铎：《索引的利用与编纂》，载《郑振铎全集》第六卷《中国古典文学文论》，花山文艺出版社，1998年，第627~628页。
② [美]陈毓贤：《洪业传》，商务印书馆，2013年，第192页。

资助中国研究款项上形成竞争和对立。① 这才是洪业、顾颉刚产生分歧的原因所在。当然，这种分歧已是在顾颉刚离开燕京大学以后，不足以对其在燕京大学的学术事业产生负面影响。顾颉刚与洪业分歧的存在，势必制约了顾颉刚重返燕京大学。洪业说："我认为他应该在1937年秋天返回燕京。"不过，平心而论，顾颉刚申请哈佛燕京学社经费后完成的工作似乎并不十分理想。譬如，他在自传中说"《尚书学讨论集》已抄数百篇，也印出一部分"。但在1941年给叶理绥的信中却说："编辑《尚书学论文集》，这书自一九三二年至一九三七年中就各家文集中钞出约一千篇，尚未编出。"② 两者数量差别好像很大。当时说已经付印的《尚书文字合编》，在顾廷龙的协助下，1996年才由上海古籍出版社推出。据顾廷龙说，当时"《尚书讲义》及《尚书通检》均已先后完成"③。这也就是说，顾颉刚允诺的《尚书文字合编》、《尚书讨论集》并未编完。既然爽约在先，且要进行同业竞争，叶理绥讨还哈佛燕京学社的经费，似无不可。只不过顾颉刚认定此事乃"洪某到美，挑拨董事会与侄寻衅，声言欲索还《尚书学》一款"④。由此，当年"同声相应，同气相求"的知己渐已成为陌路人。

从《顾颉刚日记》来看，顾颉刚在燕京大学任职时期也数次动过辞职念头，打算转入中央研究院、北京大学等地。然而，两害相权取其轻，身处学术"江湖"核心地带的顾颉刚只得选择留在燕京大学。尤其是在与燕京大学校方发生利益冲突时，校方每每做

---

① 裴宜理、谢喆平：《学术竞争的风险：过去与现在》，《清华大学教育研究》，2015年第1期。

② 顾颉刚：《致爱立才夫（1941年1月9日）》，载《顾颉刚全集·顾颉刚书信集》卷三，中华书局，2011年，第151页。

③ 顾廷龙：《〈尚书文字合编〉前言》，载侯仁之、周一良主编：《燕京学报》新二期，北京大学出版社，1996年，第87页。

④ 顾颉刚：《致顾廷龙（1941年1月10日）》，载《顾颉刚全集·顾颉刚书信集》卷二，中华书局，2011年，第497页。

出让步，这也是顾颉刚久居燕京大学的重要原因。

三、从古史到古地

不管怎样，顾颉刚在燕京大学总算得到了比较理想的治学环境。1930年年初，他在给胡适的信中不无知足地说：

> 自来燕大，生活比较安定。校中固然党派甚多，但我毫无事权，且除上课外终日闭门不出，人家也打不到我的身上。北平城中固然有人替我作反宣传，好在我轻易不进城，就是有人告我也只当没听见。如能这样的做下去，过了几年，我的学问一定可以打好一个基础了。但人事变幻是说不定的，不知我有此福分否耳。①

人事变幻、政事变幻总是难以预知。但顾颉刚的"福分"不浅，团结和培养了一批年轻人，开创了影响至今的禹贡学派。

（一）承续"古史辨"

顾颉刚在学界因古史辨伪而声名鹊起，他也自称"我的研究的目的总在古史一方面，一切的研究都是要归结于古史的"②。从早年编辑《古史辨》至晚年注释《尚书》的学术历程来看，"古史"研究正是贯穿于顾颉刚学术生涯的主线。当然，不同时期古史研究的着眼点或用心之处并不一致。在此，我们梳理燕京大学时期顾颉刚的学术事业，探求其中的旨趣变迁，由此理清禹贡学会及

---

① 顾颉刚：《致胡适（1930年1月24日）》，载《顾颉刚全集·顾颉刚书信集》卷一，中华书局，2011年，第467页。
② 顾颉刚：《〈古史辨〉第一册自序》，载《古史辨自序》，河北教育出版社，2000年，第19页。

《禹贡》半月刊成立的内在理路。

顾颉刚担任燕京大学教职后,仍旧从事古史辨伪研究,继续编校《古史辨》,讲授《尚书研究》课程,编辑《上古史研究讲义》。在1932年9月9日编订的本年计划中,顾颉刚首次明确列出了"编《禹贡》讲义"的目标,并安排助手助其编集、抄写《尚书》文字,绘制《禹贡》地图。① 此后,顾颉刚进入《尚书·禹贡》的专门研究中,其在燕京大学、北大(兼课)的课堂讲授也以《禹贡》为核心。

随着研究的深入,顾颉刚在1933年初感到必须对《禹贡》中的地理问题加以研究:

> 《禹贡》之问题皆非可单独解决者,直当以全部古籍及全部地理书为之博稽而广核之也。
>
> 且岂但书籍为需用哉,举凡历史、地理、地质、生物诸学之知识亦莫不当有。……吾辈如病不能焉,亦当提出之以待他方面之学者起而解决之耳。
>
> 《禹贡》之问题既为整个之地理学及地理沿革史上之问题,故欲研究此篇,当排万难而为之,不可先存速成之年。……②

由此,顾颉刚的研究视野也顺势扩展到《汉书·地理志》、《周礼·职方》、《山海经》等书中的古代地理问题。在此情况下,历史地理学(当时更多称为"地理沿革史")便成了顾颉刚考辨古史的重要手段。顾颉刚自称:"民国二十年,我在燕京大学讲授

---

① 顾颉刚:《顾颉刚日记》第二卷(1927—1932),联经出版事业股份有限公司,2007年,第684~685页。
② 顾颉刚:《尚书研究第三学期讲义序目》,载《顾颉刚全集·顾颉刚古史论文集》卷八,中华书局,2011年,第156页。

'尚书研究'一门功课，第一期所讲的便是《尚书》各篇的著作时代，其中如《尧典》、《禹贡》等篇，因为出世的时代太晚了，所以用了历史地理方面的材料去考定它，已经很够了。"① 可见，顾颉刚并非为了发展沿革地理这一学科，而是为了深入古史考辨而去利用这一学科，故其对沿革地理的态度仅限于"够用"而非推广。如果说顾颉刚《古史辨》对古代史料的"辨伪的范围涉及古书、古人、古地和古史传说等四个方面。这四个方面是相互关联的。其中考辨古史传说和古书的分量较多"②，那么对古地的考辨无疑是为考辨古史传说和古书服务的。

研究古代地理以为考辨古书成书年代服务，是顾颉刚古史考辨的重要研究思路。早在中山大学执教时期，顾颉刚已开设"古代地理研究"课程。从其《古代地理研究课旨趣书》看，该课程一方面探讨《禹贡》、《职方》、《王会》、《山海经》、《淮南地形训》（以上为"甲种"）中"分野"、"分州"、"四至"、"五岳"、"四裔"、"五服"等地理观念，另一方面从甲骨文、金文、史籍等"当时"的地理材料去分析当时的疆域状况，而该课的最终目的则是"把这些材料和甲种相比较而推求甲种诸篇的著作时代"③。对于这一点，学界或存在误解，如许冠三《新史学九十年》称："1926年后，顾氏的学术活动，看来是忽东忽西，或民俗，或民族，或边疆史地，其实皆以前述之十七条或六大项为张本。"④ 这里的"十七条"即《〈古史辨〉第一册自序》中提到的十七项

---

① 顾颉刚：《〈尚书通检〉序》，载顾颉刚主编：《尚书通检》，书目文献出版社，1982年，第1页。
② 杨宽：《顾颉刚先生和〈古史辨〉》，载顾潮编：《顾颉刚学记》，生活·读书·新知三联书店，2002年，第80页。
③ 顾颉刚：《古代地理研究课旨趣书》，载《顾颉刚全集·顾颉刚古史论文集》卷五，中华书局，2011年，第2页。
④ 许冠三：《新史学九十年（1900—　）》上册，中文大学出版社，1988年，第184页。

"辨证伪古史"研究计划,其一就是"战国秦汉时开拓的疆土和想象的地域(如昆仑、弱水及《山海经》所记)"[1]。许冠三认为:"1934年后积极推动的沿革地理研究,其初衷本为界定'战国秦汉时开拓的疆土和相像的地域'。"[2] 此说未必全是。禹贡学会及其刊物的取名,均源于《尚书·禹贡》,故顾颉刚的沿革地理研究更应该直接发端于十七项研究计划中的"《尚书》各篇的著作时代和著作背景"。据曾师从顾颉刚的王钟翰回忆说,顾颉刚"研究《尚书·禹贡》,发现其中问题太多,这些问题几乎涉及中国古代全部地理,由此开始了历史地理研究"[3]。

到燕京大学任职之后,顾颉刚仍旧坚持以沿革地理服务于古书成书年代考辨的研究理路,但此时沿革地理在顾颉刚的学术研究计划中并未处于前列。从1933年3月19日的日记所列十二项"我应做的工作"[4]中看,其工作中心仍在于古史辨伪和民俗学,其中与古史辨伪有关的工作有五项,与民俗学[5]有关的工作虽只有两项,但却排在第二、三位。相比较而言,位于第十六位的地理沿革史显然并非顾颉刚的工作重点。1933年5月31日,顾颉刚总结了到燕京大学四年来的工作,由此我们可以看出,只是到了第四年才"编《禹贡讲义三册》",其研究的主要精力仍在古史辨伪之上。同时,顾颉刚将三年内应出版的书中分为"古史及故事"、"尚书

---

[1] 顾颉刚:《〈古史辨〉第一册自序》,载《古史辨自序》,河北教育出版社,2000年,第75页。
[2] 许冠三:《新史学九十年(1900—)》上册,中文大学出版社,1988年,第183~184页。
[3] 王钟翰著,诸同学整理:《王钟翰学述》,浙江人民出版社,1999年,第53页。
[4] 这十二项工作依次是《崔东壁遗书》、孟姜女故事、吴歌、《古史辨》、中国通史、辨伪丛刊、谶纬集、《尚书》学、《史记》、《燕京学报》、地理沿革史、学生工作的指导。参见《顾颉刚日记》第三卷(1923—1937),第25~26页。
[5] 顾颉刚提倡的民俗学也与古史研究有着血肉关联,其目的在于"借民间传说演变的例去理解古史,阐明古史传说的意义",参见许冠三《新史学九十年》(中文大学出版社,1988年),第195页。

学"、"汉代史"三大类①。显然,在顾颉刚的学术规划中并没有留出沿革地理的明确位置,只是在"汉代史"大类下有"汉郡县图说",其性质或接近沿革地理。

需要说明的是,有观点认为顾颉刚"从1931年起涉足古代地理的研究领域,到1934年即达到古代地理研究的高峰"②。如果我们注意到"顾氏之注意历史地理问题,本因禹的考辨而起,由大禹的传说而《禹贡》,而及于战国秦汉间的地理沿革"③,则顾颉刚涉足古代地理研究的时限则相应提前赴中山大学任教之前。可以说,经由沿革地理而考辨古史,是贯穿于顾颉刚学术生涯的一条研究思路。因此,与其说"以一部分时间推广学用结合的历史地理学,以致延误了他的古史研究专业",倒不如说历史地理"延续"了顾颉刚的古史研究专业。正因为此,称"禹贡学派则是《古史辨》派的姊妹学派"④是有道理的。换言之,所谓"禹贡学派"是从此前的"古史辨派"派生出来的。⑤

正如有研究者指出的:"从表面上看,古史辨运动似乎是一个破坏性的运动,研究历史地理则具有较多的建设意义,但实质上,辨伪的另一面其实就是考信,甚至可以说辨伪只是手段,考信才是目的,研究古代地理乃其考信之一环。"⑥余英时也有评价称"顾

---

① 顾颉刚:《顾颉刚日记》第三卷(1923—1937),联经出版事业股份有限公司,2007年,第52~53页。
② 童教英:《从炼狱中升华——我的父亲童书业》,华东师范大学出版社,2001年,第73页。
③ 许冠三:《新史学九十年(1900—)》上册,中文大学出版社,1988年,第195页。
④ 徐鸿修:《〈古史辨〉派》,载《先秦史研究》,山东大学出版社,2002年,第342页。
⑤ 杨向奎:《师门记学》,《文史哲》,1984年第5期。
⑥ 彭明辉:《历史地理学与现代中国史学》,东大图书股份有限公司,1995年,第148页。

先生除了辨伪之外还有求真的一面,而且辨伪正是为了求真"[1]。"辨伪"与"考信"好似一个硬币的无法分割的两面,"辨伪"即"革故"、"去伪",考信即"鼎新"、"存真"。就性质而言,研究古代地理实为古史研究之一环,在这一环中同样存在"辨伪"与"考信"的问题。顾颉刚自称"我很愿意向这一方面做些工作,使得破坏之后得有新建设,同时也可以用了建设的材料做破坏的工具"[2],沿革地理就是这样一种工具,而《从地理上证今本尧典为汉人作》(载《禹贡》半月刊第 2 卷第 5 期,1934 年)等文则是这种工具的具体使用。《禹贡》半月刊及禹贡学会的成立,其初衷就在于"地理方面实在不知道保存了多少伪史,我们也得做一番辨伪的工作才好"[3]。因此,将禹贡学会接续上"古史辨"是显而易见的事实。

(二) 古史研究中的地理工具

顾颉刚对沿革地理并不陌生。在未上北大之前,顾颉刚已经知道北大地理教员屠寄。"他有一部中学地理教科书,新由商务印书馆出版,我是看到的,这等的博学工文的老师硕儒,怎不成了我的崇拜的对象!"[4] 20 世纪初在北京大学求学期间,他曾听过张相文主讲文科本科的《地理沿革史》一课。[5] 顾颉刚很早就注意到历史研究中的地理问题,在 20 年代与王伯祥合编的《现代初中教科

---

[1] 余英时:《顾颉刚、洪业与中国现代史学》,载《史学与传统》,时报文化出版事业有限公司,1982 年,第 279 页。
[2] 顾颉刚:《〈古史辨〉第一册自序》,载《古史辨自序》,河北教育出版社,2000 年,第 66 页。
[3] 顾颉刚:《赵贞信来信(通讯二四)编者按》,载《顾颉刚全集·宝树园文存》卷二《学术编(下)》,中华书局,2011 年,第 23 页。
[4] 顾颉刚:《我在北大》,载《顾颉刚全集·宝树园文存》卷六《政治及其他编》,中华书局,2011 年,第 321 页。
[5] 顾颉刚:《致叶圣陶(1917 年 10 月 21 日)》,载《顾颉刚全集·顾颉刚书信集》卷一,中华书局,2011 年,第 22 页。

书·本国史》中，开篇论述的就是历史与地理的关系，主张"即地可以证史，就史可以证地"①。加之在商务印书馆编译所史地部做专任编辑的经历，顾颉刚对于沿革地理（历史地理）的"亲密接触"绝不是始于燕京大学时期。

禹贡学会的创办，使得顾颉刚可以召集青年才俊专注于古史辨伪中的地理问题。由于"《禹贡》一篇牵动全部古代地理"，且《禹贡》的著作时代考辨对于顾颉刚来说是"积在我的胸中经历四十年的问题"，于是"一九三四年所以创办禹贡学会，即为集合同志共同解决这一问题"②。既然"《禹贡》著作时代考"被视为"一生的研究工作的中心"，则对《禹贡》的地理研究就服从和服务于顾颉刚开创的古史考辨研究。沿革地理（历史地理）研究的开展，实为古史研究的工具而非目的。顾颉刚在晚年说："我一生一世搞中国古代史，总想把两千年来缠绕不清的若干问题提出来，像医学工作者站在手术台前一样，给予精神集中的注意力，作出分析和批判，使人们看清它的真面目和其对历史进程所发生的或好或坏的影响。"③ 如此看来，历史地理学也罢，民俗学也罢，经学也罢，都是顾颉刚解剖中国古代史的"手术刀"。

当然，顾颉刚对历史地理学这把"手书刀"的认知和使用有时是生疏的，甚至出现偏差。他在1924年分析国学流派时说：

> 现今国学的趋势有五派：……三是地质学，他们因研究地质而把中国的矿物材料作一整理，因发掘地层，而得有铜器时代以前之古物，可助古史学之研究，因到各处实

---

① 顾颉刚、王钟麒：《现代初中教科书·本国史》，载《顾颉刚全集·顾颉刚古史论文集》卷十二，中华书局，2011年，第5页。

② 顾颉刚：《顾颉刚工作计划（草稿）》，载《顾颉刚全集·宝树园文存》卷二《学术编（下）》，中华书局，2011年，第388页。

③ 顾颉刚：《彻底批判"帮史学"，努力作出新贡献》，载《顾颉刚全集·宝树园文存》卷二《学术编（下）》，中华书局，2011年，第491页。

地调查而对于历史地理学发生新解释。丁文江、翁文灏、章鸿钊等都是这一派的代表。①

这是我们较早看到顾颉刚对"历史地理学"一词的应用。不过,这里提到的"历史地理学"更应该叫"历史地质学",或者是今天所说的"地史学"。

顾颉刚虽然意识到"历史地理(学)"这一术语的存在并加以运用,但他没有对之进行明确的界定,也没有将之与"沿革地理"区分开来。历史地理(学)的英文名词为"historical geography",该词的直译就是"历史的地理(学)"。早在1935年,顾颉刚任燕京大学文科研究所历史部导师时其指导范围就是"中国上古史;中国历史的地理;经学"② 三者。1936年4月17日,顾颉刚致李书华函,请求他在中英庚款董事会教育组开会时帮忙申请经费,信中提到:"以此间研究院及大学高才生之多,加以材料之富,必可在历史地理学上开一新境界。"③ 此外,《禹贡》半月刊中也有"历史的地理"的表述,即便到了1979年5月,顾颉刚在致中国地理学会历史地理专业学术会议的贺电中仍旧说:"历史的地理一门科学,国内有极丰富的资料和极长久的研究成绩,加以新中国成立后交通方便,昔日所不易到的地方,今日犹出户庭,又加以在中共中央正确领导之下,向日各自独立的科学机构今天皆可通力合作,本会前途实有无穷无尽的发展希望。"④

---

① 顾颉刚:《致殷履安(1924年7月5日)》,载《顾颉刚全集·顾颉刚书信集》卷四,中华书局,2011年,第455页。
② 燕京大学研究院辑:《私立北平燕京大学研究院入学简章(民国二十四年三月)》,燕京大学,1935年,第10页。
③ 顾颉刚:《致李书华(1936年4月17日)》,载《顾颉刚全集·顾颉刚书信集》卷三,中华书局,2011年,第33页。
④ 顾颉刚:《中国地理学会全国历史地理专业学术会议贺电》,载《顾颉刚全集·宝树园文存》卷二,中华书局,2011年,第493页。

虽然在对沿革地理、历史地理学科属性的认识上没有清晰而固定的概念，但顾颉刚在中山大学就开设"古代地理研究"课程。除了燕京大学，顾颉刚后来又在齐鲁大学开设"中国地理沿革史"，听课同学有李得贤、方诗铭等九人。与此同时，顾颉刚在复旦大学开设的却是"历史地理"课程，选课同学有程鸿、杨廷福等十一人。① 从在复旦的授课内容为政区制度（郡县制、封建）、河渠（运河、鸿沟等）、道路、都会等来判断，其实就是"中国地理沿革史"。从顾颉刚的教学实践来说，古代地理、历史地理、地理沿革史应该是同一回事。

当然，顾颉刚与林超、张印堂、李四光、胡焕庸、黄国璋、周廷儒、洪绂等纯正的地学中人也不乏交往，但我们不能苛求他像大学生一样从头学起现代西方地理学。1936 年，林超、张印堂这两位留学利物浦大学的中国学生邀请顾颉刚手书《禹贡》全文，将之作为送给利物浦大学的礼物（图 2—4），这也算是中国传统沿革地理学与现代西方地理学一瞬间的交集吧。

顾颉刚秉承乾嘉朴学传统，以沿革地理为手段研究古代地理，其突出表征有二：其一，在燕京大学、北大专门开设中国古代地理沿革史课程；其二，创建禹贡学会及《禹贡》半月刊。尤其是后者，多为历史地理学家所称道，并视之为历史地理学发展史上具有标志意义的事件。随着对沿革地理体会的深入，顾颉刚逐渐意识到这一学科领域的不足和发展方向。在回答齐思和的来信时，顾颉刚谈到他对沿革地理的认识：

> 疆域沿革之学，为吾国所固有，盖《禹贡》、《水经》、《汉书·地理志》等书为一部分学者精力之所荟萃，

---

① 顾颉刚：《顾颉刚日记》第五卷（1943—1946），联经出版事业股份有限公司，2007 年，第 473~474 页。

第二章　学·商·政——禹贡学会时期的中国历史地理学

吾人步先辈之后尘，继续探讨，虽不与邻邦学者接触，亦自可独行其是，完成研究之功；若更能兼综气象、地质、土壤、水利诸学，俾不仅知其然而且知其所以然，则更将有超出先辈之成绩矣。①

在此，顾颉刚业已认清超越传统沿革地理的路径之所在，亦即求诸自然地理等自然科学。如果不是因为禹贡学会事业的半途而废，沿革地理经由"科学化"、"地理化"的阶段而步入历史地理的时间点，将会顺势提前。

话又说回来，我们绝无意于贬低顾颉刚对于发展中国历史地理学的贡献。只是我们需要了解顾颉刚向谭其骧陈述的这样一个基本史实："我本不是研究地理的，只因读了古书就想弄古史，因弄古史而想旁及古地理。前二年本在讲读《禹贡》，因《禹贡》而牵及古今地理沿革。"② 这就是从古史辨派到禹贡学派演进的基本过程。

在太平盛世，或许顾颉刚及其门下弟子也能探索出有中国特色的现代历史地理学发展之路。但时代并没有垂青顾颉刚及其领导下的禹贡学会。居于庙堂之高的沿革地理学，很快因为时局之变化，转向为关怀"江湖之远"的边疆地理。身为禹贡学会中人的韩儒林后来回忆说："在颉刚先生的倡导下，学会的宗旨是反对'为学术而学术'，力求把研究地理沿革、民族演进，与发扬光大民族文化的爱国热情结合起来，使这种研究贯穿经世致用的精神。"③ 但是，以经世致用概括禹贡学会的主旨，需要注意到禹贡学会创办前后主旨思想的演变过程，不能认定它是一以贯之、前后一致的。

---

① 顾颉刚：《齐思和来信（通讯六十七）编者按》，载《顾颉刚全集·宝树园文存》卷二《学术编（下）》，中华书局，2011年，第76页。
② 顾颉刚：《致谭其骧（1935年3月28日）》，载《顾颉刚全集·顾颉刚书信集》卷二，中华书局，2011年，第556页。
③ 韩儒林：《回忆禹贡学会——纪念顾颉刚先生》，载南京大学元史研究室编：《韩儒林文集》，江苏古籍出版社，1985年，第810页。

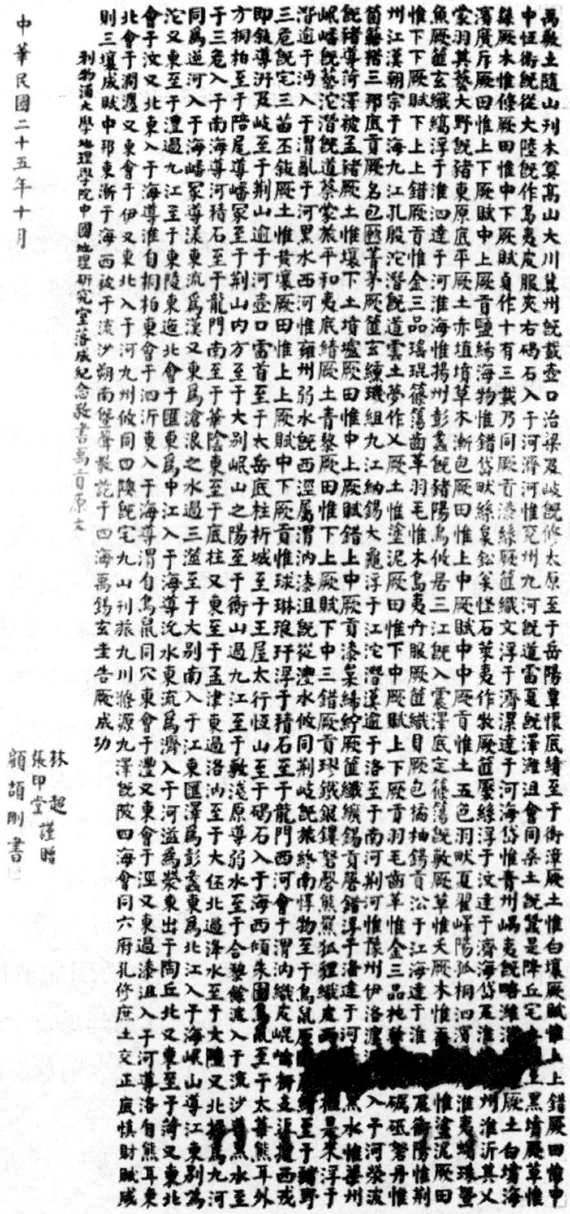

图 2—4 《禹贡》全文条幅（顾颉刚书）

四、"以文字参加抗日"

（一）从求真到务实

显然，20世纪30年代的顾颉刚已经感受到"人生的约束"对求真知的影响。这种"约束"既包括个人的身体、人脉、金钱、权势，也包括国家民族的命运，乃至国际局势。余英时通过对《顾颉刚日记》的解读，发现顾颉刚并非固守"象牙塔"里的学者，"他的'事业心'竟在'求知欲'之上，而且从1930年代开始，他的生命型态也愈来愈接近一位事业取向的社会活动家，流转于学、政、商三界"①。这也就是说，顾颉刚正是在燕京大学任职时期开始由单纯学者向三重角色的转换。

起初，顾颉刚抱有"学术至上"的观念。他说："如果我们要求真知，我们便不能不离开了人生的约束而前进。所以在应用上虽是该作有用与无用的区别，但在学问上则只当问真不真，不当问用不用。学问固然可以应用，但应用只是学问的自然的结果，而不是着手做学问时的目的。"②但是到了1931年12月27日，顾颉刚在信中表白如下心迹：

> 在今日之时势中出《古史辨》，恐将为人所笑。但我以为如不能改变旧思想，即不能改变旧生活，亦即无以建设新国家。我编此书之宗旨，欲使古书仅为古书而不为现代知识，欲使古史仅为古史而不为现代政治与伦理，欲使

---

① 余英时：《未尽的才情——从〈日记〉看顾颉刚的内心世界》，载《顾颉刚日记》第一卷（1913—1926），联经出版事业股份有限公司，2007年，第1~2页。
② 顾颉刚：《〈古史辨〉第一册自序》，载《古史辨自序》，河北教育出版社，2000年，第42页。

古人仅为古人而不为现代思想的权威者。[①]

这封信虽然体现出顾颉刚固守"象牙塔"的执着与自信,仍旧冀望以纯学术的工作推进新国家建设,但由此也可看出他已经意识到古史辨伪的"求真"趋向与时局加之于学术的"务实"需求产生错位。

出版《古史辨》而"为人所笑"的顾虑,正是源于古史辨伪与抗日救亡的步调不一。《古史辨》固然是可以拨云见日、传之后世的名山事业,但抗日救亡则是构成时代思潮主流的当务之急。1931年"九一八"事变爆发,在民族危亡之际再大谈古史真伪,撕下炎黄、尧舜禹的正统地位,多少有损于炎黄子孙的民族自尊和自信,显得不合时宜。此时,顾颉刚一方面试图让古史辨的影响走出学界,发挥改造旧思想、旧生活,建设新国家的作用;另一方面又出于本能地固守"象牙塔",自觉与现代的知识、政治、伦理等划清界限。

(二) 从沿革地理转向边疆地理

前文谈到,顾颉刚以《禹贡》为主体研究对象的古代地理研究,上承古史辨运动之余绪。也正是"因为他最早就是从讨论古史起家的,所以顾颉刚在有意无意间其实是将初期的《禹贡》当成古史辨运动之延续"[②]。翻检创刊初期的《禹贡》半月刊,确实发现关于古代地理考辨的文章占主流。从总体看来,禹贡学会的学术活动及《禹贡》半月刊所载文章,并非局限于古史地理,而是存在一个由古史地理向当代边疆地理及民族的明显转向,《禹贡》

[①] 顾颉刚:《顾颉刚日记》第二卷(1927—1932),联经出版事业股份有限公司,2007年,第593~594页。

[②] 彭明辉:《历史地理学与现代中国史学》,东大图书股份有限公司,1995年,第165~166页。

半月刊的"东北研究专号"、"后套水利调查专号"、"康藏专号"、"察绥专号"、"南洋研究专号"等均为这一转向的产物。对当代边疆地理及民族问题的研究,显然溢出了古史辨运动的范畴。之所以出现这种转向,与顾颉刚在新时代背景下形成的学术价值新取向有着直接关联。

面对日益严峻的民族危亡之局,顾颉刚难以继续纯粹而高深的学术研究。1938年10月,顾颉刚在中央政治学校附属蒙藏学校的演讲中表明了自己的心路历程:

> 我是研究古史和经学的,所以我办的禹贡学会,就是以历史为根据来研究古地理。民国二十三年德王在内蒙古发起自治运动,那年个人和德王及其部下在百灵庙谈过一次,会谈之后,我才感觉到边疆问题的严重,于是我由研究古史和古地理,又倾向到研究边疆问题,尤其是关于边疆的现实问题及边疆地理,我是特别有兴趣来研究。①

《禹贡》半月刊创办之初就遇到蒙古德王"自治运动",顾颉刚在本不平静的书桌前坐不住啦!

时局变幻太快,日寇的铁骑很快踏上华北,平津危急,全国危急,顾颉刚总要做点什么来应对国难时艰。用顾颉刚的话说:

> 我自己知道,我是一个读书人,只能向内发展而不能向外发展,也不该向外发展。只是从九一八以来,为了爱国心强,想唤起民众共御敌人,走上了向外的道路。但,这只是义务,只是牺牲,并不是我的正当工作。可是,就

---

① 顾颉刚:《考察西北后的感想》,载《顾颉刚全集·宝树园文存》卷四《边疆与民族编》,中华书局,2011年,第80页。

因这个缘故，踏上了社会，认识了许多人，生出无穷的烦恼，以致在抗战期中达到家破人亡的境界！①

这段话出自顾颉刚给爱人的通信。在这种关系至亲的私密场景，顾颉刚没有必要掩饰什么，这应该就是真实感情的流露。顾颉刚说自己"时运不佳，九一八事变逼我走向民众教育，七七事变逼我过流浪生涯，胜利后又受生计的压迫而仆仆京沪道上，永不能完成我的志愿"②。在他的志愿中，沿革地理（历史地理）至少能占据一定位置。可是，民众教育似乎不需要充满考据文字的沿革地理，流浪生涯也容不得他从容不迫地进行学术研究。借用顾颉刚的话说："从九一八事变，到今十七年，我不曾用全副精神治学，这不是我懒惰，实在环境不允许。"③ 于是，顾颉刚汇入了"以文字参加抗日"的时代洪流中。

（三）"以文字参加抗日"

当然，富于爱国热忱的顾颉刚还是从"象牙塔"里走出来，逐渐脚踏学、政、商三界。顾颉刚自称："爱祖国者人之情也，九一八事变起，北京已当前线，予亦不能自止其敌忾之心，以文字参加抗日工作。"④ 顾颉刚以文字参加抗日工作，主要体现在如下诸端：其一，参加燕京大学中国教职员抗日会活动，任宣传干事，主张通过征求大鼓词和剧本在民间宣传抗日；其二，参与创办三户书

---

① 顾颉刚：《张静秋（1948年10月23日）》，载《顾颉刚全集·顾颉刚书信集》卷五，中华书局，2011年，第289页。
② 顾颉刚：《致张静秋（1948年8月29日）》，载《顾颉刚全集·顾颉刚书信集》卷五，中华书局，2011年，第255页。
③ 顾颉刚：《致张静秋（1948年10月23日）》，载《顾颉刚全集·顾颉刚书信集》卷五，中华书局，2011年，第281页。
④ 顾颉刚：《〈史林杂识〉小引》，载《史林杂识（初编）》，中华书局，1963年，第2页。

社、金利书庄,出版和销售抗日鼓词,后又独力创办通俗读物编刊社;其三,创办禹贡学会和《禹贡》半月刊,发起禹贡学会研究边疆计划,出版边疆丛书。

为了上述事业的开展,顾颉刚既积极与出版商、书店接洽,又多方游说教育部部长王世杰、行政院秘书长翁文灏、交通部部长朱家骅,争取政府津贴,并争取中英庚款董事会、中山文化教育馆等民间机构的经费支持。上述行为无疑给顾颉刚的身份增加了"政"、"商"的色彩。

顾颉刚"以文字参加抗日"的学术价值取向,在其与谭其骧共同起草的《禹贡》半月刊发刊词中已有体现:

> 这数十年中,我们受帝国主义者的压迫真够受了,因此,民族意识激发得非常高。在这种意识之下,大家希望有一部《中国通史》出来,好看看我们民族的成分究竟怎样,到底有哪些地方是应当归我们的。但这件工作的困难实在远出于一般人的想象。民族与地理是不可分割的两件事,我们的地理学既不发达,民族史的研究又怎样可以取得根据呢?不必说别的,试看我们的东邻蓄意侵略我们,造了"本部"一名来称呼我们的十八省,暗示我们边陲之地不是原有的;我们这群傻子居然承受了他们的麻醉,任何地理教科书上都这样地叫起来了。这不是我们的耻辱?①

该文指出的地理知识蒙昧现象,并非张大其词。吕思勉在1917年初版的《中国地理大势》一书中就按照本部十八省、东三

---

① 佚名:《〈禹贡〉半月刊发刊词》,《禹贡》半月刊,1934年3月第1卷第1期。

省、蒙古、新疆省、西藏青海对全国进行区分。① 在 1934 年出版的高中历史教科书中，吕思勉还是将葱岭以东地区分为"中国本部"、"蒙古新疆高原"、"青海西藏高原"、"关东三省"四部分。② 知名的史学家在教书育人时尚且传播"中国本部"的概念。对于一般百姓来说，似乎根本就不去理会这个词的缘由就照搬使用了。

顾颉刚"以文字参加抗日"的理念在其 1936 年 1 月起草的《禹贡学会研究边疆计划书》中得到了完整体现。该计划书宣传：

> 当承平之世，学术不急于求用，无妨采取"为学问而学问"之态度，其效果如何可以弗问；此犹富者家居，狗马玩好唯所嗜，固不必为衣食计也。及至国势凌夷，局天蹐地之日，所学必求致用，非但以供当前之因应而已，又当责以弘大之后效；譬如蓬门荜户之家，凡劳力所入先图温饱，其衣食之余则积储为他日创业之资，不敢有一文之浪费也。以我国今日所处地位之危险，学术上实不容更有浪费，故定其价值之高下必以需用与否为衡量之标准。③

由此可明确看出顾颉刚由"为学问而学问"到"所学必求致用"的学术价值取向转变。

有研究认为禹贡学人抨击"为学问而学问"的治学态度，是以傅斯年等为对象。④ 这其实是一种因误读史料产生时代背景而造成的曲解。批评"为学问而学问"在更大意义上是顾颉刚的"自

---

① 吕思勉：《中国地理大势》，载《吕著史地通俗读物四种》，上海古籍出版社，2010 年，第 147~183 页。
② 吕思勉：《高级中学教科书·本国史》，载《吕著中小学教科书五种》，上海古籍出版社，2011 年，第 319 页。
③ 顾颉刚：《禹贡学会研究边疆计划书》，《史学史研究》，1981 年第 1 期。
④ 田亮：《禹贡学会和〈禹贡〉半月刊》，《史学史研究》，1999 年第 3 期。

我反动"。就与政治的亲密程度而言,傅斯年远比顾颉刚紧密。"九一八"事变不久,傅斯年就编写了《东北史纲》,主张东北历来是中国领土。早在1935年,傅斯年就写出了《中华民族是整个的》等大量旗帜鲜明的政论文章,"我们甚至可以说,傅斯年的学者生涯随着1937年7月7日第二次世界大战在亚洲的开始而宣告结束"①。可以说,傅斯年比任何人都有资格批评"为学问而学问"。在以学术服务政治方面,顾颉刚视傅斯年为先行者并引以为同道。顾颉刚于1935年10月又为筹集禹贡学会经费之事致函傅斯年,信中说:"弟所以创办禹贡学会,发行《禹贡》半月刊,即是你们编《东北史纲》的扩大,希望兴起读者们收复故土的观念,为民族主义的鼓吹打一坚实的基础。"②毫不避讳为民族主义服务。只不过顾颉刚民族主义情怀的表达更为委婉,不如傅斯年那样威猛而富于激情。

(四)国故整理、民众教育与边疆开发的融会

1948年1月22日,顾颉刚到中央研究院社会科学研究所做题为《我的事业苦闷》的演讲,讲述其在国故整理、民间文学和民众教育、边疆开发三方面的工作经历。③ 可以说,上述三方面实际上就是顾颉刚对自己倡导及从事的学术事业的总结。这三者之间的分野并非泾渭分明,而是相互影响,甚至出现融会的趋势。

顾颉刚倡导创立的禹贡学会及《禹贡》半月刊,则标志着国故整理、民众教育与边疆开发的首次融会。在特定的时代背景下,上述概念均有其特定的内涵。整理国故具体则指作为古史辨余绪的

---

① [德]施耐德著,李貌华、关山译:《真理与历史——傅斯年、陈寅恪的史学思想与民族认同》,社会科学文献出版社,2008年,第46页。
② 顾颉刚:《致傅斯年(1935年10月23日)》,载《顾颉刚全集·顾颉刚书信集》卷一,中华书局,2011年,第211页。
③ 顾颉刚:《我的事业苦闷》,载《顾颉刚全集·宝树园文存》卷六《政治及其他编》,中华书局,2011年,第350~356页。

古代地理研究。民众教育则指在日寇步步进逼的时局下激发普通民众的民族抗日热情，维护民族尊严，树立民族自信。边疆开发则注重于北部边疆（尤其是正在遭受日寇侵凌的东北边疆）的经济开发。

禹贡学会及《禹贡》半月刊成立的初衷，并未将民众教育、边疆开发置于与整理国故并重的地位。该学会及刊物的创办，最直接的原因就是为了"要使一般学历史的人，转换一部分注意力到地理沿革方面去，使我们的史学逐渐建筑在稳固的基础之上"①。又如史念海所言："禹贡学会的组成实为颉刚先生从事古史辨的余波。辩论古史必然会涉及许多与地理有关的问题，而且亟须解决，这是组成禹贡学会的由起。"② 史念海是禹贡学会的早期会员，其说法当属可信。

《禹贡》半月刊创始于1934年2月，但其初衷在半年后就发生变化。1934年8月，顾颉刚在考察绥远时感到"察、绥两省旦夕有继东北四省沦亡的危险，心中着急，想唤起国人共同密切注视边疆问题"，于是将《禹贡》半月刊内容"转到了以研究边疆历史和记录边疆现状为主"③。这一转变在童书业1937年6月撰写的《〈禹贡〉半月刊序言》中得以印证，该序言称：

> 自从东北四省失陷以来，我们的国家受外侮的凌逼可算到了极点，所以有血气的人们大家都暂时放弃了纯学术的研究而去从事于实际工作。至于留在学术界的人物，也渐渐转换了研究的方向，即如本刊的由研究地理沿革而转

---

① 《〈禹贡〉半月刊发刊词》，《禹贡》半月刊，1934年3月第1卷第1期。
② 史念海：《顾颉刚创立禹贡学会及其以后的二三事》，载中国社会科学院历史研究所、中山大学历史系合编：《纪念顾颉刚先生诞辰110周年论文集》，中华书局，2004年，第368页。
③ 顾颉刚：《文革交代〈禹贡学会简史〉》，转引自顾潮编《顾颉刚年谱》（中国社会科学出版社，1993年，第223页）。

趋到边疆调查,就是这种潮流的明显的表现。①

边疆调查,既包括对古代边疆历史、民族、地理的文献考察,又包括对当时边疆地区民族、地理现状的实地考察。尤其是后者,更能体现出经世致用的色彩。禹贡学会在1936年7月组织河套水利调查团,出版边疆丛书,编辑《禹贡》半月刊"后套水利调查专号",均体现出对边疆开发的重视。顾颉刚在1935年9月4日给胡适写的信中说:

> 禹贡学会,要集合许多同志研究中国民族研究史和地理沿革史,为民族主义打好一个基础,为中国通史立起一个骨干。……禹贡学会的工作依然是"为学问而学问",但致用之期并不很远。我们只尊重事实,但其结果自会发生民族的自信心。而且郡国利病,边疆要害,能因刊物的鼓吹而成为一般人的常识,也当然影响到政治设施。②

其中,研究民族史、地理沿革史(乃至撰写中国通史)属于整理国故的范畴,向民众鼓吹民族、地理知识则属民众教育,而传播的内容所涉及的"郡国利病,边疆要害"则将边疆开发涵盖其中。

整理国故、民众教育、边疆开发三者的融会,使得禹贡学会及《禹贡》半月刊呈现出一番新气象。时在辅仁大学任经济地理一课的王光玮1935年8月19日在给顾颉刚的信中提到:"会刊能顺应潮流,改变态度,倾向现代人文地理方面,诚为得计。弟近治地理

---

① 童书业:《〈禹贡〉半月刊序言》,《禹贡》半月刊,1937年6月第7卷第6~7期。
② 顾颉刚:《致胡适(1935年9月4日)》,载《顾颉刚全集·顾颉刚书信集》卷一,中华书局,2011年,第490~491页。

经济之学，对会刊的新姿态甚表欣悦。"① 同时，敌伪也嗅出了其中的新"味道"，否则也不会将之列入黑名单，致使顾颉刚不得不离开北平避难，将禹贡学会交给钱穆和张维华负责。

当然，整理国故、民众教育、边疆开发三者在禹贡学会的"融会"不是"合并"。顾颉刚及其影响下的禹贡学会会员并未刻意将三者"捆绑"在一起。禹贡学会那些令普通民众疏远的考据性文章仍旧继续着整理国故的使命，1936年出版的《禹贡》半月刊"古代地理专号"显然起不到太大的民众教育作用。而民众教育的使命，更多由通俗读物编刊社专门承担。对此，顾颉刚有其考虑。他希望"欲使中国上层阶级因此刊而认识中国，又欲使中国下层阶级因通俗读物而知道自己是中国人"②。看来，《禹贡》半月刊的读者对象被界定为具有一定文化素养的社会上层，并非识字不多的贩夫走卒、普罗大众。

至于边疆开发，除了禹贡学会以外，还有1936年在燕京大学成立的边疆问题研究会和1937年4月成立的西北移垦促进会（顾颉刚任主席理事）。但是，上述机构、学会或事件在当时的号召力及对后世的影响力，均不足与禹贡学会及《禹贡》半月刊相提并论。

五、"救国之方"与"发财之术"

顾颉刚及其领导下的禹贡学会和《禹贡》半月刊要高举抗日的旗帜，落到实处，无处不需要花钱。学会的日常运营，刊物的编辑印刷，没有经济保障是不行的。抗日的口号可以空喊，但抗日的举动必须付诸实践。顾颉刚能做的，就是捐款捐物、编刊、刊印抗

---

① 佚名：《通信一束（第三次）》，《禹贡》半月刊，1935年11月第4卷第6期。
② 顾颉刚：《致叶圣陶（1935年8月15日）》，载《顾颉刚全集·顾颉刚书信集》卷一，中华书局，2011年，第492页。

日通俗读物等。问题是，钱从哪里来？一般人看来，一提到钱就似乎有损顾颉刚作为学术大师的清誉。其实，在顾颉刚看来："我真奇怪，我们和人家一样的服务之后拿钱吃饭，清高在哪里，高尚在哪里？若说不争权利，专心工作，即是清高高尚，那么，一班工人农夫也是如此，何以就没有人去替他们称扬呢？说到底，这就是'士大夫'一个传统观念在那里作怪！"[①] 顾颉刚并没有把自己当成耻于言利的清高士大夫。对于有志于开创一番学术志业的顾颉刚来说，没有谁比他对经济基础有着更为深刻的认识。

（一）两个"合伙人"

毁家纾难，这是超乎常人的高尚之举。对于一般人来说，既要维护民族大义，也要居家过日子。顾颉刚在1933年7月给郑德坤的信中说：

> 我觉得在史地方面，尽有救国之方，亦尽有发财之术，……钱是一定要的，有了钱才可使个人生活安定而不改变自己的事业，有了钱才可到社会上做事而不虞竭蹶。所以我们第一要设法弄钱，即以弄到之钱去作学业与经验之修养，而肩起救国之责任。[②]

那么，日后创刊的《禹贡》半月刊是不是兼"救国之方"与"发财之术"而有之呢？答案是肯定的。杂志创刊后不久，顾颉刚就给禹贡学会的创办人之一郑德坤写信说：

[①] 顾颉刚：《悼王静安先生》，载《顾颉刚全集·宝树园文存》卷一《学术编（上）》，中华书局，2011年，第274页。

[②] 顾颉刚：《致郑德坤（1933年7月28日）》，载《顾颉刚全集·顾颉刚书信集》卷二，中华书局，2011年，第469页。

> 弟为将来事业计，觉得必有一宣传机关，方可激起人们之注意，故毅然创办《禹贡》半月刊，一方面结合有志研究地理之人，一方面为我们出版物登载广告。……其经费系每一会员缴半元或一员一月，更向外征求订户。现每月需洋八十元，收入约可五十元，尚差三十元，由弟填出。希望兄及厦大同学加入此会，如能有二十人，便极好。……将来社务发达，我辈要出书、印图，既便利，又必可售出矣。①

顾颉刚没有必要和郑德坤空讲救国、治学的大道理，他是以"合伙人"的身份与郑德坤商讨办刊经费的亏空、会费的收支及未来的打算。此前，顾颉刚与郑德坤已经合伙出资编印中国地图底本，并筹划编写通俗读物，而《禹贡》半月刊正好可以免去到别处登广告的花费。顾颉刚甚至说出这样的话："所以办《禹贡》半月刊，就为我们画地图作宣传。"②

《禹贡》半月刊的另一位"合伙人"，当然就是谭其骧，但二人的"合伙"并没有善始善终。顾颉刚曾对王伯祥抱怨说：

> 《禹贡》半月刊，弟与谭季龙君合办者也。初出版时，月费五六十元，弟与谭君约定，弟出五分之三，彼出五分之一，其余一分由会费填补之。至于今日，弟之责任不啻五分之三，而彼竟一钱不名矣；不但钱不来，稿亦不来矣。③

---

① 顾颉刚：《致郑德坤（1934年3月23日）》，载《顾颉刚全集·顾颉刚书信集》卷二，中华书局，2011年，第471~472页。
② 顾颉刚：《致郑德坤（1934年8月26日）》，载《顾颉刚全集·顾颉刚书信集》卷二，中华书局，2011年，第475页。
③ 顾颉刚：《致王伯祥（1935年12月18日）》，载《顾颉刚全集·顾颉刚书信集》卷一，中华书局，2011年，第125页。

谭其骧的经济状况，无法和郑德坤相比。但即便是郑德坤，后来也吃不消了，停止寄钱。

而且，《禹贡》半月刊的创刊，不是顾颉刚与郑德坤、谭其骧三个人坐下来谈的。查《顾颉刚日记》可知，《禹贡》半月刊的出版计划是1934年2月4日在海淀斌泰酒店的饭局上制定的，当时的出席者有顾颉刚、谭其骧、周一良、邓嗣禹四人。多年以后，就连当事人谭其骧都说"同席还有两人，是谁现在已记不起了"，这两个人就是周一良、邓嗣禹。此时的郑德坤早已身在厦门大学，没有参与具体筹划。

（二）四处化缘

上文提到顾颉刚1935年12月给王伯祥写信，倒不是为了告谭其骧的状，而是为了解决现实问题。因为学会和刊物的运营需要经费投入，顾颉刚在燕京大学的收入已经无力维持，于是他不得不到北平研究院兼职，任历史组主任，谋取另一份薪水，虽然如此，仍旧填不上亏空。此时，因为顾颉刚对时局把握不准，错估了出版行情，导致刊物资本无法周转，故请王伯祥设法解决。事情的原委是这样的：

> 去年《禹贡》收入本有余存，索购合订本者甚多，而第一卷未打纸版，业已售罄，如须出合订本即须重排，弟勇于任事，即行再版，一方又增加篇幅，私意量与质同时增进，必可使销路更畅，不料华北问题愈闹愈紧，使北平学人失其向学之心，不但中国人如此，即日本人亦如此（去年在日人方面可销二百份，今则数十份耳。）遂致资本无法周转，而印刷费之积欠乃在一千元以上。市面既极萧条，印刷所之本身亦感于无法维持，既有欠款，自必勒

逼，弟遂又处重围之下。①

仅凭王伯祥一己之力，是无法缓解经费紧张局面。他还给另一位好友叶圣陶写信求援：

> 弟之野心，欲使中国上层阶级因此刊而认识中国，又欲使中国下层阶级因通俗读物而知道自己是中国人。如日人不遽抢平津，容我工作十载，当有以成此志耳。但不知为什么，向我表同情的，只有青年。而前辈与同辈则皆视若无睹，甚且目笑存之。青年只能使力气而无钱，故我所办者，在稿件上决不缺乏，而经费则大为周章。愿兄等以五卅运动时之精神随时助我一臂，则弟之进行必便利多多矣。②

叶圣陶与顾颉刚是至交密友，向他拉赞助，自然不必羞于启齿。

朋辈之间的援手，毕竟势力单薄。无奈之中，顾颉刚不得不找曾经反目的傅斯年。傅斯年与政界要员的关系更为密切，掌握的学术资源也更多，这是顾颉刚不能比拟的。顾颉刚在信中说：

> 骝先先生、孟余先生，各有知遇，我甚望他们能捐些钱。又铁路、轮船、汽车的广告，我很希望能分一点给我们，使得我们一部分的印刷费可以靠在广告上。这《半月刊》开办时，曾经约定，所有广告必须直接间接与地

---

① 顾颉刚：《致王伯祥（1935年12月18日）》，载《顾颉刚全集·顾颉刚书信集》卷一，中华书局，2011年，第125~126页。
② 顾颉刚：《致叶圣陶（1935年5月15日）》，载《顾颉刚全集·顾颉刚书信集》卷一，中华书局，2011年，第92页。

理有关系的，因此得不着多少广告费。如能由交通部、铁道部给予长期广告，那么我们的肩头就轻得多了。①

这是一封颇为蹊跷的信，既然朱家骅（时任交通部部长，曾兼中国航空公司董事长）、顾孟余（时任铁道部部长）能够影响交通行业的广告费支出，为何顾颉刚不亲自给他们写信求援，反而委托傅斯年呢？这恐怕与顾颉刚在政界人脉资源的匮乏有关。与傅斯年相比，顾颉刚此时与朱家骅、顾孟余的交钱尚浅，难以启齿。当然，后来顾颉刚与朱家骅的关系就非同一般了。央求傅斯年去向政界要员拉广告，这件事或许就是顾颉刚亲近并一度进入政界的刺激因素。

事情也巧了，在1936年3月出版的《禹贡》半月刊第5卷第1期（图2—5）上还真就出现了中国航空公司的广告，或许傅斯年果真施以援手，从中说项。

六、向政界靠拢

政府掌控的人力、物力和财力，是任何个人和民间团体所不能相比的。张国淦做过北洋政府的农商总长，知道其中的门道，他给顾颉刚出主意说"要募款，须论今，勿论古"②。带着张国淦的介绍信，顾颉刚于1936年1月11日启程赴南京，到内政、教育、外交等政府部门申请对禹贡学会的资助。顾颉刚找到行政院秘书长，只得到了"求人不如求己，你们自己去想法罢！"的答复。好在朱家骅乐意为顾颉刚支招，建议说：

---

① 顾颉刚：《致傅斯年（1935年10月23日）》，载《顾颉刚全集·顾颉刚书信集》卷一，中华书局，2011年，第212页。

② 顾颉刚：《顾颉刚日记》第三卷（1933—1937），联经出版事业股份有限公司，2007年，第430页。

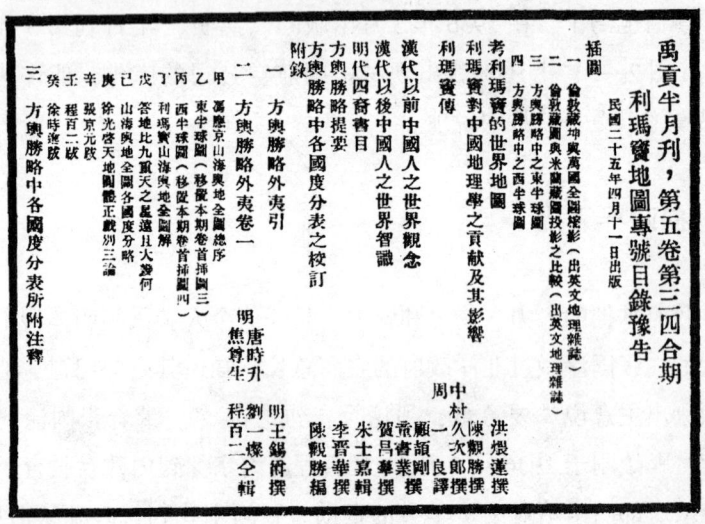

图 2—5　《禹贡》半月刊上的广告页

你们学术团体的刊物，照例只有到教育部请求补助，但这种团体太多了，教育部平均分配，所得一定不多。好在你们讲的是边疆，而中英庚款董事会正要办边疆教育，

> 你回去备一个正式信来请求补助，我在董事会开会的时候，替你们提出讨论。①

管理中英庚款董事会1931年成立于南京，时任中央大学校长朱家骅任董事长。该会将退款的利息收入用于发展文化教育事业。1935年，该会规定："为提倡发展僻远省份文化教育起见，虽未有完全合乎标准与具体计划之请求，亦在可能范围内特予补助。"②朱家骅帮助禹贡学会，就是希望顾颉刚能将学会的工作计划定在边疆地区研究。也正是因为朱家骅的帮助，禹贡学会在1936年夏天获得了15000元的年度补助费，这在当时不啻为天文数字。

朱家骅本人是学地质出身，对发展地理学持同情态度。作为理事长的他也公开承认"本会对于地理和大地测量两种学问向极提倡"③。与资助成立中国地理研究所相比，对禹贡学会的一次性资助，也并不算什么。1937年9月，避难之中的顾颉刚还接受中英庚款董事会委派赴西北地区考察教育，其源头也在1936年的南京之行。同时，朱家骅还就编辑民众读物给顾颉刚出主意：

> 这件事情可以唤起民众的民族意识，是极重要的一件事。由你出来做，更好。我可以在中央党部里替你弄些钱，只是有一桩，你须得入党，否则以党内的钱供党外人花是说不过去的。④

---

① 顾颉刚：《顾颉刚自传》，北京大学出版社，2012年，第85~86页。
② 佚名：《中英庚款董事会办理教育文化事业工作报告（1935年1月23日）》，载财政科学研究所、中国第二历史档案馆编：《民国外债档案史料》第十二册，档案出版社，1990年，第780页。
③ 朱家骅：《朱家骅关于中英庚款董事会成立经过及其与中国教育文化事业关系的报告（1941年4月8日）》，载中国第二历史档案馆编：《中华民国史档案资料汇编》第五辑第二编教育（一），档案出版社，1997年，第279页。
④ 顾颉刚：《顾颉刚自传》，北京大学出版社，2012年，第112页。

如此，朱家骅又帮助顾颉刚从国民党那里争取到经费来源。后来，顾颉刚为了通俗读物编刊社的发展，也就加入了国民党。

顾颉刚主持的禹贡学会、通俗读物编刊社，因为朱家骅施以援手，获得充足且意想不到的经费来源。朱家骅为什么能够办得到？看看他的履历就知道答案所在。在政府，朱家骅1931年任教育部部长，1932年兼任交通部部长。在国民党内，朱家骅1935年当选中央执行委员、中央政治会议委员，后任中央党部书记长、组织部部长。对朱家骅这位当时的党国要员来说，利用职权之便，照顾一下顾颉刚的学术事业和民众教育，实在是件小事情。但这件事对于顾颉刚来说，却是难以逾越的崇山峻岭。这也使得顾颉刚对掌握党政要津的意义有了切身的体会。

顾颉刚因为上述交往加深了与朱家骅的交情，不必再假手于傅斯年的从中沟通。可以说，这是激发顾颉刚参与到国民党政治中的原始诱因。如余英时评价顾颉刚时所言"从1930年代开始，他的生命形态也愈来愈接近一位事业取向的社会活动家，流转于学、政、商三界"，如果要给这种流转设置一个起点的话，我想应该是1936年。

于是，1937年5月24日出现了这样一幕："何定生来访问予生活思想甚久，备报告中央。"① 何定生何许人也？这位昔日被逐出师门的弃徒，已经是国民党C.C.派同志会的成员。也正是因为顾颉刚向政界的靠拢，自然引发了一些议论。1936年8月16日有人向顾颉刚传达了这样一个谣言："顾颉刚想作政治活动，故屡屡跑南京，其办《禹贡》与通俗读物，皆做官之工具耳。"面对流言，顾颉刚只好辩驳说"燕雀安知鸿鹄之志！予不忍民族之覆亡，

---

① 顾颉刚：《顾颉刚日记》第三卷（1933—1937），联经出版事业股份有限公司，2007年，第645页。

而彼辈乃以为图利禄，一何可笑！"①

七、现实功用

从"为学术而学术"转为"以文字参加抗战"，这是燕京大学时期顾颉刚学术思想的重要转变。沿革地理脱胎于乾嘉史学，考据是其不二法门。为挽救民族危亡，适应现实社会的精神需求，配合政府和民众日益高涨的抗日热情，沿革地理学也需走出冷僻的书斋。经由编辑《禹贡》半月刊和经营禹贡学会的实践，顾颉刚愈发认识到要获得国家民族的知识"就在注重历史和地理的知识"，而"要清楚认识我们的国家，必须去研究地理，要清楚认识我们的民族，必须去研究历史"②。就历史与地理的现实功用而言，则在于"编辑通俗的历史以唤起民族精神，编辑通俗的地理以唤起建设事业之要求"③。

当顾颉刚为史地教育摇旗呐喊之时，作为历史与地理结合部的历史地理学就走向前台。1949 年初，顾颉刚甚至提出"历史地理之学者，建国事业之中心也"④ 的主张。值此新旧政权鼎革之际，历史地理学被推向前所未有的高度。不过，这只是一个理想。顾颉刚这位在民国史坛纵横捭阖的风云人物，已经不能把握新中国历史地理学的发展走向。历史地理学的旗帜，转而由谭其骧、侯仁之、史念海等学生辈人物执掌。"文革"结束后，历史地理学界正常的

---

① 顾颉刚：《顾颉刚日记》第三卷（1933—1937），联经出版事业股份有限公司，2007 年，第 518 页。

② 顾颉刚：《告河西、湟川、黔江三中学校学生须注重史地书》，载《顾颉刚全集·宝树园文存》卷四《边疆与民族编》，中华书局，2011 年，第 155 页。

③ 顾颉刚：《致谭惕吾（1932 年 12 月 25 日）》，载《顾颉刚全集·顾颉刚书信集》卷二，中华书局，2011 年，第 263 页。

④ 顾颉刚：《中国史地学社缘起》，载《顾颉刚全集·宝树园文存》卷二《学术编（下）》，中华书局，2011 年，第 355 页。

学术秩序渐次恢复。此时"颉刚虽已年届耄耋,亦当尽其秉烛之明,出我一生研究而犹适用于今日者,与诸位同志商讨,以质正于世人"①。刊发于1981年《历史地理》集刊创刊号的《〈禹贡〉中的昆仑》一文当系顾颉刚点亮的"秉烛之明",遗憾的是,此时顾颉刚已经离世,同期又刊发了顾颉刚的讣告。据文章内容判断,《〈禹贡〉中的昆仑》又回归到"为学术而学术"的老路,而不必去费力思考其现实功用。

---

① 顾颉刚:《中国地理学会全国历史地理专业学术会议贺电》,载《顾颉刚全集·宝树园文存》卷二《学术编(下)》,中华书局,2011年,第493页。

第三章　师与徒
——中国历史地理学的学术谱系构建

一、小引

在科学社会学看来，"在科学界的超级精英中，有大量近亲相传的现象，但这主要是属于社会性的而不是属于生物学的现象"[①]。具体到历史地理学家，当下学术版图的塑造，大体上就是"近亲相传"的结果。这种近亲，自然主要不是亲属关系，而是师徒关系。虽然存在"私淑弟子"这种不被学科建制所承认的关系，虽然有"师父领进门，修行在个人"的古训，但我们不能不承认，基于教育科研体制，以研究生教育为主（也有部分本科生教育）构建起来的师徒关系，是学术薪火相传的主要途径。尤其是在学科完成建制化以后，"科学界师傅与徒弟之间的社会联系是持久的和重要的，因为年轻的科学家们正是在学徒的过程中学会从事科学研究"[②]。老先生们日渐凋零，当年的青年才俊也将成为受人推崇的

---

① [美]哈里特·朱克曼，周叶谦、冯世则译：《科学界的精英——美国的诺贝尔奖金获得者》，商务印书馆，1979年，第135页。
② [美]哈里特·朱克曼，周叶谦、冯世则译：《科学界的精英——美国的诺贝尔奖金获得者》，商务印书馆，1979年，第135页。

老先生。没有基于师徒关系的学术传承,也就不会有今天的学术版图和学术积淀。

当中国科协已经推动"当代中国科学家学术谱系"研究,素来以科学自居的历史地理学岂能假手于人?梳理出历史地理学的学术师承脉络,基于细节的历史场景还原,有助于我们认清中国历史地理学的学科特质,或许也有助于认清我们当下正在徘徊着的学科发展之路。杨向奎先生是这样评价历史地理学开山祖师顾颉刚的贡献的:

> 顾先生办禹贡,当时参加学会的都是小人物,现在都成了名家,如谭其骧、侯仁之、史念海等,没有禹贡学会,历史地理的研究不会有现在这个样子。从这儿看,顾先生是大家,形成一个学派,影响到一代。历史地理当然是早有的,但作为现代科学,是从那时慢慢发展起来的,这和顾先生教书的方法有关系。①

教书的顾先生就是师傅,听课的谭其骧、侯仁之、史念海等人就是徒弟。在这一授一受之间,历史地理学就走到了今天。

我们知道,顾颉刚开创的禹贡学会人员众多,但他们并不能一概称为禹贡学派中人,后来走上历史地理研究道路的人员数量更少。翻检《禹贡学会会员录》②可知,禹贡学会在鼎盛时期共有普通会员399名,赞助会员14名,机关会员2个。在爱才之心的驱使下,顾颉刚"在不同的学术领域各培养出一批人才,这批人才后来大都成为该学科的骨干和尖子。古史学界和历史地理学界尤其

---

① 杨向奎(署名拱辰):《史学漫谈》,《文史哲》,1982年第5期。
② 禹贡学会编:《禹贡学会会员录》,禹贡学会,1937年。

如此"①。顾颉刚对历史地理学人才的培养，主要是在创办禹贡学会及《禹贡》半月刊期间。在禹贡学会会员中，真正以历史地理学家名世的学者恐怕仅有谭其骧、侯仁之、史念海数位。当然，没有人会因为王钟翰、吴晗、周一良、郑天挺等是禹贡学会会员而将之视为纯粹的历史地理学家。同理，加入禹贡学会，也不会改变林超、张印堂、洪绂等的地理学家身份。那么，何以阐释上述三人从众多禹贡学会会员中脱颖而出，从而成为历史地理学基本格局的奠基者呢？这恐怕必须考虑其自然、社会与地域属性，探讨其在人际网络世界中的因缘际会。

禹贡学会近400人的名单，实际上就是以顾颉刚为纽带搭建的人际网络世界。而人际关系（包括师生关系、朋友关系、上下级关系等）对历史地理学发展历程的影响恰恰是有待梳理的重要线索。如果我们仅仅着眼于从顾颉刚到谭其骧、侯仁之、史念海的单向联系，那何以阐述三人各不相同的具体研究领域、视野和方法？如果我们剥离了潘光旦、邓之诚对谭其骧的影响，洪业对侯仁之的栽培，陈垣对史念海的潜移默化，那么就无法阐释清楚学风各异的历史地理学界。在此，我们首先从学术师承关系入手，去解读中国历史地理学的学术格局。

（一）重要，但不绝对的师承

学术师承是传统学术史、思想史研究的重要内容。"师承"一词，在《辞海》、《现代汉语词典》等工具书中一般释为"一脉相承的师法"或"师徒相传的系统"。学术师承与学术思想的传播和学术派别的承继息息相关。

《后汉书·儒林传序》所说"若师资所承，宜标名为证者，乃

---

① 王学典、孙延杰：《顾颉刚和他的弟子们》，山东画报出版社，2000年，第65页。

著之云",就拿师承说事,以此作为入选儒林的标准。清人的《国朝汉学师承记》更是将学术传承和师徒关系联系在一起。在学术史上,我们能看到程门立雪式对师承的尊重,也见过离经背道、背叛师门的反例。时至当下,学术师承仍是青年学子进入学术界的重要凭依。每一个学科,都以上承某位学术巨擘为荣耀。每一位学者都感怀自己的学术师承,甚至老师的一句话、一行字都会成为终身受益的法宝(图3—1)。

对于个体学者的学术成长历程而言,学术师承至关重要。在此不妨以清史大家王钟翰为例加以说明。王钟翰在进入燕京大学历史系之前,本有机会免试进入武昌华中大学教育系,先主修教育,辅修历史,再去南京中央大学地理学黄国璋选修地理学一年。[1] 倘若如此,他的人生历程十之八九就是回母校长沙雅礼中学教历史和地理课。进入燕京大学之后,王钟翰虽然也选修过地质学等理科课程,但最终深受邓之诚、洪业等史学家的影响,专攻清史。

同样是师从邓之诚、洪业两位先生,侯仁之、王锺翰、周一良却走出了不同的学术人生。就传统学术而言,"即同一师承立说,亦复不齐……有一人而前后异说者"[2]。现代科学更是如此。同一学术师承体系下,会产生不同的学术思想,导致不同的学术实践。恰如已故史家刘浦江所言:"学术重师承,但师承关系有两种。一种是我们惯常所见的,即师傅带徒弟式的,师傅手把手地教,徒弟一招一式地学。另一种是心领神会式的,重在参禅悟道。专业导师可以授业,但只有大师才能传道。"[3] 看来,学术师承的确是个玄妙之门,要理出清晰的学术脉络,绝非唾手可得的易事。

---

[1] 王钟翰:《清心集——王钟翰自选集》,新世界出版社,2002年,第16页。
[2] 黄侃:《礼学略说》,载《黄侃论学杂著》,中华书局,1964年,第446页。
[3] 刘浦江:《不仅是为了纪念》,《读书》,1999年第3期。

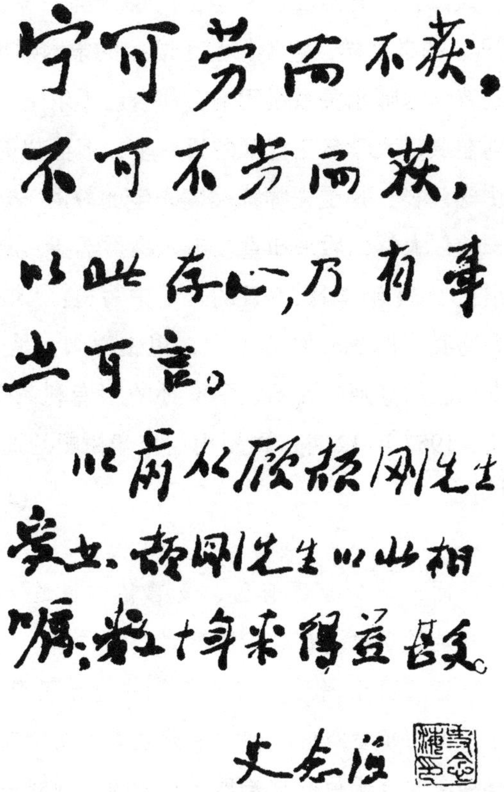

> 宁可劳而不获，
> 不可不劳而获。
> 以此存心，乃有事
> 业可言。
>
> 此扁仿顾颉刚先生
> 写出。颉刚先生以此相
> 嘱，数十年来得益良多。
>
> 史念海

图3—1　史念海手书治学格言①

(二) 承认与否认

王钟翰说过,"二三十年代时,我国学术界有一种风气,凡有大名望、高地位的著名教授被称为老板,如胡适被称为胡老板,顾先生被称为顾老板。老师既被称之为老板,学生自然就是伙计了。"②那么,谭其骧、侯仁之、史念海都可以视为顾老板门下的

---

① 史念海:《河山集》(九集),陕西师范大学出版社,2006年,扉页。
② 王钟翰:《我和〈清史稿〉与〈清史列传〉》,载张世林编:《家学与师承——著名学者谈治学门径》第二卷,广西师范大学出版社,2007年,第4页。

伙计。但也有人说，"史侯二位先生，均小谭师一岁，各自名家，而并出谭门"①。如果这样，岂不打乱了既定的学术师承次序？

当然，也有学术师承关系很明确，却自己不乐于承认的。牟润孙本为顾颉刚在燕京大学名正言顺的研究生，但他却更乐于承认自己"能略窥史学门径，是受先师陈援庵先生的教诲"②。与之相反，史念海毕业于辅仁大学，后来却直接进入禹贡学会，成为顾颉刚的门徒。顾颉刚在1934年4月26日的日记中写道："煨莲告我，牟润孙在城内大骂我，谓我'野心太大，想做学阀，是一政客'。"③漠视甚至攻击自己的老师，并不是牟润孙的"专利"，顾颉刚也干过类似的事情。1957年12月，顾颉刚在与辛树帜的通信中谈及自己的学术师承：

> 我的学问，是集合康有为、夏曾佑、崔适、钱玄同的，稍前则是杨守敬、崔述、阎若璩、姚际恒，又前则是朱熹、郑樵等。至于胡适，则只是他的《水浒传序》引起了我在民国初年看戏的疑问，从此我懂得用研究故事的方法研究故事。至于他的政治思想和行为，则我一些没有接受。所以在1928年之后，我二人就分道扬镳，甚至不相闻问了。④

1949年新中国成立之初，胡适在大陆的地位和影响被打入谷底，几乎没有人敢于承认自己与胡适的学术师承。翻检当年顾颉刚

---

① 章群：《刚正不阿，风骨凛然——敬悼谭其骧师》，《明报月刊》，1992年12月，第126~127页。
② 牟润孙：《蓼园问学记》，载《注史斋丛稿》，中华书局，1987年，第535页。
③ 顾颉刚：《顾颉刚日记》第三卷（1933—1937），联经出版事业股份有限公司，2007年，第182页。
④ 顾颉刚：《致辛树帜（1957年12月1日）》，载《顾颉刚全集·顾颉刚书信集》卷三，中华书局，2011年，第280页。

给胡适的信，你会发现顾颉刚对胡老板是何其恭敬。时代不同了，政局变幻，人事代谢，学术师承也不是铁板一块，而是一块可以随便擦拭的黑板。

二、师生之争

（一）理不清的学术师承

谭其骧之于历史地理学的巨大贡献，学界有口皆碑，不劳赘述。周一良对谭其骧的道德文章评价颇高，其纪念文章中写道：

> 邓文如师曾撰联并书赠季龙兄："释地正堪师两顾，怀才端欲赋三都。"当时从邓老师言，对这个二十岁刚出头的弟子已是期许甚殷。但事实上几十年后谭其骧把中国统治的沿革地理之学发展扩大加深，开创了中国历史地理学这门学科。培养造就了不少专家，其学术贡献远非顾炎武和顾祖禹所能范围，这又岂是邓老师当年所能料及呢？……由此种封建史学范围内偏僻的"绝学"，到现代科学体系中的"绝学"，反映了二十世纪中国学术文化的发展，也反映谭其骧这位不世出的学人的发展。[①]

在此，周一良将谭其骧视为开创中国历史地理学的"不世出的学人"，评价不可谓不高。但文中援引的邓之诚所撰"释地正堪师两顾，怀才端欲赋三都"一联，似乎把顾颉刚给掠过去了。从语境判断，这"两顾"更应该是顾炎武、顾祖禹，而不是与邓之诚共事过的顾颉刚。

[①] 周一良：《纪念老友谭其骧教授》，载《周一良集》第 5 卷《杂论与杂记》，辽宁教育出版社，1998 年，第 272~273 页。

有人在怀念谭其骧时说："谭先生师承邓之诚、洪煨莲、顾颉刚诸先生，一生敬重他的老师们，治学奋发谨严，务在求真，以老师之学更发扬而光大之，其等身著作，字字珠玑，为中国学术留下了光辉的遗产，其精神则为后学树立了楷模。"① 但在谭其骧传记里却有这样一笔："谭其骧没有听过洪业的课，在研究生期间与洪业也没有什么接触，所以以后洪业一直不把谭其骧当作自己的学生。"② 那么，谭其骧在燕京大学时被承认的老师就剩下了顾颉刚、邓之诚两位。不过，在洪业的传记作者眼中，洪业"有计划地培养了一大批出色的史学家，包括治历史地理的侯仁之和谭其骧"③。看来，学术师承的承认与否的确是一个言人人殊的事情。

不过，如果说谭其骧与洪业没有任何交集，恐怕也不可能。既然谭其骧视邓之诚为恩师，交往甚密，而邓之诚又与洪业关系融洽，惺惺相惜。1946 年 2 月，邓之诚在《送洪煨莲赴美讲学序》中高度表扬了洪业的治学，语云："有西人之密，兼乾嘉诸儒之矜慎，实事求是，取材博，断案谨，无穿凿附会之蔽、扬己抑人之习气。"④ 所谓"同声相应，同气相求"，洪业怎么可能对谭其骧不尽一点为师的责任呢？至少从谭其骧南下学海书院这件事看，邓之诚、洪业二人都发表了支持的意见。当然，如果看到谭其骧在赠洪业《晋永嘉丧乱后之民族迁徙》抽印本上的题字（图 3—2），我们至少也得承认二人是形式上的师徒关系。

无论怎样，顾颉刚、邓之诚这两位是谭其骧所受影响最深的老师。周一良所说"谭其骧英年力学，思维敏锐，地理沿革方面造

---

① 唐振常：《文化神州丧一身——在谭其骧先生遗体告别仪式上的话》，载唐明、饶玲一编：《唐振常文集》，上海社会科学院出版社，2013 年，第 21~25 页。
② 葛剑雄：《悠悠长水——谭其骧前传》，华东师范大学出版社，1997 年，第 35 页。
③ [美] 陈毓贤：《洪业传》，商务印书馆，2013 年，再版自序第 8 页。
④ 邓之诚著，邓瑞整理：《邓之诚文史札记》上册，凤凰出版社，2012 年，第 365 页。

图 3—2　《晋永嘉丧乱后之民族迁徙》谭其骧赠洪业抽印本书影

诣尤深，受知于顾颉刚和邓之诚两先生"① 应该是没有疑问的。问题并未到此就可以画上休止符。周一良还认为研治魏晋南北朝民族史的谭其骧，与余逊、贺昌群、王仲荦等一样，"这些人中的大部分都或多或少受了陈先生学风的影响。他们几乎都不是只研究魏晋南北朝，而是或上连秦汉，或下及隋唐，只有这样才能观历史之会

---

① 周一良：《毕竟是书生》，北京十月文艺出版社，1998 年，第 17 页。

通,这也是陈先生作出的榜样。其中谭其骧专治历史地理,缪钺长于文学,都兼及这段历史"①。谭其骧在自传中并未提及其学术思想中的陈寅恪因素,这是周一良过度诠释,还是谭其骧遗忘了自己的学术师承呢?

(二) 历史地理学史上的罗生门

深入解读顾颉刚与谭其骧的师生关系,还得从署名顾颉刚、史念海合著的《中国疆域沿革史》(图3—3)开始。顾史合著《中国疆域沿革史》这部以疆域、政区、人口为主要内容的沿革地理著作,是历史地理学发展史上具有标杆意义的著作。有观点认为该书"在1937年出版,成为我国现代第一部公开问世的沿革地理专著(出版时与顾颉刚先生合署)"②。然翻检旧籍可知,在该书出版之前已有刘麟生编《中国沿革地理浅说》(上海商务印书馆,1931年)和张相文著《中国地理沿革史》(北平中国地学会,1935年)问世。张相文所著之书成稿更早,为"民国六七年在北京大学时所编讲义"。此二书出版时间皆在顾史合著之前,故很难将后者称为我国现代第一部公开问世的沿革地理专著。当然,《中国疆域沿革史》无疑是同类著作中影响最大的。

与上述问题相比,顾史合著之书的成书过程更是曲折。在这曲折的过程中,我们看到了谭其骧身影的时隐时现,由此恰可窥见学界人际关系之复杂。1982年10月,牟润孙的学生致信谭其骧问及"他当年在北平开沿革地理课,何以顾先生不与他合作写《中国地理沿革史》"一事,谭其骧"告以目前不便详谈"。次年6月,谭其骧与牟润孙面谈时说这个问题"是应该问的,只是我现在不便

---

① 周一良:《纪念陈寅恪先生》,载纪念陈寅恪教授国际学术讨论会秘书组编:《纪念陈寅恪教授国际学术讨论会文集》,中山大学出版社,1989年,第21页。
② 辛德勇:《史念海传略》,载张世林主编:《想念史念海》,新世界出版社,2012年,第22页。案:该书初版时间当为1938年。

图 3—3 不同版本的《中国疆域沿革史》

说。反正都已经告诉他（指当时在旁的笔者）了，以后让他写出来吧"①。后来，葛剑雄秉承其师"实事求是"之训，道出了谭其骧与《中国地理沿革史》的原委，并说："顾颉刚既已与商务签约，就只得另找他人，以后也没有署上谭其骧的名字，这自然引起了知情人的不平。"② 那么，这个心怀不平的知情人到底是谁呢？查考顾史合著《中国疆域沿革史》成书之过程，可进入中国历史地理学发展历程的真实场景，避免宏大化叙事带来的粗糙突兀之感。

---

① 葛剑雄：《"开风气者"与"为师者"》，载《往事与近事》，生活·读书·新知三联书店，1996年，第249~250页。
② 葛剑雄：《"开风气者"与"为师者"》，载《往事与近事》，生活·读书·新知三联书店，1996年，第262页。

1. 代笔之作

众所周知，顾颉刚因倡导"古史辨"运动而声名鹊起，稿约不断。分身乏术的顾颉刚不得不以修改年轻人代笔之作来应对。就连《当代中国史学》这部史学史名著，也是由方诗铭、童书业分头起草后由顾颉刚汇总改定。据顾氏学生杨向奎回忆：

> 顾先生又非常爱惜人才，热情提拔年轻人，这在当时的学术大师中也实为仅见。过去社会上有一种流言："顾颉刚的文章都是学生们替他写的。"我听了不禁哑然一笑，不值一驳。……那时我们一批学生刚大学毕业，懂得什么，能替顾先生写文章？相反，我们写的文章，往往要求顾先生签名，才能发表，得到的稿费也多，这是顾先生提拔年轻人的具体体现，决非占有青年学生的成果。①

说顾氏文章均为学生代笔肯定失之偏颇，但顾氏要求学生写稿改稿也是不争的事实。史念海、童书业等对于为顾颉刚收集资料和起草文稿的工作毫不隐讳。《中国疆域沿革史》成书方式与《当代中国史学》相类似，不过其中曲直颇多，以致学界不明就里，误读之处，由此而生。

顾颉刚应商务印书馆稿约之后，本欲委托其好友王伯祥撰写。据其1934年2月12日至10月间记录的读书笔记《〈地理沿革小史〉提要》载：

> 此事实以伯祥为之最宜，故因以商之。伯祥不愿任，

---

① 杨向奎述，李尚英整理：《杨向奎学述》，浙江人民出版社，2000年，第11~12页。

而写此提要寄我，欲予就此定规划。顾予忙甚，终不克为，而商务催稿甚亟，因请杨向奎、史念海两君为之，今所行者是也。地图则赵璇所作。①

由此记载可知前述杨向奎回忆有为尊者讳的可能。该书撰写任务，显系学生被动"应命"而非主动要求。此时去该书的定名、完稿及出版为时尚早，故作者人选难免会有所变动。如果如顾颉刚所说谭其骧"答应编《地理沿革小史》，是廿四年一月八日在我寓里的事"②，那么，早在近一年前顾颉刚已经着手此事，而最初的合作者是王伯祥。

上引文提及的王伯祥所撰提要主张"这书的目的便在说明我国地理沿革的大略，推究现代地方制度确立的由来"，为此，建议"在两周、战国时代，注重地理观念的演进"和"秦、汉以后便侧重在地方制度的改革"两点作为"全书所要叙述的纲领"③。后来成书的第八章"先秦人士之区划地域观念"或许就源于王伯祥的建议。

从后来情况看，杨向奎并未具体承担此任，而是由史念海担纲撰写。但是，顾颉刚的上一则读书笔记显然遗漏了这样一个事实：此书撰写任务并非从王伯祥处直接转至史念海。此间，顾氏让谭其骧承担此任。顾颉刚向来器重谭其骧的沿革地理之学，其在致胡适信中对谭其骧的表扬，更是为世人熟知。多年以后，顾颉刚认为"沿革地理的研究，以钱穆、谭其骧二先生的贡献为最大。……谭

---

① 顾颉刚：《〈地理沿革小史〉提要》，载《顾颉刚读书笔记》卷三《郊居杂记（十四）》，中华书局，2011年，第542页。
② 顾颉刚：《致谭其骧（1935年3月28日）》，载《顾颉刚全集·顾颉刚书信集》卷二，中华书局，2011年，第556页。
③ 顾颉刚：《〈地理沿革小史〉提要》，载《顾颉刚读书笔记》卷三《郊居杂记（十四）》，中华书局，2011年，第541~542页。

其骧先生的研究则遍于沿革史各部分"①。既然如此，这本书撰写由谭其骧来承担是合乎情理的。可是，谭其骧虽口头允诺（或已着手），但终未完成。据顾颉刚1935年3月18日致谭其骧函载：

> 上次得兄来函，谓六七日内即寄来《沿革史》之一部分，待兄十日而犹不至，心知必有变矣。果也得兄来书，倾吐愁绪，乃知此书已编不下去。但书肆之约已定，不可愆期，请将大作已成者及其他必要之参考书（如《方舆纪要》首数卷之类）即寄苏州悬桥巷顾家花园，因家母将葬，弟即归苏，当急遽写成寄沪，而后回平也。②

在顾颉刚看来，"《中国地理沿革史》，我所以不谢绝书局而要你编者，也为你暑假中两个月的食用打算"③。如此看来，该书稿费肯定归谭其骧所有，足证此举就是杨向奎所说"顾先生提拔年轻人的具体体现，决非占有青年学生的成果"一语非虚。

遗憾的是，谭其骧并没有遵照顾颉刚的安排行事。可是，这本书必须得写，合同已经签了，《申报》1935年3月31日广告版上也已登出"中国地理沿革小史 顾颉刚"的消息。当然，"顾颉刚既已与商务签约，就只得另找他人，以后也没有署上谭其骧的名字，这自然引起了知情人的不平"④。不知道这里所说的"知情人"是谁，他（她）又因何而不平。

这项工作最终于1936年年初落在史念海肩上。顾颉刚安排给

---

① 顾颉刚：《当代中国史学》，辽宁教育出版社，1998年，第89页。
② 顾颉刚：《致谭其骧（1935年3月18日）》，载《顾颉刚全集·顾颉刚书信集》卷二，中华书局，2011年，第551页。
③ 顾颉刚：《致谭其骧（1935年3月18日）》，载《顾颉刚全集·顾颉刚书信集》卷二，中华书局，2011年，第553页。
④ 葛剑雄：《"开风气者"与"为师者"》，载《往事与近事》，生活·读书·新知三联书店，1996年，第262页。

史念海的工作，实际上涵盖从发凡起例到编撰成书的全过程，远非"起草"那样简单。1996年8月11日，史念海面对某些"杂言"，在致弟子信中详细解释了《中国疆域沿革史》的成书过程。信中写道：

> 这本书是由顾颉刚先生和我署名的。实际上参加写作的还有杨拱辰（向奎）先生。
>
> 我刚到禹贡学会工作，为时还未很久，顾颉刚先生就指定拱辰先生和我共同为他起草这本书。那时我刚由大学毕业，这样的工作是担当不起的。拱辰先生说，只是搜集资料，起个草稿，颉刚先生会自己斟酌的，不必多所顾虑。这是顾颉刚先生交给我办的第一项工作，也是我在禹贡学会的具体工作，我也不敢推辞。好在有拱辰先生在前，我可以不必多操心。拱辰先生和我为此先后多少次请示顾先生，按照顾先生的嘱咐和安排，确定了全书目录和写作要点，顾先生对此事很重视，目录虽已初步确定，还一再修改和补充。最初只是就疆域沿革设想，后来又添上长城和运河，还有明代的边墙，以为这样大的工程，不能令其湮没无闻。稍后又添上《中国疆域沿革史已有的成绩》，以为今日能够对疆域沿革有所论述，是由前代学者已经建树下的基础。……顾先生认为百年积弱，至此已臻极点，其间国土沦丧，其来有渐，竟至当前的惨状，不能避而不谈，因又添上《鸦片战后疆土之丧失》一章。其时民国建立才二十余年。这二十余年的变迁，原来没有计划写入。顾先生以为现在不提及，日后也许被人忽略。因而又添了一章。
>
> ……
>
> 确定了目录和写作要点，拱辰先生写了一部分，后来

到日本去了。我写得很慢,拖了一年多时间,还劳烦顾先生不时催促问讯。

……

这本书虽由拱辰先生和我从事起草,当时在禹贡学会工作的韩儒林、童书业、张维华诸先生皆多有助力。这里应该特别提到的是,韩儒林先生建议论述元代,应添上四大汗国,张维华先生建议增添有关民国时期的论述,皆为顾先生所赞同,分别列为章节。童书业的襄助更为繁多,不具细举。书中所附的舆图,有的就经童书业先生订正过。

……

直到前几年,我才知道,顾先生当年曾经邀请过谭其骧先生写这样一本书。具体的曲折内容,当时拱辰先生和我都不知道。①

在此,史念海将这本书的成书过程叙述一过,里边提到了杨向奎、韩儒林、童书业、张维华等禹贡学会同人的功劳,而且还把杨向奎的贡献着重加以表述。

到了1998年2月,史念海在撰写该书的《重排本前言》又介绍了该书的大致成书过程,其中补充的内容则为:

以前我在大学学习时,曾听过谭其骧先生讲授《中国历史的时期的地理》② 的课程。……在起草中,我翻阅

---

① 史念海:《我与〈中国疆域沿革史〉》,载王兆成主编:《历史学家茶座》第4辑,山东人民出版社,2006年,第115~118页。
② 此处回忆的课程名称"中国历史的时期的地理",区别于一般所说的"中国地理沿革史"。参见《谭其骧自传》(载北京图书馆《文献》丛刊编辑部、吉林省图书馆学会会刊编辑部编:《中国当代社会科学家》第四辑,书目文献出版社,1983年,第329页)。

过我所记笔记，由于和顾先生的指示以及写作要求差距较大，很难配合。特别是顾先生在本书目录开端绪论之后，列有"中国疆域沿革史已有的成绩"一章，笔记中无此内容可资参考，而疆域沿革之学有其历史渊源，历代学人咸有撰著，非一朝一代史事，起草次章要遍览前哲时贤的著述，我深感难于措手。这些情形，我皆曾坦率地向顾先生谈过。顾先生鼓励我从头学起，而且给我一年多的时间，作为我在禹贡学会的工作。……在苦读中，时时得到顾先生的指点，又不时和当时在禹贡学会工作的韩儒林、童书业、张维华诸先生共同研讨，使我得到不少进益。在起草工作中也曾征询过诸先生的论点和意见，其中尤以童书业先生的为多，但都没有注出他们的大名，因为都仅是口头的谈论，不是著作，无从为之注出。①

在史念海的这次回忆中，仍旧认为顾氏此前将此任交付王伯祥、谭其骧办理的情形，其本人或许并不知情。史念海想利用听谭其骧课的笔记完成起草工作，但又发现无法直接照搬。于是又向顾氏征询意见，并与韩儒林、童书业、张维华诸禹贡学会同人共商。在此，史念海并未明确提及会商者中有杨向奎，而此前文字则着重介绍杨向奎的参与，不知何故。

史念海在短短一年多时间里写成此书，对于这位初出茅庐的年轻学者而言实属不易。按照顾颉刚的指示，该书谋篇布局着力于"历代疆域之盈亏"，此外，"地方制度州郡区划与夫人户之移徙亦疆域史中所不可少者，因并论及，著之于编"②。可见，此时全书框架去王伯祥当初设计已有较大差距。

---

① 史念海：《〈中国疆域沿革史〉重排本前言》，载顾颉刚、史念海：《中国疆域沿革史》，商务印书馆，1999年，第3~4页。
② 顾颉刚、史念海：《中国疆域沿革史》，商务印书馆，1938年，第4页。

从某种程度上说,《中国疆域沿革史》是以顾颉刚为首的禹贡学会的集体智慧结晶,代表了禹贡学会同人对沿革地理之学的认识。

2. 争议难平

1937年6月27日,顾颉刚将校订过的《中国疆域沿革史》书稿寄送商务印书馆。随着该书的出版问世,这种集体智慧并未因为顾颉刚的领袖作用而得以维持,甚至出现了"知识产权"之争。如史念海所述,童书业在起草阶段发挥了重要作用。童书业对沿革地理亦有心得,后来也写出类似的著述。

全面抗战爆发后,童书业离开北平到上海的光华大学,开设中国沿革地理课程。听课的学生张芝联"把每堂课的笔记都整理出来送给童师审阅,他略加修改补充后交付出版社出版,书名为《中国沿革地理》"①。准确说来,这本书就是由"历代疆域范围"、"历代地方行政区划"、"四夷民族"三篇构成的《中国疆域沿革略》(上海开明书店,1946年初版,1947年再版)。而顾、史合著的主体内容分为"历代疆域之盈亏"、"地方制度州郡区划"、"人户之移徙"三大部分。这样童书业所著与顾、史合著在谋篇布局上就有雷同之处。这种雷同之处,恰可印证童书业在顾、史合著起草阶段所发挥的作用。

遗憾的是,这部被吕思勉誉为"述古今沿革,纲举目张;指示参考之书尤详,实有裨于初学"②的讲义,在出版后不久就遭到了谭其骧较为尖锐的批评(图3—4),而这篇书评又捎带牵出此前对顾颉刚、史念海《中国疆域沿革史》的批评。谭其骧在这篇文章中说:

---

① 张芝联:《我的学术道路(代序)》,载《我的学术道路》,生活·读书·新知三联书店,2007年,第3~4页。

② 童书业著,童教英整理:《童书业中国疆域地理讲义》,天津古籍出版社,2008年,第152页。

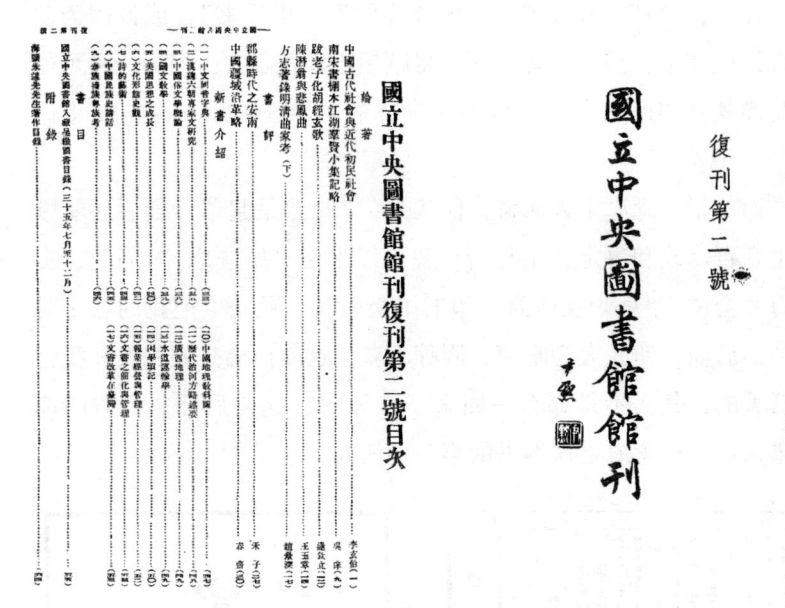

图3—4 谭其骧《评〈中国疆域沿革略〉》

抗战初起时,商务所编印之中国文化史丛书中,有顾颉刚、史念海二氏合著之《中国疆域沿革史》一种,当时燕京大学出版之《史学年报》中,曾有某君撰文批评,胪列书中舛误之处都数十则,皆所关匪细。此后七八年来,迄未有继起撰述者,最近始有童书业氏之《中国疆域沿革略》问世。童氏固禹贡学会之健者,此书乃就其在上海光华大学之讲义整理成编者。都凡三篇,……第一、二篇大体以史氏书为蓝本,而颇有增删;第三篇则史氏书未论及,作者采辑众说,略以吕思勉氏著于《中国民族史》之说为依归。①

---

① 谭其骧:《评〈中国疆域沿革略〉》,载《长水集》上册,人民出版社,1987年,第458页。该文初刊于《国立中央图书馆馆刊》(1947年复刊第2期)时署名"春斋"。

在此，谭其骧直接把顾、史合著称为"史氏书"，或许因为此系批评性文字，需要为尊者讳，将顾颉刚姓氏隐去，但另一种可能就是谭其骧知道史念海在该书中发挥的主导性作用，固有"史氏书"一说。

而对于史念海本人而言，他认为："既然是起草，最后还要顾先生亲自修改和决定能用与否，我可以不必多所顾虑。"因此，史念海才会说："后来在向商务印书馆交稿时，顾先生把我的名字写在他的后面，使我大为吃惊，固辞不获。这就仿佛是顾先生和我合作撰著的，其实不是那么一回事。"① 不过，这是后话。当时的谭其骧认定了史念海是这本书的第一责任人。

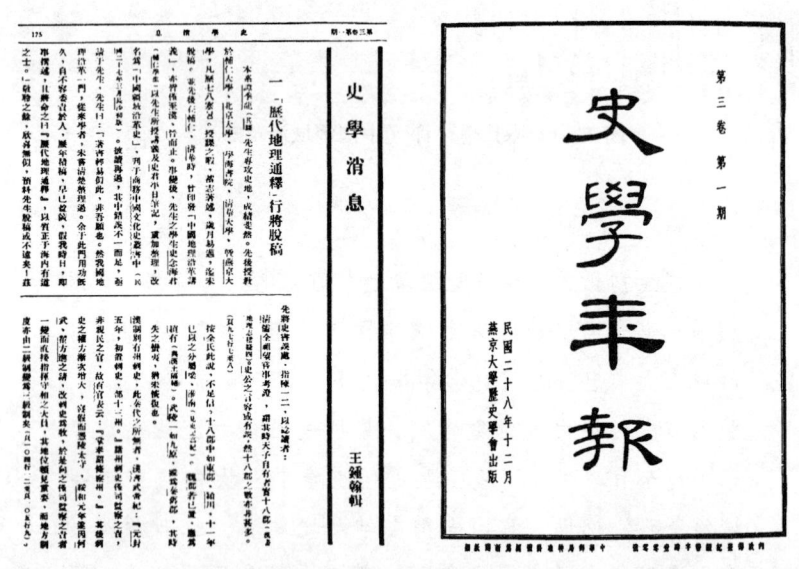

图3—5 《史学年报》上《历代地理通释》行将脱稿的消息

谭其骧既已认定童书业所著因袭"史氏书"，于是进而批评

---

① 史念海：《我与中国历史地理学的不解之缘》，载张世林编：《家学与师承——著名学者谈治学门径》第一卷，广西师范大学出版社，2007年，第285页。

第三章 师与徒——中国历史地理学的学术谱系构建　119

"《史学年报》上之书评,童氏盖未能见及,是以史书原误,一仍未改"①。平心而论,童书业未看到《史学年报》上对顾史合著的批评似有可谅之处,毕竟燕京大学历史学会所编《史学年报》虽辟有"书评"一栏,却未刊发谭其骧所特指的"书评"。而且,该批评性文字也没有署名,似有所顾忌。此外,该文在版面安排也似有深意,被置于王钟翰编辑的"史学消息"栏目中(图3—5)。据该消息载:

> 本系谭季龙(其骧)先生专攻史地,成绩斐然。先后授教于辅仁大学、北京大学、学海书院、清华大学暨燕京大学,凡历七八寒暑。授课之暇,蓄志著述,岁月易迈,迄未脱稿。并先后在辅仁、清华时,曾印发《中国地理沿革讲义》,亦皆仅至汉、晋而止。事变后,先生之学生史念海君(辅仁学生)以先生所授讲义及史君平日笔记,重加整理,改名为《中国疆域沿革史》,刊于商务《中国文化史丛书》中(民国二十七年三月长沙初版)。批读再过,其中错误不一而足,亟请于先生,先生曰:"著书轻易似此,非吾愿也。然我国地理沿革一门,从来学者,未尝清楚整理过。余于此门用功既久,自不容委责于人,历年积稿,早已盈箧,假我时日,即事撰述,且将命之曰《历代地理通释》,以质正于海内有道之士。"敬聆之余,欣喜无似,预料先生脱稿或不远矣!兹先将史书误处,指陈一二,以谂读者。②

---

① 谭其骧:《评〈中国疆域沿革略〉》,载《长水集》上册,人民出版社,1987年,第463页。
② 王钟翰辑:《史学消息:〈历代地理通释〉行将脱稿》,《史学年报》,1939年12月第3卷第1期。

这段问题透露出两个信息：其一，史念海《中国疆域沿革史》被认为是在谭其骧"所授讲义及史君平日笔记"基础上直接加工整理而成，与顾颉刚的指示无关，也与禹贡学会其他同人的共商无涉；其二，谭其骧《历代地理通释》一书积累日久，行将脱稿，出版之期，指日可待。在史念海《中国疆域沿革史》已经出版而《历代地理通释》尚未完稿的情况下，先指出前者的错误，以正视听。

反观史念海在该书《重排本前言》中所说的，他没有照搬谭其骧《中国地理沿革史》课上的讲义，只是参阅了当年听他课时记下的笔记，而且这些内容"由于和顾先生的指示以及写作要求差距较大，很难配合"。

对于文中列举的约二十处错误产生的缘由，该消息则归因为："其中错误疑或由于谭先生讲授时之原误（因史君听先生此课时，在民国二十二年至二十三年，为先生开此课之第二年，其中不免有误。二十三年先生入北大、燕大教此课，始大加改正）；或先生所讲本不误而史君听误；或当时先生为讲授所束，未能发挥尽致；抑或史君于课外自行加入，遂往往铸成大错耶？"① 文中对原因分析如此之详尽，非亲历者谁能知晓？由此不难想见，在《史学年报》中撰文的"某君"大概就是谭其骧本人，或者这个"某君"是得到谭其骧面授机宜的知情人。

但事情并没有像谭其骧所预想到的那样发展下去。顾、史合著《中国疆域沿革史》一书不久就被译成日文本《支那疆域史》（中尾雄一译，东京人文阁，1943 年），后于 1991 年被上海书店影印收入"民国丛书"第三编，又于 1999 年和 2004 年被商务印书馆分别收入"商务印书馆文库"和"中国文库·史学类"。很显然，该

---

① 王钟翰辑：《史学消息：〈历代地理通释〉行将脱稿》，《史学年报》，1939 年 12 月第 3 卷第 1 期。

书并未因"某君"的批评而丧失学术生命力。

就史念海本人而言,这部沿革地理著作,开启了他的历史地理学生涯。在史念海看来,"这样的努力苦学,虽说只有一年多的时间,实际上不啻度过十载春秋。完成起草工作只不过是向顾先生有所交代,最大的获益,应该说是奠定我此后治学的基础。迄今数十年中,能够稍有寸进,溯其渊源,都在于此。"① 史念海以此为基点,除了写出新见迭出的近十册《河山集》等著述,还完成了"作为现代学科意义上的历史地理学已在中国全面建立的重要标志之一"② 的《中国历史地理纲要》(山西人民出版社,1991年)。

至于谭其骧行将脱稿的《历代地理通释》一书,至今仍旧无从"质正于海内有道之士",诚为学界憾事。1956年4月,史念海拜会客居京华的谭其骧,带来了自编的历史地理教材讲义。当晚,谭其骧"归看史著历史地理讲义"③。这部讲义理应就是《中国历史地理纲要》的雏形。此时忙于"杨图"改绘的谭其骧,似应无暇顾及修订自己素来熟稔的讲义旧稿。到了1981年,谭其骧在自传中说:"近年内,我将整理出多年来讲授中国历史地理的讲义,在此基础上写成《中国历史地理概论》,约需四五十万字。"④ 另据葛剑雄说:"像地理沿革史,不但顾颉刚要他写的始终未写出来,连他自己的书也一直没有写成,一九八一年开始我们作过几次努力,但直到他逝世都没有能促成他写出一部中国历史地理概论。"⑤

---

① 史念海:《我与中国历史地理学的不解之缘》,载张世林编:《家学与师承——著名学者谈治学门径》第一卷,广西师范大学出版社,2007年,第285页。
② 辛德勇:《史念海传略》,载张世林主编:《想念史念海》,新世界出版社,2012年,第24页。
③ 葛剑雄编:《谭其骧日记》,文汇出版社,1998年,第78页。
④ 谭其骧:《谭其骧自传》,载北京图书馆《文献》丛刊编辑部、吉林省图书馆学会会刊编辑部编:《中国当代社会科学家》第四辑,书目文献出版社,1983年,第338页。
⑤ 葛剑雄:《"开风气者"与"为师者"》,载《往事与近事》,生活·读书·新知三联书店,1996年,第266页。

当我们后来看到谭其骧为王育民《中国历史地理概论》（人民教育出版社，1987~1988年）的题签时，难免唏嘘赞叹。新近出版的《谭其骧全集》（人民出版社，2015年）虽然增加了《〈长水集〉补编》，但仍未收入谭其骧的历史地理讲义。期望这部讲义能像石泉的《中国历史地理专题》（湖北人民出版社，2013年）一样公之于世，泽被后人。同样期待这份宝贵学术遗产中的思想火花，能照亮历史地理学的未来发展之路。

通过《中国疆域沿革史》一书成书过程的梳理，不难发现禹贡学派内的人际关系远未如后人描摹的那样和谐。如果仅看到史念海后来颂扬谭其骧著述时所说的"固是订正前贤未是之处，也是示人以规矩，后生晚学，自当以之为楷模"[①]一语，恐怕难以想象那些埋藏在故纸堆中的口诛笔伐。经过钩沉索隐，可见当时顾颉刚门下众生相之一瞥，管窥民国学术生态之一斑。

关于与顾颉刚"和而不同"的师生情谊，谭其骧曾嘱托葛剑雄说："这些事我从来没有给任何人说过，现在顾先生走了，我要不告诉你，等我走了就没有人知道了。以后你可作为历史写出来，但千万要说真话。"[②] 此处揭示的就是围绕一本书而展开的历史地理学史，希望略有发覆祛惑之效。

当然，也不必恶意去揣测历史地理学术"江湖"的人心险恶。纵然顾颉刚与谭其骧曾因编纂《禹贡》半月刊和《中国地理沿革史》产生不快，但日后二人的关系并非形同水火，而是冰释前嫌。谭其骧南下广东学海书院，但很快因书院倒闭而面临失业之虞，不得不重返北平。顾颉刚试图协助恢复谭其骧在北平图书馆的旧职，因而联合傅斯年给袁同礼写信从中说项。信中仍对谭其骧大加

---

① 史念海：《致谭季龙先生书》，载《史念海全集》第七卷《回忆 交往》，人民出版社，2013年，第779页。

② 葛剑雄：《"开风气者"与"为师者"》，载《往事与近事》，生活·读书·新知三联书店，1996年，第269页。

第三章 师与徒——中国历史地理学的学术谱系构建

赞赏：

> 谭君其骧前在尊处任编目职务，对于地理一科极有根底，所作论文亦为读者所赞赏。惟其人少年情性，不克埋头工作，以是自行请辞而去。上年任职广东学海书院，今秋粤局既变，该院恐将停办，弟等为爱护人才起见，甚望吾兄能派其管理舆图，则以彼专长，必可胜任。弟等与之有旧，自当严于监督，不令暇逸，倘荷引进，请嘱其每一个月将工作成绩送颉刚处审查，想兄拔擢人才，具有同情，得此保证，必不至绝其向上之路也。①

当然，谭其骧并未因顾颉刚与傅斯年的联名举荐而重回北平图书馆，只得转而在燕京大学谋得兼任讲师一职，并在清华大学兼课，直至1940年初南下应浙江大学之聘。

话题再转到杨向奎身上，他否定自己是"古史辨派"②。那么，虽为禹贡学会会员之一，杨向奎大概也不会承认自己属于作为该派延续的"禹贡学派"。即便承认自己是禹贡学派、顾门中人又能如何呢？学界前辈有意或无意地制造出一个又一个的谜案，留待后人打着学术史的幌子去横加揣摩。后人徘徊于故纸堆中，发现的是可以充当茶余饭后谈资的学林逸事，写出的是可以博取学衔教职的考证文字。而这些逸事的制造者和见证者，恐怕没有如许雅兴去品味自己所处的人生况味和学林纠葛。学者即人，学界即社会——在科学社会学的明镜下，往事活灵活现。

---

① 顾颉刚：《傅斯年、顾颉刚致袁同礼（1936年7月28日）》，载王汎森等编：《傅斯年遗札》第二卷，社会科学文献出版社，2015年，第551页。
② 杨向奎述、李尚英整理：《杨向奎学述》，浙江人民出版社，2000年，第9页。

三、从门人到稀客

侯仁之与洪业、顾颉刚两位恩师的师承关系，在其晚年的追述中已有充分展示，在此无须赘言。相比较而言，侯仁之与邓之诚的学术师承和日常交往，倒有值得吟诵玩味之处。

（一）门人

侯仁之对邓之诚学术恩泽的感念，虽然没有像对洪业、顾颉刚两位那样施以浓墨重彩，但在1989年8月27日写就的《一次意外的收获——忆邓文如师》中有所体现。侯仁之虽自称"我虽曾就学于文如师，自愧无所继承"[1]，但其早年关于明代宣化、大同、山西三镇马市问题的研究，受益于邓之诚。而《王鸿绪明史列传残稿》一文则是邓之诚加以审定后在《燕京学报》发表。侯仁之认为"这一研究对我既是一个好的训练，更是一次出乎意外的收获"，之所以意外，是因为这是侯仁之"唯一的一篇有关史学史的习作"。

上文加以整饰，后来成为侯仁之为《邓之诚日记》出版所作的序言。在这篇序言中，新加了如下内容：

> 另还须说明的是，我的老伴张玮瑛也曾是文如师的及门弟子，玮瑛曾是文如师在燕京大学讲授中国通史课的助教，她的论文《清代漕运》（燕京大学研究院历史学系硕士论文，一九三八年五月）就是在文如师的悉心指导下

---

[1] 侯仁之：《一次意外的收获——忆邓文如师》，载《侯仁之燕园问学集》，上海教育出版社，1991年，第36页。

完成的。①

侯仁之、张玮瑛夫妇作为邓之诚"及门弟子"的身份无须怀疑。抗战时期，邓之诚与侯仁之同遭日寇囹圄之苦，邓之诚称"侯君，予门人也，服事尤谨"②，显然已将侯仁之视为"及门弟子"。

不过，侯仁之显然并未循着邓之诚指示的学术路径前行。时值邓之诚诞辰百年之际，侯仁之说："早年在燕京大学历史系受教于邓文如师，得于史学略窥门径而未能深入。主要原因是个人兴趣逐渐转向历史地理的探讨。重要契机之一是关于明代马市的研究。"③侯仁之关于明代宣大山西三镇马市的研究，起始于1936年随顾颉刚到张家口进行的古迹古物调查实习。在研究中，侯仁之曾向邓之诚请益明代史料问题，由此衍生出对《明史》纂修问题的考察。在此之前，侯仁之的学术兴趣已发生向历史地理的转变，并未因为邓之诚的"谆谆教导"而深入史学领域。

在侯仁之对自身学术成长历程的表述中，邓之诚的影响似乎仅限于"史学史"，并未提及历史地理学。不过，这并不意味着邓之诚在史学研究中忽视地理问题。相反，正如邓之诚在《中华二千年史·叙录》中所说的，他还是比较重视地理。在该书的体例安排中：

> 一曰体裁：略依纪事本末之例。先之以世系……次之以一代大事，尤重民族变迁……次之以制度。制度为一代

---

① 侯仁之：《怀念邓文如师》，载邓瑞整理：《邓之诚日记（外五种）》第一册，北京图书馆出版社，2007年，序言第6页。

② 邓之诚：《南冠纪事（下）》，《现代知识》，1947年第1卷第6期。

③ 侯仁之：《重刊〈王鸿绪明史列传残稿〉》，载邓珂编：《邓之诚学术纪念文集》，北京大学出版社，1991年，第262页。

典则，不仅观其因革损益，及政治良窳，实欲藉以测其影响于社会者安在。尤重地理官制者，读史本以二者为基础，述地理止于州郡，述官制止于台阁寺监者，特疏举其要，以较详者自有诸志在。次之以学术文学艺术……①

在邓之诚看来，地理、官制属于制度史的范畴。在其体例安排中，地理内容仅述及州郡沿革，更为详细的内容则转而求诸地理志。如此看来，《中华二千年史》中的"地理"只是局限于州郡层面的沿革地理，其上一级归属为制度史。这样，对于学术兴趣转向地理学的侯仁之而言，肯定无法遵循邓之诚的学术套路。

（二）稀客

侯仁之留学英伦归来之后，转而走上现代历史地理学之途，但与邓之诚师生情谊仍在，更何况夫人张玮瑛曾经是邓之诚的研究生和助教。侯仁之归国后没几天就去拜访邓之诚。邓之诚在1949年9月29日的日记载："傍晚，侯仁之来，前日方自英国归来者。"② 不过，在波诡云谲的时代风潮中，追求进步的侯仁之与思想相对守旧的邓之诚之间的关系出现了微妙的变化。1951年5月24日，邓之诚在日记中写道："昨《人民日报》载侯仁之一文，谓参观土改从农民学到阶级斗争的恨与爱，此正今后知识分子应走之方向。侯生一语破的，应受上赏也！何以他人皆不能从此处着想，或有授意耶！"③ 这里提到的这篇文章《我在土地改革中所学习的第一课》宣称："我再不是一个温情主义者，我学会了翻身农民对于剥削阶

---

① 邓之诚：《中华二千年史》卷一，中华书局，1983年，叙录第4页。
② 邓之诚著，邓瑞整理：《邓之诚文史札记》上册，凤凰出版社，2012年，第485页。
③ 邓之诚著，邓瑞整理：《邓之诚文史札记》上册，凤凰出版社，2012年，第572页。

级的痛恨，对于压迫阶级的痛恨。"同时说："我向翻身农民学习了恨，咬牙切齿的恨；我也向翻身农民学习了爱，真挚热烈的爱。而且我也明白了：唯其能痛恨，才能热爱。"①

邓之诚对这些政治运动持消极态度，就连政治学习小组讨论也需要经张东荪、高名凯劝说才参加。而在邓之诚看来，侯仁之则是政治运动的积极分子。1952年7月，侯仁之赴广州岭南大学参加工作组。据侯仁之口述："新中国建国之后，全国高校进行院系调整，北京大学和燕京大学合并为北京大学。随后广州的中山大学和岭南大学合并，教育部派了一个工作队，十个人，我也是工作队成员之一。"②当时，侯仁之积极参与到对教会学校的改造、合并工作中，以至于邓之诚在日记中有如下记载："侯仁之来辞行，明日登程，一团高兴。"③邓之诚笔下的"一团高兴"四字透出来春秋笔法。

通过邓之诚日记，我们可以看出邓之诚对侯仁之的异议。在1955年1月1日的日记中，邓之诚记载："始见侯仁之夫妇，真稀客也。"④同日王钟翰日记亦载："仁之夫妇亦来，询苏化章月薪（教学辅助员，三百四十分）。"⑤邓之诚将昔日门人视为稀客，透露出些许失落与不满。

（三）"触忌侯仁之之专门"

邓之诚的得意门生王钟翰在1956年1月15日的日记中的记

---

① 侯仁之：《我在土地改革中所学习的第一课》，《人民日报》，1951年5月23日。
② 侯仁之口述，梅辰整理：《我的历史地理学之路》，《纵横》，2004年第7期。
③ 邓之诚著，邓瑞整理：《邓之诚文史札记》下册，凤凰出版社，2012年，第659页。
④ 邓之诚著，邓瑞整理：《邓之诚文史札记》下册，凤凰出版社，2012年，第847页。
⑤ 王钟翰：《王钟翰甲丁手写日记》，文津书店，2005年，第89页。

载，有助于了解邓之诚、侯仁之在 1949 年之后的师生关系。其中颇值得玩味的细节是：

> 九点许，往谒文如师。师嘱著一书，从官厅水库说起，及于康雍乾三朝畿辅之水利，及于明代，及于金元二代。或亦今之社会主义建设当务之所急欲闻知者。愿助我材料，务于一年内成之。余欣然应之。唯触忌侯仁之专门，不复计也。归近十二点，未告松。告之而未写，写之而未印，不如不告也。午睡时，季龙闯入，而携川戏唱片以贻文师者。……二点半陪访田德望，浙大旧同事也。三点，彼去邓宅，余则回家。①

查阅邓之诚同日日记，并未记载其嘱托王钟翰研究北京水利之事。邓之诚仅说"午睡起，谭其骧来，晚饭后去，对客甚倦"②。再查谭其骧当日日记，则有如下记载：

> 1月15日　星期日。九时许起，赴北大，十一时许到中关园，遇邵循正，即至其寓午餐。饭后访王钟翰，又访田德望。至邓宅晚饭后归。③

综合邓、王、谭三人日记所载，可知王钟翰与谭其骧并未同时拜访邓之诚，而邓之诚嘱托王钟翰撰写北京水利史著之事，则在上午九时许，此时谭其骧刚刚起床，准备去北大。因此，有关古代北京水源开发的问题，不大可能成为邓、王、谭三人同时在场的共同

---

① 王钟翰：《王钟翰甲丁手写日记》，文津书店，2005 年，第 209 页。
② 邓之诚著，邓瑞整理：《邓之诚文史札记》下册，凤凰出版社，2012 年，第 914 页。
③ 葛剑雄编：《谭其骧日记》，文汇出版社，1998 年，第 68 页。

话题。

不过，三人中对北京水源问题最为关注的，无疑当属谭其骧。据其日记载，谭其骧在1955年集中阅读《都江堰水利述略》、《水经注》、《淮阳水利图说》、《畿辅水利书》、《行水金鉴》、《京师城内河道沟渠图说》、《明史·河渠志》、《问水集》等水利著述。因此，谭其骧在三人中可能是对北京水利史最有兴趣。

谭其骧对这一问题的关注，势必涉及侯仁之的研究。这在其日记中也有明晰的体现，1955年7月27日"早归寓已九点，……看侯仁之《北京水源》文。……归看《北大学报》"①。此处的《北京水源》文，即《北京大学学报（人文科学）》1955年第1期刊发的侯仁之《北京都市发展过程中的水源问题》。时至1957年1月2日，谭其骧又"为评奖论文，看侯仁之《北京水源》一文"②。另据谭其骧日记载：1955年10月15日"看《地理知识》侯仁之文。晚访贺公，同买明日赴官厅水库干粮……"③。这里提及的文章则是《地理知识》1953年第1期刊发的侯仁之《迎接北京建都八百周年：八百年来劳动人民改造首都地理环境的两件大事》。文中论述的大事之一就是"克服自然条件的限制，为北京开辟水源"，文章结语将官厅水库视为"劳动人民自觉地有计划地为了自己的利益而改造首都地理环境的第一个伟大胜利"④。显然，谭其骧阅读此文是为了次日考察官厅水库做准备。而在一天前，谭其骧"下午赴北大开会，谒文如师。七时揖唐⑤亦到，八时许搭侯仁之

---

① 葛剑雄编：《谭其骧日记》，文汇出版社，1998年，第47页。
② 葛剑雄编：《谭其骧日记》，文汇出版社，1998年，第104页。
③ 葛剑雄编：《谭其骧日记》，文汇出版社，1998年，第57页。
④ 侯仁之：《八百年来劳动人民改造北京地理环境的两件大事》，载《步芳集》，北京出版社，1981年，第30页。
⑤ 揖唐，即谢兴尧（1906~2006年），号五知，别号老长毛，尧公，四川射洪人，毕业于北京大学。

车归"①。因此，谭其骧阅读这篇两年前的旧作，十有八九就是侯仁之得知其将赴官厅水库考察后主动提出的建议。

综上可知，对侯仁之有关北京水源问题的研究最有评判权者非谭其骧莫属。那么，何以邓之诚建议王钟翰另起炉灶撰述北京水利史呢？不难想见，邓之诚对侯仁之关于北京水源的研究并不满意。邓之诚的这种不满，是源于他对侯仁之相关著述的深究，还是听从了别人的说法，这恐怕无从得知其中缘由。但有一点是肯定的，邓、谭、王三位都应知道侯仁之对历史上北京水利问题已有研究基础。从1936年完成的燕京大学文学院历史学系学士毕业论文《靳辅治河始末》、1939年《史学年报》第3卷第1期刊发的《书评：中国水利史》、1946年刊于《燕京学报》第30期的《北平金水河考》开始，到新中国成立之后不久刊发的《北京海淀附近的地形水道与聚落》(《地理学报》1950年第18卷第一二期合刊)，侯仁之对北京水利（水源）的关注最久，积累最多，成果最丰。那么，邓之诚何以对此置若罔闻呢？用一句通俗的话解释，恐怕就是邓之诚对侯仁之这位昔日门生"有看法"啦！从当年"服事尤谨"的门人侯生，到后来的"稀客"，从中可以看出邓之诚与侯仁之师徒关系的疏离。

与侯仁之这位此时的"稀客"相比，王钟翰与邓之诚的关系则非同一般。王钟翰说他和邓之诚"从1934年到1960年，中间离京五年不计外，朝夕相待足足有二十多年"②。透过邓之诚、王钟翰日记我们更会发现，邓王两家过从甚密，时常留饭、弈棋，互有馈赠。时值邓之诚及夫人寿辰这种重要私人场合，王钟翰亦被邀请。在学术上，王钟翰虽然调至中央民族学院研究部，但邓之诚对他仍时有指点，助其修改文章，而王钟翰则帮助邓之诚修订《中

---

① 葛剑雄编：《谭其骧日记》，文汇出版社，1998年，第57页。
② 王钟翰：《孟森先生与邓洪二师》，载张世林编：《学林往事》上册，朝华出版社，2000年，第18页。

华二千年史》等著述，并襄助编辑史著，搜罗文献。就连寓居北京城内编绘历史地图集的谭其骧，造访邓之诚的次数也不少。在此情形下，邓之诚对王钟翰青眼有加，甚至毫不顾忌侯仁之对北京水源的已有研究，转而协助王钟翰进入同一领域。此举的产生，恐怕与人际交往的冷热亲疏有着直接关联。

当然，王钟翰并未采纳邓之诚的建议。他虽然"欣然应之"，但随即因顾虑这是侯仁之的"专门"，从而作罢。这种顾忌，出于对人际纠葛的顾虑，避免"呛行"之嫌。要知道，避免"呛行"似乎是学术界的潜规则，刘起釪曾经写过《碣石考》一文，"当时我不知谭先生也有《碣石考》一文，否则我不会用同样题目凌犯他"[1]。

后世研究者将这件事情解读为"一段极为生动的记载，邓氏于弟子倾心关爱之情跃然纸上"[2]。殊不知，这种所谓关爱背后的复杂人际纠葛，又是一段极为微妙的学术史。

1960年1月，邓之诚去世。远在美国的洪业写下长诗《哭邓之诚文如》以寄托哀思。诗中说邓之诚"生平严取予，品藻时显晦。昔贤末轻许，时流更自郐。素厌留学生，顾我为例外"[3]。其实，王钟翰也有留学哈佛大学的经历。对于素来鄙薄留学生的邓之诚而言，王钟翰这位留学生显然又是一个例外。不过，邓之诚显然并未为侯仁之这位留洋成功的门人再开例外之门。当年的侯仁之或许被邓之诚视为"自郐以下"。如果上文的钩沉索隐没有错误，我们似乎品出了一丝苦涩。

---

[1] 刘起釪：《我和〈尚书〉》，载张世林编：《家学与师承——著名学者谈治学门径》第二卷，广西师范大学出版社，2007年，第161页。
[2] 姚念慈：《情感・心理・命运——王钟翰师〈甲丁日记〉读后》，载张世林主编：《想念王锺翰》，新世界出版社，2013年，第97页。
[3] 王钟翰、邓珂：《邓之诚先生传略》，载北京图书馆《文献》丛刊编辑部、吉林省图书馆学会会刊编辑部编：《中国当代社会科学家》第四辑，书目文献出版社，1983年，第18页。

四、择校不如投师

在侯仁之步入和拓展历史地理学的生命历程中，洪业的影响起着举足轻重的作用。洪业首先是一位训练有素的史学家。受业弟子王钟翰认为："洪先生无论在现代中国史学史上，还是在现代中国大学教育史上，都有其独特的地位和卓越的贡献，很少能有人比得上他。"[1] 当然，相比较而言，洪业著述的宏富程度逊于顾颉刚、邓之诚二位。但与洪业相交甚深的刘子健认为洪业的史学功力不亚于陈寅恪、顾颉刚与钱穆，且在整理国故比胡适更有成绩。刘子健认为洪业在史学界之所以声名不显的原因包括办教育训练学生分散了精力、作风洋派两点。[2] 从培养出郑德坤、齐思和、瞿同祖、周一良、王伊同、冯家昇、聂崇岐、翁独健等一批在各自领域内独当一面、创获颇丰的弟子来看，洪业更是成功的史学教育家。

侯仁之在追忆燕京大学读书期间所受顾颉刚、洪业、邓之诚教诲时说："在三人之间起核心作用的是学贯中西而尤长于东亚近代史和史学考证的洪煨莲教授。"[3] 洪业在教学和研究中尤其重视方法训练，除了倡导编纂系列引得之外，还专门开设初级、高级史学方法课程，对学生有着深远影响。

（一）史学中五个"W"

在侯仁之看来，将其引上治学道路第一步的就是洪业开设的"史学方法"一课。在洪业训练给学生的史学方法中，五个W之

---

[1] 王钟翰：《清心集（王钟翰自选集）》，新世界出版社，2002年，第27页。
[2] 刘子健：《洪业先生：少为人知的史家和教育家》，《历史月刊》，1989年6月第17号。
[3] 侯仁之：《师承小记——忆我师顾颉刚教授》，载《侯仁之燕园问学集》，上海教育出版社，1991年，第31页。

说影响甚大。周一良在燕京大学读书期间选修了邓之诚的断代史（尤其是魏晋南北朝）和洪业的史学方法课程。后来，他认为：

> 以后我搞研究时的严肃态度和一丝不苟的作风，是和洪先生的教导分不开的。……洪先生讲课内容使我长久不忘的，还有他所说：只要你掌握五个 W，你就掌握了历史。五个 W 者，Who（何人）、When（何时）、Where（何地）、What（何事）、How（如何）也。①

后来到清华大学旁听了陈寅恪的魏晋南北朝史课，周一良"联想洪先生五个 W 之说，就觉得缺第六个更大的 W，即 Why（为何），未免有不足之感了"。同为受业弟子，翁独健继承了洪业的五个 W 之说。翁独健继洪业之后在燕京大学开设史学方法课程。据周清澍转述：

> 有次林沉去拜见他，他系统地发表了自己的见解，语重心长地赠予八字箴言："寻根究底，竭泽而渔。""寻根究底"是他老师洪煨莲的话，也就是洪先生常说的要掌握住历史，先要问五个 W，即：Who（何人），When（何时），Where（何地），What（何事），How（如何），意思是搞研究应先把所有的问题弄清楚，要"寻根究底"。②

当然，不同人对洪业的五个 W 之说的回忆并不一致。据王钟翰的回忆，洪业的五个 W 是如下版本：

---

① 周一良：《纪念陈寅恪先生》，载纪念陈寅恪教授国际学术讨论会秘书组编：《纪念陈寅恪教授国际学术讨论会文集》，中山大学出版社，1989 年，第 17 页。
② 周清澍：《纪念独健师百年诞辰》，载《学史与史学：杂谈和回忆》，上海古籍出版社，2011 年，第 92~93 页。

> （洪业）开宗明义，说明史学方法无非是搞清历史的人物、时间、地点、原因、过程五大要素，即 who, when, where, why, how，他将此戏称之为5个"W"方法，凡搞任何历史问题，离不开从5个 W 方面去追查，去发现问题、分析问题、解决问题。①

这也就是说，在王钟翰版本的五个 W 之说中，周一良所说的"Why（为何）"缺失之憾被弥补，但又产生了缺失"What（何事）"的不足。

后来，翁独健又提出"历史学是七何之学"，亦即要弄清何时、何地、何人、何事、如何、为何，还要问个然则何如。② 这显然是继承和发扬了洪业五个 W 之说。此"七何之学"涵盖了周一良、翁独健提及的六个 W，又增加了"何如"，亦即探讨史事的后续影响。当然，"何如"找不到合适的含有 W 字母的英文单词，也就凑不成翁氏七个 W 之说。

洪业五个 W 之说，溯其源头，在于其所受的西方学术训练。只有在英文写作中，才会想到这些包含 W 的英文单词。据陈毓贤《洪业传》记载，洪业在口述求学哥伦比亚大学经历时说：

> 洪业说罗克韦尔替他在历史研究方法上建立了良好的基础。……他也要学生把事实及价值分得一清二楚。事实的范围包括谁、何时、哪里、（做）什么、怎样（做）。③

然而，核对《洪业传》英文原版，这些词则是 who、when、

---

① 王钟翰著，诸同学整理：《王钟翰学述》，浙江人民出版社，1999年，第35页。
② 陈远：《翁独健：燕京末代校长的生活旧影》，载《消逝的燕京》，重庆出版社，2011年，第135页。
③ [美] 陈毓贤：《洪业传》，商务印书馆，2013年，第94~95页。

where、what 和 how。① 这显然是洪业五个 W 之说源头所在。洪业并不掠前人之美,显出大学者的气度。如果此说属实,则最早版本的五个 W 之说正如周一良所回忆的,缺失 Why（为何）。

但问题在于,洪业在回忆执教燕京大学历史系时又说:"考试的时候,我不问什么人、何处、何时的问题,我要问的是如何与为什么。读历史得知道时代趋势、社会制度。如何与为什么这是汁浆,其他都是渣滓。"② 经过考试之后,洪业才挑选出学生念历史方法课程。由此可见,王钟翰回忆的五个 W 之说版本似乎是空穴来风,有所凭依。但核查《洪业传》英文原版会发现上述引文翻译过程中的脱讹。正确的翻译应该是"我不问何人、何处、何事、何时的问题,我要问的是如何与为何。"译者漏掉了"what"一词。如此,便产生了洪业的六个 W 之说。

作为一种折中的解释,我们或许只能认定洪业的五个 W 之说不是言之凿凿的定论,在发展过程中存在不确定性。平心而论,How（如何）与 Why（为何）比其他 W 的程度要高,涉及史事过程与机制的探究,洪业将二者视为史学的"汁浆"亦在情理之中。

在侯仁之追忆洪业的系列文章中,没有发现对五个 W 之说的明确记载。但仍旧可以在后来的学术实践中找到受该说影响的蛛丝马迹。在具有学科典范意义的《中国"沿革地理"课程商榷》一文中,侯仁之以北京为例阐述沿革地理与历史地理之别时,提出了一系列"什么时候"、"为什么在这块地方上"、"如何得到发展"等所谓"最基本最重要的问题"③。在此,我们依稀看到洪业五个 W 旧说在历史地理学研究中的全新演练。

---

① Susan Chan Egan . 1987. *A Latterday Confucian*: *Reminiscences of William Hung* (1893-1980), Cambridge, Mass.: Council of East Asian Studies, Harvard University, p. 68.
② ［美］陈毓贤:《洪业传》,商务印书馆,2013 年,第 124 页。
③ 侯仁之:《中国"沿革地理"课程商榷》,《新建设》,1950 年第 11 期。

(二)"投师要投名师"

在所有老师当中,侯仁之对洪业的感情无疑是最深厚的。他不吝惜笔墨,曾经写过四篇回忆性文章,感念师恩。

侯仁之对洪业的感怀,不在于学业上的前后相承。洪业的学术研究,以主持引得编纂、杜甫研究为主要兴趣点,在这方面侯仁之并无太多研究。因此,侯仁之自称"我惭愧的是未能继承我师的主要学业,但是他却把我引入了一项关于生活环境的探索中,从而为我研究北京的历史地理起了重要的媒介作用"[①]。而经由这个媒介所达到的终点,则是其在利物浦大学完成的博士论文《北平历史地理》。

令侯仁之难以忘怀的,则是洪业对其人生道路的擘画。一句"择校不如投师,投师要投名师"改变了侯仁之的学术生涯走向。对于此事,侯仁之在1989年7月31日有如下生动的回忆:

> 我清楚地记得,1938年春天的一个早上,煨莲师忽然打电话要我到燕南园54号他的家中去看他。按习惯我去看煨莲师总是在傍晚或晚间,现在竟然约我在早上去,必有急事。这次煨莲师也不是在客厅里而是在他极少让人进入的他的书房中等待我。我进门后刚一落座,他就突如其来地大声对我说:"择校不如投师,投师要投名师。"我当时听了有些茫然,正待发问,他就接着对我说:"你应该到外国去专攻历史地理学。论西方大学,哈佛很有名,但是那里没有地理系。英国的利物浦大学,虽然论名气不如哈佛,但是那里有一位地理学的名师,可以把你带

[①] 侯仁之:《登高自卑,行远自迩——三记我师洪业教授》,载《我从燕京大学来》,生活·读书·新知三联书店,2009年,第23页。

进到历史地理学的领域里去。"这也就终于决定了我一生深入进行学术研究上的道路。①

这是一次被后世学人颇为称道的会谈。但这次会谈中有一个常识性的错误：哈佛大学并非没有地理系。事实上，哈佛大学不仅有地理系，而且是美国历史最悠久的地理系之一，只不过这个系因为人文地理学与自然地理学之间的"内斗"，加之学校经费紧张，于是在 1948 年被裁撤掉了。② 由此引发了美国大学中普遍裁撤地理系的潮流。

不要忘记，中国现代地理学的奠基人之一竺可桢就是毕业于哈佛大学。竺可桢 1933 年 7 月 12 日在写给张其昀的信中说道：

> 桢于前月五号抵加拿大，参与五次太平洋科学会议后即来美国东部，在途于芝加哥大学及哈佛大学均曾至地理系。哈佛地质地理虽仍合为一系，但地理另有一研究所 Institute of Geographical Exploration，有独立之所址，新近美金一百万元建筑者。仪器设备极为完美，尤注重于飞机制图及无线电通讯，古代地图搜藏颇多。在芝加哥遇 Taylor 教授，陪同参观数小时。地理系共有五教授，数目之多，他国所无之，惟 Taylor 尚不满意于芝加哥之设备也。③

哈佛大学地质地理系（及研究所）的存在是一个不争的事实，

---

① 侯仁之：《在教书育人的道路上——二记我师洪业教授》，载《我从燕京大学来》，生活·读书·新知三联书店，2009 年，第 21~22 页。
② Smith, Neil. 1987. Academic War Over the Field of Geography: The Elimination of Geography at Harvard, 1947–1951. *Annals of the Association of American Geographers*, Vol. 77.
③ 竺可桢：《致张其昀函（访美地理学机构）》，载《竺可桢全集》第 22 卷，上海科技教育出版社，2012 年，第 574 页。

当然，这些机构连同芝加哥大学的地理系在1948年以后很快都消失了。洪业不是消息灵通的地理学家，他不知道哈佛大学地理系的存在情有可原，只要他知道英国的利物浦大学有个知名的地理学院就足够了。当然，另一种可能就是侯仁之记错了。

那么，为什么洪业会知道利物浦大学的地理学，而侯仁之为何有机会去哪里深造呢？已有的传记及研究对这两个问题都语焉不详，现略加梳理如下文。

利物浦大学地理学院在华的知名度，有赖于罗士培的传播。罗士培（P. M. Roxby，1880~1947年）是世界知名的地理学家，是人地关系协调论的代表性人物。从1917年至1944年，他长期执教于利物浦大学地理学院，并曾任院长。罗士培还对中国持有极友善的态度，早在1913年就到过中国，此后又数度来华。他对中国地理研究在西方地理学界算是最杰出的，"二战"时期受军方委托编辑《中国手册》（Hand book of China）三册，在其执教的利物浦大学地理学院也曾设有中国地理研究室。1945年，罗士培任英国文化协会驻华首席代表，专门致力于中英科学文化交流事业。

对于罗士培这样一位知名人士，洪业应该有所耳闻，虽然目前找不到二人直接接触的证据。更重要的是，罗士培早就与燕京大学建立了联系。燕京大学在建校之初设有地理地质学科，在自然科学院（后称理学院）下设地理与地质学系，但因力量弱小，于1935年被裁撤。该系培养出来的毕业生张印堂就是其中的杰出代表。张印堂（1903~1991年，字荫棠，山东泰安人），1926年毕业于燕京大学，1930年获利物浦大学地理学硕士。1930年2月14日的《燕京大学校刊》上刊登了如下消息：

> 张印堂先生将来校。本校最近得英国利物浦大学罗士培（Roxby）教授来函，深赞本校1926年毕业生张印堂先生之为人，张先生系受Holt津贴而留学利物浦大学者。

第三章 师与徒——中国历史地理学的学术谱系构建

……闻张先生已于 2 月 1 日启程来华，想不久即可执教鞭于本校矣。①

后来，由于燕京大学地理地质系裁撤，张印堂转至清华大学地学系。这里需要注意的是，张印堂就是罗士培的学生，而张印堂留学英国获得的奖学金资助"Holt 津贴"也就是日后侯仁之留学英国时申请到的蓝烟囱奖学金。

蓝烟囱奖学金是英国蓝烟囱轮船公司（Blue Funnel Line）创办的公益事业。该公司由阿尔弗雷德·霍尔特（Alfred Holt）创建于 1866 年，这个奖学金也因是霍尔特家族基金（Holt Family Fund）所开办，故可简称为"Holt 津贴"。本部设于利物浦的蓝烟囱轮船公司较早开展在华业务，开辟远东航线（其中包括上海至利物浦的航线），并在上海经营码头仓库，雇用大批中国船员。或许是因为这层缘故，该公司才会在华设置奖学金，吸引学生赴英国留学。在当时，利物浦是华人海员、侨民聚集之所，甚至办有华文报纸。

在侯仁之之前，除了张印堂，林嘉通还于 1935 年获得蓝烟囱奖学金的资助赴英国利物浦大学攻读数理统计学博士学位。据侯仁之回忆说：

> 我跟利物浦大学的联系应该是从 1940 年或 1941 年开始的。1939 年燕京大学（北京的一所私立大学，现在已经并入国立北京大学）颁给我阿尔弗雷德·霍特船运公司设立的蓝烟囱奖学金。先后有六位从事物理学、统计

---

① 转引自张玮瑛等主编《燕京大学史稿（1919—1952）》（人民中国出版社，1999 年），第 1218 页。

学、经济学和地理学研究的学者获此殊荣。①

这六位当中就包括张印堂、林嘉通二人。

当然,侯仁之留学英国之路并非全部来自洪业的一手安排。1946年3月25日,顾颉刚曾"到教育部访韩庆濂,为仁之出国事"②。看来,侯仁之还是遇到了一些麻烦,故请老师向曾经的燕京大学同事、当时的教育部官员韩庆濂从中说项。

1946年8月,侯仁之终于启程乘坐蓝烟囱公司的海轮远赴英伦求学。当时有一篇报道记载了其行程:

> 侯仁之先生出国手续已行办妥,预定八月五日乘机飞沪,转乘蓝色烟筒 Blue Funnel Line, S. S. Samjack 号船赴英,闻此船可直接驶抵利物浦,侯先生即将在该处利物浦大学深造。又侯太太张玮瑛女士即将分娩,现已移住医院。侯先生行前曾往探视。③

侯仁之到达利物浦之后,并未见到心仪已久的罗士培教授,反而接到了他在华去世的消息。侯仁之在悼念文章中称罗士培为"一代地理教育的大师,一个真正的学者,一位患难中的中国伟大的良友"④。不得已,侯仁之转投达比门下,成就了后来西方历史地理学的东归之路。我们知道,罗士培的研究并不以历史地理见长,若没有这一变故,中国将多了一个地理学家,少了一个历史地

---

① 侯仁之:《1984年7月4日在英国利物浦大学毕业典礼上代表应届生及荣誉学位获得者致辞》,载《中国历史地理论集(英汉对照)》,外语教学与研究出版社,2015年,第295页。
② 顾颉刚:《顾颉刚日记》第五卷(1943—1946),联经出版事业股份有限公司,2007年,第629页。
③ 佚名:《教员动态》,《燕大双周刊》,1946年第18期。
④ 侯仁之:《悼罗士培教授》,《益世报》,1947年3月18日。

理学家，这恐怕也未可知。

当时留学英国的途径是多样的。先期到达利物浦大学留学的吴传钧，来自中央大学地理系，他考取了1945年的教育部公费留学英国中唯一的地理专业名额。当他考虑选择学校的时候，就去拜访了罗士培，"他说你就到我那个地理系。他的地理系是专门研究远东地理的，包括中国在内。后来英国我自己的老师，也是研究中国问题的，所以我学地理是非常有缘"。[1] 较早的李旭旦，则是1936年考取中英庚款公费留学名额，从而留学剑桥大学。更早的林超则1934年是从中山大学到利物浦大学留学，在罗士培的指导下完成论文，于1938年获博士学位。经济地理学家曹廷藩也曾驻足于利物浦大学地理学院。

因为哈佛燕京学社的缘故，燕京大学历史系的学生大多都奔赴哈佛大学留学，齐思和、王钟翰等皆如此。如果没有洪业的点拨，估计侯仁之也将踏上赴美留学之路。侯仁之之所以能够留学利物浦大学，在于洪业的慧眼识珠。他觉察到侯仁之学术兴趣由历史转向地理的趋势，因势利导，推荐到以地理学见长的利物浦大学。起初，侯仁之是顾颉刚的研究生，因为顾颉刚远走避难，于是转至洪业门下。若没有这不得已的"转身"，洪业也就未必那么迫切地把侯仁之推入地理学界。在科学界，有众多年轻学子"衷心积极追求的是某个特定的师傅，而不只是追求有名的进修学系或大学环境"[2]。侯仁之留学英伦，放弃了更知名的哈佛大学，而去选择拥有名师的利物浦大学，这种成功首先依赖于洪业的点拨。

新中国成立之前，洪业已客居美国。时隔三十余年，侯仁之才得以拜谒恩师。1980年3月，侯仁之应加拿大大不列颠哥伦比亚

---

[1] 郭桐兴：《一个科学工作者的感悟》，载吴传钧《发展中的中国现代人文地理学：吴传钧院士学术报告选辑》，商务印书馆，2008年，第453页。

[2] [美]哈里特·朱克曼著，周叶谦、冯世则译：《科学界的精英——美国的诺贝尔奖金获得者》，商务印书馆，1979年，第150~151页。

大学之邀赴美讲学期间，专程赴美国波士顿拜谒洪业，逗留数日。次年5月，侯仁之利用赴加拿大维多利亚大学和多伦多大学讲学间隙，又来到波士顿。不过，这次参加的却是在哈佛大学举行的洪业追悼会。十五年后，侯仁之再次赴美，在"燕京大学的经验与中国的高等教育"国际讨论会做了题为"我从燕京大学来"的发言，会后又前往马萨诸塞州为洪业扫墓。显然，侯仁之知道自己的学术渊源所自何处，师恩之深厚，岂能忘怀？

五、从乾嘉出发

在当代历史地理学家中，著述之丰，用力之勤，首推史念海先生。史念海虽然长期供职于地处西北的高校，但其对中国历史地理学的贡献可以说是全局性的。从理论建设到具体实践，从教材编撰到地图编绘，从创办学会到经营刊物，可以说史念海的贡献丝毫不因没有入选中国科学院地学部院士（学部委员）而逊色于谭其骧、侯仁之等诸位学界同人。

而对自身与乾嘉史学关系的表述最为清晰的，在历史地理学诸老中，也首推史念海。史念海在20世纪80年代末期曾坦承："我现在的确可以说是一个历史地理学的研究者了。"[①] 老辈学人治学之严谨，胸怀之宽广，值得钦佩。这句话的言外之意，是历史地理学研究者的身份存在一个名实是否相称的问题。时间回退到三十余年前的1956年，史念海在接受记者采访时是这样回顾自己的学术历程的："过去二十多年悠长的岁月里，竟有十几年的时间是糊里糊涂地走着清代乾嘉学者的老路，只在考核地名的变迁、制度的沿革以及区划的分合上用功夫，这仅仅是替史料作出一些注释，使读

---

① 史念海：《〈河山集〉（三集）自序》，载《河山集》（三集），人民出版社，1988年，第10页。

史的人得着一些方便罢了。"①

20世纪50年代的政治氛围和舆论环境，使得史念海的反思和自我批评力度更加"深刻"。由此我们可以看出其学术根基浸淫于乾嘉考据学风，他的历史地理学是沿着乾嘉学者老路的史学支脉沿革地理转向而来。

（一）远绍竹汀

在史念海的历史地理学的理论构建和学术史回顾中，相当大的篇幅都涉及乾嘉考据。史念海在回顾自己的治学历程时说："回顾早年时候，我初始问学，即对乾嘉诸大师深感钦慕。他们考证史事，多能寻根究底，鞭辟入里，时见精邃，而于钱大昕尤甚。我大学毕业时所撰的论文，即为《钱大昕之史学》。后来又陆续效法，撰写过一些以考为题的文章。"② 如果将史念海的大学毕业论文视为其步入学术界的里程碑，则可通过《钱竹汀先生之史学》这篇具有标杆意义的文章看出当时他的学术底蕴何在。

史念海认为"（钱）大昕行辈独高，而学又独深"，因而对钱大昕推崇备至。详细说来：

> 乾嘉学风乃一代极盛之时，学者之多，诚如过江之鲫，而言学业之博大，未有若先生者；即以有清三百年言之，亦未有能与先生比拟者。③

在钱大昕的史学中，对官制、舆地、氏族尤为关注。其中的舆

---

① 西鸿：《辛勤的园丁——先进生产者史念海教授二三事》，《人民教育》，1956年第6期。
② 史念海：《我与中国历史地理学的不解之缘》，载张世林编：《家学与师承——著名学者谈治学门径》第一卷，广西师范大学出版社，2007年，第288页。
③ 史念海：《钱竹汀先生之史学》，《国立北平研究院院务汇报》，1936年5月第7卷第3期。

地之学,恰是史念海最为倾心之处。史念海服膺于钱大昕所言"史家先通官制、次精舆地、次辨氏族"一语,进而有所阐发:

> 官制、舆地、氏族三者,虽为治史学之要件,而舆地尤称繁难。官制之所以不易治者,以历代沿革变迁颇多,然执其要而论之,则蛛丝马迹,尚可寻求,且各史之中于此类记载错误尚少,故较易着手。惟舆地不然,兴废之际,乱离之时,易名改制最难寻讨,不幸各史地理志中记载又为讹误,……故吾云舆地之学,实非易言者。①

可以说,清人钱大昕之于后来成为历史地理学大家的史念海,是最早的启蒙老师。而史念海选择舆地之学为毕生志业,颇有迎难而上的意味。

(二) 近承援庵

提到这篇论文,自然不得不说来自陈垣的学术传承。史念海这篇毕业论文的审阅者,是"不为乾嘉作殿军"的陈垣。史念海奉陈垣为先师,用他自己的话说:"我幸得列于陈援庵先生的门墙,那是一九三二年的事情。"但史念海求学辅仁期间,除了上中国史学名著评论课之外,与陈垣并无密切来往,以致史念海将毕业论文送给陈垣审阅时:"说明了来意之后,援庵先生好像怔了一下,随即说:你也研究钱大昕?好像没有想到。"② 可见,史念海关于钱大昕史学的研究,并未事先与陈垣沟通。不过,经由此次拜谒,史念海与陈垣建立了日后更为密切的师生缘。抗战胜利后不久,史念海致信陈垣表达问候之情:

---

① 史念海:《钱竹汀先生之史学》,《国立北平研究院院务汇报》,1936年5月第7卷第3期。
② 史念海:《忆先师陈援庵先生》,《史学史研究》,1990年第3期。

> 拜别以来，瞬已八载，念慕之忱，无时或已。每欲肃笺叩请起居，而寇氛尚炽，恐致意外，因循未果。……而生远在南服，未能北归，略效驱策，聊分患难，闻讯之下，既感且愧。年来服务此间编译馆中，敬遵吾师历年教导，努力前进，未敢稍自蹉跎。中枢近正积极筹备复原，年内或可东归。聆教有日，欢乐何如。[1]

不用多说，史念海此时已是"敬遵吾师历年教导"的陈垣门生。

那么，作为陈垣的门生，史念海领受到哪些学问上的教导呢？根据柴德赓的整理，陈垣的研究领域可分为目录校勘学、工具书、元史研究、宗教史研究[2]，舆地之学（沿革地理）并非其专长所在。如果将陈垣学术思想加以提炼，恐怕考证学（考据学）就是其精髓所在，用蔡尚思的话说，就是陈垣"他生平在学术著作上的大成就，仍然是属于清代以顾炎武、钱大昕为首的考据学系统"[3]。沿革地理研究之开展，以考据学为不二法门。故此，在陈垣的考据学中，势必涉及沿革地理。

陈垣有关考据学中地理问题的议论，集中体现在《通鉴胡注表微》一书中。陈垣深知地理考据是胡三省注释《资治通鉴》的独擅之处。在《〈通鉴胡注表微〉小引》中，陈垣指出："自考据学兴，身之始以擅长地理称于世。然身之岂独长于地理已哉，其忠爱之忱见于《鉴注》者不一而足也。"陈垣为之愤愤不平的是，世人对胡三省先是不认可，后是认错了。在陈垣看来：

---

[1] 陈智超编注：《陈垣来往书信集》，上海古籍出版社，1990年，第753页。
[2] 柴德赓：《陈垣先生的学识》，载《励耘书屋问学记：史学家陈垣的治学》，生活·读书·新知三联书店，1982年，第26~55页。
[3] 蔡尚思：《陈垣先生的学术贡献》，载《励耘书屋问学记：史学家陈垣的治学》，生活·读书·新知三联书店，1982年，第25页。

> 《鉴注》全书具在，岂特长于地理已哉！《鉴注》成书至今六百六十年，前三百六十年沉埋于若无若有之中；后三百年掩蔽于擅长地理之名之下，身之殆可谓真隐矣。①

可见，陈垣在《通鉴胡注表微》中实际上绕过了技术层面上的地理考据，转而探讨思想层面上爱国主义、民族气节、治学精神之类。胡三省地理考据之学，已成学界常识，不劳陈垣再加阐发。

但是，出于对《通鉴胡注表微》全书体例的考量，陈垣还是单辟《考证篇第六》。在该篇引言中，陈垣为自己的体例安排作出说明：

> 胡注长于地理及考证，今日学者无不知。书名表微，非微何以表也？曰：考证为史学方法之一，欲实事求是，非考证不可。彼毕生从事考证，以为尽史学之能事者固非；薄视考证以为不足道者，亦未必是也。兹特辑存数十条，以备史学之一法，固知非大义微言所在也。②

在此，陈垣生怕读者误以为自己是在说世人皆知的废话，而不是在发明存在于细微之处的大义。陈垣之所以在《通鉴胡注表微》不得不提及胡三省的地理考据之学，不过是"以备史学之一法"，与全书"微言大义"的主旨无关。这一提不要紧，倒是点出来陈垣"考地理贵实践"的主张。《考证篇第六》载："考地理贵实践，亲历其地，即知臆说之不足据。"又载："考地理贵实践，此信魏收之实践也。"③在《辨误篇第七》还说："古今地名同者多

---

① 陈垣：《通鉴胡注表微·解释篇第四》，中华书局，1962年，第69页。
② 陈垣：《通鉴胡注表微·考证篇第六》，中华书局，1962年，第98页。
③ 陈垣：《通鉴胡注表微·考证篇第六》，中华书局，1962年，第112、115页。

矣，……乃注地理者之通则也。"① 从上述聊聊数条记载，不难看出陈垣以地理考据作为治史工具的学术观点。

当然，考虑到《通鉴胡注表微》的成书背景，我们大可怀疑陈垣在书中透露出的地理考据观念会波及史念海。道理很简单，该书的写作始于1943年的北平，抗战胜利后才开始公之于世。而此时的史念海人在重庆国立编译馆，整个八年抗战时期并未与陈垣联系。这一时期的史念海渐已步入历史地理学领域，其引路人肯定不是远在北平的陈垣，而只能是时时耳提面命的顾颉刚。

史念海在缅怀先师陈垣时说出这样一种感受："援庵先生是在培练受业者的从事考证的基本功夫。"② 那么，以考证（考据）为核心的乾嘉学风，就是贯穿史念海与陈垣学术师承的主脉所在。

我们知道，陈垣在新中国成立前曾勉励学生"为政不在多言"，而新中国成立后则积极参加政治活动，四处发声拥护党的领导。这种反差，则被史念海解读为"有所为有所不为的精神的具体体现。这是应该为后来者所珍视和效法的"。如果连这个都要效法，那史念海对陈垣的师承倒是全方位的。

六、犹未可知的学术谱系重建

当今学界一提到历史地理学，自然会想到复旦大学的谭其骧、北京大学的侯仁之、陕西师范大学的史念海、武汉大学的石泉、浙江大学的陈桥驿等先贤。在当代教育史上，这几所大学都经历过规模较大的院系调整。新中国成立之后，科学研究和高等教育经过了大规模的整合。在这种大变局之下，历史地理学走向了我们所熟知的发展之路，奠定了我们眼前的学术版图。

---

① 陈垣：《通鉴胡注表微·辨误篇第七》，中华书局，1962年，第122页。
② 史念海：《忆先师陈援庵先生》，《史学史研究》，1990年第3期。

我们不妨来做一番智力游戏：假如谭其骧新中国成立之初得到了吴晗的帮助，或许能来到北京；假如竺可桢、顾颉刚等的努力能够奏效，谭其骧也将进入中国科学院。假如侯仁之当时坚持调入中国科学院，北大的历史地理学将面临空白；假如顾颉刚真的把史念海从西安调到中国科学院给他做助手，西安的历史地理学也将面临空缺。上述假设都能实现，将出现中国科学院云集谭其骧、侯仁之、史念海三位历史地理学元老的盛况。

当然，历史经不起假设。一切都朝着我们今天熟知的学术版图发展而来，只不过其中的各种曲折，以及蕴藏着丰富意蕴的细节，却不是众所周知的。我们不妨举一个例子作为本章的收尾。杨向奎晚年回忆说：

> 顾先生成立禹贡学会，出版《禹贡》半月刊，造就了许多人。现在历史地理学中的大家名家全是那时出来的，像谭其骧、侯仁之、史念海、杭州陈桥驿……现在又有第三代。顾先生不仅在学术思想方面有贡献，而且在造就人才方面也有很多贡献，恐怕比学问方面贡献更多。①

说陈桥驿是禹贡学会里出来的历史地理学大家，这显然是误会。在《禹贡学会会员录》中找不到陈桥驿的名字，陈桥驿在回忆自己的治学历程时也没有提及禹贡学会。如果非要找到二者之间的联系，在《纪念顾颉刚学术论文集》（巴蜀书社，1990年）倒是收录了陈桥驿的《历史时期绍兴城市的形成与发展》一文。稍感意外的是，顾颉刚在1953年3月4日的日记中还稍微表达了对陈桥驿的不满：

---

① 杨向奎：《回忆顾先生的几件往事及对我的影响》，载王煦华编：《顾颉刚先生学行录》，中华书局，2006年，第456页。

陈桥驿，未详其为何人，新中国成立后常以批评地图文字载于报纸，知其治地理学者。以前亚光出版之图，备受其攻击。自苏联某地理家作文揄扬亚光所出《中华人民共和国分省地图》，且云将译为俄文，《地理知识》译出之，陈桥驿乃转变论调，甚推崇此图之善，载于《文汇报》。噫，今日何有是非，惟跟着苏联走耳。一抑一扬之间，小人之情态欲盖矣。①

日记文体中充满着个性化的随意之语，我们自然不能据此想象二人关系之恶。但据此至少可以知道一点，顾颉刚并不认识陈桥驿，也不知道其所从何来。陈桥驿并非禹贡学会的会员，但照样可以成为历史地理学界的卓然名家，足以证明中国历史地理学发展路径的多样性。这种多样性的存在，为梳理历史地理学的学科谱系造成了认识上的障碍，但同样提供了产生新知的宝贵契机。

历史地理学就是在师徒传承的过程中发展着，学术薪火仍在绵延，火种依旧生生不息，未来的学术版图将呈现何种面貌？我们不是旁观者，我们就是当下和未来历史地理学术版图的缔造者。

---

① 顾颉刚：《顾颉刚日记》第七卷（1951—1955），联经出版事业股份有限公司，2007 年，第 352 页。

第四章 经世致用
——侯仁之历史地理学的现实关怀

一、小引

历史地理学是研究历史时期地理环境及其演变规律的一门地理学分支学科。侯仁之与谭其骧、史念海一道为现代历史地理学在中国的扎根、成长和繁荣做出了开拓性的贡献。与后二者相比，侯仁之尤其注重历史地理学理论研究，并将更新后的理论及时运用到城市历史地理、沙漠历史地理、环境变迁等具体研究实践中。关于侯仁之在上述领域内的具体实践和学术思想的探讨，已有多篇文章问世，兹不赘述。[①] 本文所要探讨的是指导侯仁之学术实践的思想

[①] 参见韩光辉《侯仁之先生对历史地理学的贡献》（《地理与地理信息科学》，1991年第4期）、《侯仁之》（载《中国现代科学家传记（1）》，科学出版社，1991年）、《锲而不舍，锐意进取——记侯仁之教授治学精神》（《历史地理》第10辑，上海人民出版社，1992年）、《从沙漠历史地理考察到环境变迁研究——侯仁之先生的学术实践》（载吴传钧，施雅风主编《中国地理学90年发展回忆录》，学苑出版社，1999年）、《侯仁之先生对北京城市历史地理研究的重大贡献》（《中国历史地理论丛》2001年第4期，第一作者为尹钧科）；辛德勇《侯仁之先生对于我国历史城市地理研究的开拓性贡献》（《中国历史地理论丛》，1990年第4期）；阙维民《现代中国历史地理学的建立与发展——兼论侯仁之〈历史地理学四论〉》（《北京大学学报》，1996年第3期）等文章。

基调。

对于这一命题,已有研究指出:"在侯仁之60年的学术历程中,有两个非常突出的指导思想贯彻始终。一个是顾炎武的'经世致用'思想,具体体现在学术研究上,就是要让学术研究为社会现实服务。这个思想在他的学术历程中出现得最早,是促使他的研究兴趣从历史学转向地理学的直接动因,并一直影响到他以后的学术实践活动。"[1] 然而该研究侧重于对侯仁之另外一个指导思想——"环境变迁"思想的深入探讨,相比而言,对"经世致用"思想的探讨稍显薄弱。

如今谁要在学术研究中呼吁"经世致用",似乎是要遭学界同人低看一眼的,尤其是在人文科学领域。西方哲人早就说过:"学问底本身并不教人如何用它们;这种运用之道乃是学问以外,学问以上的一种智能,是由观察体会才能得到的。"[2] 看来,学问的应用从来就是个超乎学问本身的哲学命题。王国维曾说过:"故欲学术之发达,必视学术为目的,而不视为手段而后可。"[3] 可是,他最终自沉湖底的命运则证明,其学术生涯始终不可能摆脱政治、社会等诸多因素的羁绊。在舆论氛围宽松的当下,历史地理学者可以开诚布公地宣扬"学问的东西不管有没有用。很多人以为我们在做无用的学问,帮我们说话,说无用有大用。我不完全赞同这个观点,学问是不管有没有用的,不是说因为'无用有大用',我们才去做,学问的关键就是我们要去解决它,要去弄清楚其中的是非,

---

[1] 邓辉:《论侯仁之历史地理学的"环境变迁"思想》,《北京大学学报(哲学社会科学版)》,2002年第3期。
[2] [英] 弗·培根著,水同天译:《培根论说文集》,商务印书馆,1983年,第180页。
[3] 王国维:《论近年之学术界》,载谢维扬、房鑫亮主编:《王国维全集》第1卷《静安文集》,浙江教育出版社,2009年,第123页。

这才是最重要的。"① 这句话退回到三四十年前,恐怕没有人敢说,更不可能得到青年学子的喝彩声。如若不信,请看下面这番言论:

> 个人自由主义表现在研究学术上,就是"为研究而研究"、"为学术而学术"的态度。他们认为研究学术是社会上最清高的事业,他们的研究,以个人兴趣为转移,从没有想到这种研究是不是符合人民的需要和利益。有些人,虽则标榜是为了追求真理,而实际仍是为着个人的名利。②

此时,"为学术而学术"是一种要被彻底肃清的资产阶级腐朽思想。而就是在这种背景之下,中国历史地理学开启了它蹒跚学步的历程。无论是谁,也不敢把自己的学术研究置于"社会主义建设"之外。而侯仁之则以其丰富的史地科普创作,践行了其学术思想中"经世致用"的一面。其科普创作成果、活动之多,影响之大,也是与其他历史地理学研究者迥然有别之所在。

二、思想历程

20世纪30年代初,尚在山东德县(今属德州)博文中学读高中的侯仁之就表现出对国内外时局的关注,并开始写文章抒发己见。侯仁之曾撰写《从欧战印度民族的自治运动说到独立运动》一文,从文中的"关于年来非武力抵抗运动的情形,已经报告,

---

① 颜亮:《周振鹤:学问的关键是"求真",不管有无用处》,《南方都市报》,2013年7月11日。
② 雷洁琼:《美、英资产阶级思想对于高等教育的影响》,《新建设》,1951年第3期。

恕不赘述"①判断,侯仁之此前已经发表过类似主题的文章。当然,该文采用的主要是国内《东方杂志》、《北新半月刊》、《中学生》等二手资料,文章提出的自称并非"盲目的判断"的观点也显得有些稚嫩。但我们不能以学术的标准苛求侯仁之在中学时代就能独立走向学术研究道路,难能可贵的是侯仁之在撰写这些文章时体现出的关心现实、积极入世的人生态度。

此时,侯仁之的国文成绩优秀,不仅名列高中组第一名,获得过学校专设的年度国文奖金,而且因名列全校第一而被奖励一份全年的《东方杂志》。《东方杂志》是中国近现代史上最具影响的大型综合性期刊,内容宏富,被誉为"杂志的杂志"。阅读这些优秀课外读物,对侯仁之形成关注现实、积极入世的人生态度理应起到促进作用。侯仁之在中学时代就比较活跃,在撰写文章的同时还曾担任过校刊《博文季刊》的编辑部主任(图4—1)。

1931年,侯仁之考入燕京大学历史系。在燕京大学读本科和硕士期间,侯仁之师从洪业、顾颉刚和邓文如三位著名历史学家,受过严格的历史学训练,对于传统史学、沿革地理的研究并非外行。而且,侯仁之的学术生涯也是以传统史学和沿革地理研究为起点。民国二十七年(1938年)三月二十七日,侯仁之写成《明代宣大山西三镇马市考》②,该文考证了明代马市的起源以及上述三镇在嘉靖、隆庆朝的马市状况,是一项传统史学考据之作。民国二十七年(1938年)四月二十一日写成的《王鸿绪明史列传残稿——明史刊成二百周年纪念》③是侯仁之唯一一篇史学史论文。该文通过史料排比,推理论证,探讨了王鸿绪之明史稿、万斯同之

---

① 侯仁之:《从欧战印度民族的自治运动说到独立运动》,《博文季刊》,1931年2月第2~3期。
② 侯仁之:《明代宣大山西三镇马市考》,《燕京学报》,1938年第23期。
③ 侯仁之:《王鸿绪明史列传残稿——明史刊成二百周年纪念》,《燕京学报》,1939年第25期。

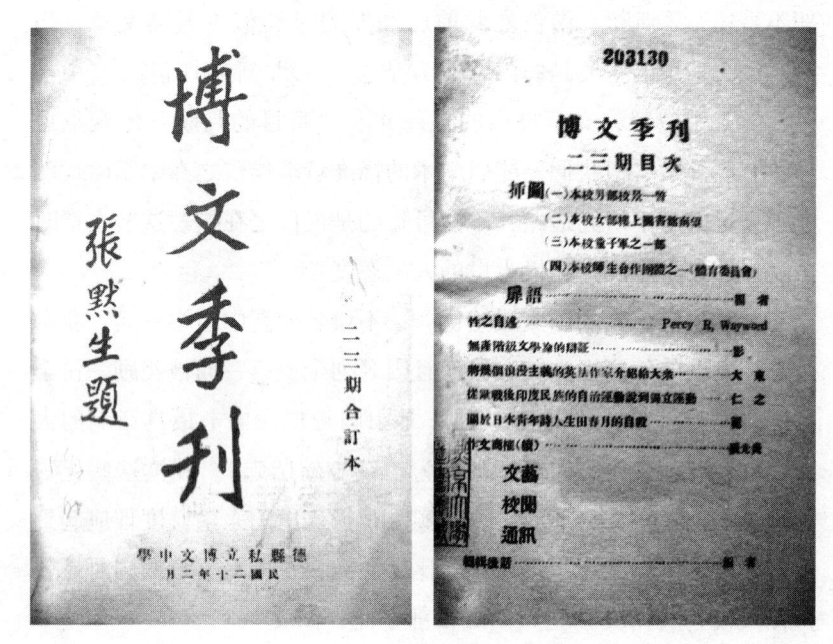

图4—1 《博文季刊》书影

明史稿和明史列传残稿的关系,也是一篇纯正的传统史学考据论著。发表于《燕京学报》(1946年第30期)的《北平金水河考》更是一篇文献考据色彩浓厚的沿革地理研究论著。

民国三十三年(1944年)十一月写成的《天津聚落之起源》探讨了直沽地方之开关、天津肇建之经过、初期聚落之发展三个专题,提要中称该文的主旨在于"探本求源,剥落天津近代都市之外形,而还其土著之本原。盖非如此不易观察天津地方所受地理环境之影响也。以言天津都市地理之研究,则此为初步耳"①。虽然作者探讨天津聚落的起源,主要着眼于运河、陆路、海运交通等地理因素的影响,表现出对地理要素的关注,堪称是后来研究北京聚落起源的早期演练,但此时侯仁之学术研究的路数主要还是沿革地

---

① 侯仁之:《天津聚落之起源》,天津工商学院,1945年,第1页。

理,考据色彩远多于地理学阐释。此外,侯仁之在该书自序中还提到自己曾写过《金口河考》、《通惠河考》等传统史学考据文章。此间,天津工商学院新设女子文学院史地学系,意欲约侯仁之为系主任。① 虽然此事无果而终,但也表明此时侯仁之依靠其在沿革地理和传统史学上的研究成果,已在史学界有了一定的影响。按照这一方向发展下去,侯仁之也可以在史学界安身立命。

但侯仁之并未沉醉于考据色彩浓厚的传统史学和沿革地理研究之中。就读燕京大学期间,他在课外阅读中"开始受到清初学者顾炎武'经世致用'这一学术思想的极大影响,也为他所倡导的'国家兴亡、匹夫有责'的教导而深受感染。"② 众所周知,顾炎武是明清之际具有鲜明经世致用思想的著名学者,他反对宋明理学空谈心性的流弊,梁启超曾称顾炎武"标'实用主义'为鹄,务使学问与社会之关系增加密度,此实对于晚明之帖括派、清谈派施一大针砭"③。顾炎武的不少著述(尤其是《天下郡国利病书》)大都是实地考察和文献考索相结合的产物。然而,侯仁之接近、了解并接受顾炎武经世致用思想影响,还得归功于著名历史学家洪业的引导。侯仁之在《续〈天下郡国利病书〉山东之部》一文的序言中讲道:

> 民国二十三年秋,余以选择大学本科论文题目,就教于洪煨莲师。质以兴趣之所在,贸然以地理对。盖余时方嗜读斯坦茵及斯文赫定诸氏西域探险之书,尝梦游于敦煌、楼兰间,以为我之职志,亦当在此。然冥冥之想,未

---

① 侯仁之:《〈洪业传〉读后题记》,《燕京学报》新二期,北京大学出版社,1996年,第413页。
② 侯仁之:《作者小传》,载《侯仁之文集》,北京大学出版社,1998年,第443页。
③ 梁启超:《清代学术概论》,上海古籍出版社,1998年,第12页。

> 敢为吾师告也。师稍凝思而矍然告余曰：'盖取亭林先生《天下郡国利病书》而续之乎？汝鲁人也，我校图书馆于有清以来山东方志，收罗最富，不妨即就其原书，先取山东一省，以为续修之尝试。'余受命，衷心跃然，不能自已。及归，急取其书，通加浏览，首尾数十册，不日而尽。然头绪万端，茫然似无所获。独原序，虽寥寥念余言，而感我实深。反复吟诵，而后叹三百年前之言，似尤为今日而发也。续修之志，由是乃决。

可见，首先打动侯仁之的不是顾炎武的学术成就，而是序言中体现的治学精神。换言之，侯仁之在续写《天下郡国利病书》（图4—2）之前，首先继承了顾炎武经世致用的治学精神。

在校阅《天下郡国利病书》的过程中，侯仁之"于论黄论运诸篇，尤有兴会。因首取清初河防书志，漫加涉猎，一时兴趣，反为所夺"，于是暂时搁置续修《天下郡国利病书》之议，以民国二十五年（1936年）六月以《靳辅治河始末》为题完成了学士毕业论文。侯仁之进入燕京大学研究院之后，"基本考试既毕，复商之煨莲师，仍请以续修《利病书》为研究论文题目。并以就教于邓文如师。师曰善，且教之曰：'亭林之作《肇域志》所以为古，《利病书》所以为今。而后者尤略于嘉靖之前，详于隆万之后，盖取经世之作也。且其书亦待整理，尔试先为之序。'余唯唯而退。"邓文如肯定了侯仁之续修《天下郡国利病书》的价值，而这次请教则应加深了侯仁之对顾炎武《天下郡国利病书》中"经世致用"思想的认知。硕士论文写毕，侯仁之业已明确认识到"或谓亭林经世之学不如经史者，尤属隔膜之论"。可见，此时侯仁之已经认同了顾炎武的经世之学，并自称："置身其时而读其书，然后可以澈然大悟于先贤之忧深而虑远者，正非承平时人所可道也。续为此

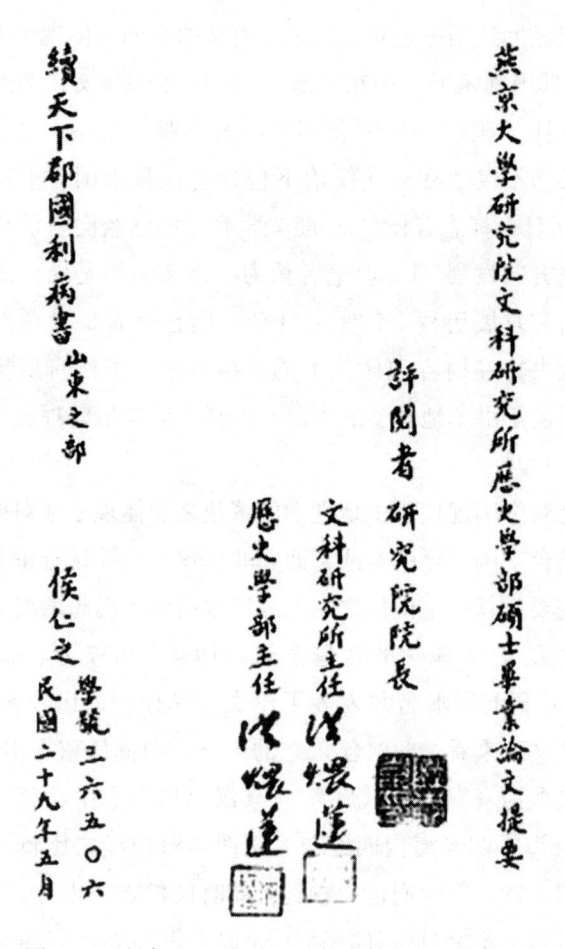

图 4—2 侯仁之《续〈天下郡国利病书〉山东之部》

编,非不自量,要在求其之所当知,续貂之讥,何敢措意。"①侯仁之续修《天下郡国利病书》正值抗战军兴,此时北京已落入日寇之手,亡国之忧胜于亭林之世,以亭林之思,续亭林经世之学,就是侯仁之当时的为学心路。

---

① 侯仁之:《续〈天下郡国利病书〉山东之部》,燕京大学研究院文科研究所历史学部硕士学位毕业论文,1940年,第1页。

顾炎武经世致用思想对侯仁之最直接的影响正体现于硕士论文《续〈天下郡国利病书〉山东之部》（1941年，该文作为燕京大学哈佛燕京学社《燕京学报专号》第19号出版）之中。这篇论文具有双重意义，不仅"在敌伪统治下包含着挽救祖国、重建家园的思想"①，而且也标志着侯仁之的"学术思想已经向着历史时期地理学的研究方向发展"②。但笔者认为，该文固然是侯仁之历史地理学学术研究发展历程上的重要环节，但它首先是对顾炎武《天下郡国利病书》在内容和体裁上的直接继承，虽然有所扬弃，然毕竟仍未脱胎于沿革地理学的窠臼，资料上的爬梳整理胜于精辟的一家之言。

侯仁之对中国现代历史地理学的肇建之功体现于他对西方理论的引介和结合中国实际的实践，而并非体现于这篇硕士论文。这篇论文的最主要贡献在于侯仁之本人经世致用学术思想的发展，而不是促进中国历史地理学的普遍演进。1934~1937年，侯仁之在《禹贡》半月刊上署本名共发表了论文、译作、通讯及杂著凡13篇。从这些文章来看，此时侯仁之的治学方向尚停留在沿革地理，发表的论文多为《燕云十六州考》、《汉书地理志中所释之职方山川泽寖》、《海外四经海内四经与大荒四经海内经之比较》等沿革地理的考据文章。但我们也须看到，此时侯仁之并未被"故纸堆"湮没，除考据文章之外，还撰写了《记本年湘鄂赣皖四省水灾》、《河北新村访问记》、《萨县新农场及其新村》等直接关乎国计民生的文章，字里行间透露出对现实社会的密切关注。

1949年新中国成立之后，侯仁之曾对顾炎武的地理学思想进行过研究，并将之称为"把地理研究作为政治斗争工具的启蒙运

---

① 侯仁之：《我从燕京大学来》，载《晚晴集——侯仁之九十年代自选集》，新世界出版社，2001年，第39页。

② 侯仁之：《作者小传》，载《侯仁之文集》，北京大学出版社，1998年，第444页。

动思想家"①。在其主编的《中国古代地理学简史》中也有专门进行论述,可见顾炎武经世致用思想对侯仁之影响之深远。直到晚年,侯仁之还明确表示"顾亭林经世致用的思想深刻地影响着我"②。几年前,适逢世纪之交,侯仁之开始认真思考"我作为一个科学文化领域里的工作者,我的'学术观念'是怎样的呢?我所处的时代的思想烙印又是怎样的呢?"思考的结果是:"我在心灵深处所接受的我的师长所给予我的亲切教导,以及明清之际的几位学者志士如徐霞客(徐宏祖)、顾炎武(顾亭林)和陈潢所给予我心灵深处的深刻影响。"③ 其实,徐霞客、顾炎武、陈潢三人的排序应当只是按照生卒年代排列的,对侯仁之学术思想影响最为深刻的无疑当为顾炎武。

1946年夏,侯仁之在洪业的安排下赴利物浦大学研修地理学,师从英国当代历史地理学的奠基者之一达比。在此期间,侯仁之接受了达比的历史地理学思想。在现代历史地理学理论和方法的指导下,侯仁之的学术研究由沿革地理转为历史地理,进入北京历史地理研究的新领域,并且"认识到把我国具有悠久历史传统的疆域变迁和政区沿革史的研究,进一步发展为历史地理学研究是有广阔前途和重要现实意义的"④。

侯仁之学成归国之后,任燕京大学教职。撰写于1950年6月28日的《中国"沿革地理"课程商榷》是侯仁之回国后较早发表的文章,也堪称其告别沿革地理,走入现代历史地理学研究的宣言书。从文章内容判断,此时侯仁之不仅接受了现代历史地理学思想,而且业已接受新中国"辩证唯物论"的思想教育。因此,在

---

① 侯仁之:《中国古代地理学简史》,科学出版社,1962年,第67~70页。
② 侯仁之:《晚晴集——侯仁之九十年代自选集》,自序第2页。
③ 王毓蔺编:《侯仁之学术文化随笔》,中国青年出版社,2001年,跋第269~270页。
④ 侯仁之:《作者小传》,载《侯仁之文集》,北京大学出版社,1998年,第444页。

澄清"沿革地理"与"历史地理"的区别，并树立后者在学术研究上的独立地位之后，侯仁之进一步指出"历史地理"学术研究可以使人们认识到"历史—真正的历史—走入与自然斗争的历史，乃是劳动人民所创造的"，从而"历史地理"在"贯彻政治思想的教育上也是非常重要的"。① 摒弃政治宣传的浮华之后，我们发现的乃是以历史地理学研究为现实社会服务的经世致用热忱。

侯仁之采用现代历史地理学理论方法实现经世致用治学思想的第一次实践就是1951年发表的《北京海淀附近的地形、水道与聚落》一文②，该文对海淀地区的地理条件和发展过程做了梳理，展望了海淀的未来，对人民首都文化教育区建设和海淀镇规划具有重要的参考价值和现实意义。单从历史地理学研究角度考虑，侯仁之从分析地形和水道等地理要素入手，在文中熟练运用地图这一地理学第二语言，是对历史地理学的成功实践。但从践行经世致用学术思想的角度来看，这也是回国以后侯仁之的首次具体实践。

侯仁之于1955年2月写成的《北京都市发展过程中的水源问题》则是对经世致用学术思想的继续实践。该文的出发点是北京"如何胜利解决水源问题"，为此，侯仁之运用历史地理学的观念和方法，"把过去长时间内随着北京都市的发展而进行的一系列的开辟水源的工作，作一终结性的检查，并为今后的工作提供必要的参考"。在此基础之上，文章提出了首都水源开发的远景，论证了以昆明湖为水库，引永定河、潮白河和"北京湾"西北部一切泉流，作为永无匮乏的北京都市地上水源的构想的合理性③。

单从文章本身看，我们无法确定该引水方案是否为侯仁之首

---

① 侯仁之：《中国"沿革地理"课程商榷》，《新建设》，1950年第11期。
② 侯仁之：《北京海淀附近的地形、水道与聚落》，《地理学报》，1951年第1~2期。
③ 侯仁之：《北京都市发展过程中的水源问题》，《北京大学学报》（人文科学），1955年第1期。

创,但侯仁之的这篇文章还是真正做到了用学术研究服务经济建设的目的。这篇文章发表在1955年《北京大学学报》(人文科学)创刊号上。时任北大校长马寅初在《发刊词》中宣称此时"北京大学的社会科学工作者和自然科学工作者依照'科学服务于经济建设文化建设'的方针,在他们的岗位上,不再仅从个人兴趣出发,而极愿把自己的科学研究工作去配合国家的实际需要。学院式的生活,将成为过去的陈迹了"①。该创刊号刊发的11篇正式论文中,除了6篇政治宣传色彩浓厚、学术意味淡薄的批判文章,只剩下5篇较为纯正的学术论文。而通观这5篇论文,也只有侯仁之的论文最明显地、最恰切地体现了"科学服务于经济建设文化建设"的方针。至此,我们可以说侯仁之经世致用的学术思想已经成型,并成为指导他此后学术研究前进的思想基调。

三、走出书斋

历史地理学是一门有用于世的学问,这种用途既包括单纯学术意义上的求真,促进文化事业的进步,又包括对社会发展的直接推动作用。在经世致用学术思想的指导下,侯仁之的历史地理学研究为学术的"象牙塔"带来了知识增量。但更重要的是,在产生知识增量的同时能对社会发展起到促进作用。侯仁之正是以其历史地理学研究为新中国的建设发展出谋划策。

通观侯仁之的历史地理学研究历程,可分为历史地理学理论、城市历史地理、沙漠历史地理(后来升华为环境变迁)三个方向。侯仁之对历史地理学理论的建设不仅是从学理上,而且着眼于它对社会的有用性,这在著名的"历史地理学四论"中有着明显的体现。

---

① 马寅初:《发刊词》,《北京大学学报》(人文科学),1955年第1期。

1962年发表的《历史地理学刍议》中指出"历史地理学若干方面或若干专题的研究,也必然直接有助于生产斗争的胜利进行",并举历史水文和城市历史地理研究为例。① 1979年发表的《历史地理学的理论与实践》一文则拓展了历史地理学的研究时限,与自然环境发展史对接,并指出"这不仅具有重大的哲学意义,而且对于当前改造自然、利用自然的实践,也有重要的指导意义"②。文中指出的北京地区历史地理和西北干旱区历史地理考察这两个具体研究方向,实际上也成了侯仁之贡献最为卓著的研究方向。

1992年发表的《再论历史地理学的理论与实践》一文根据历史地理学理论新发展的需要,并响应"地球表层与人地关系的调控研究"这一重大基础性课题的要求,把研究重点调整到"为进一步探讨北京地区近千年来人地关系的必要参考"的《北京历史地图集》编绘和对潮滦链进行多学科地球表层学系统研究上,"从而为整个地区的规划建设作出本学科应有的贡献"。③ 1993年发表的《历史地理学研究中的认识问题》强调对"人地系统的地域变化规律及其特征"的研究要在时序性上扩大到不同社会发展阶段,不言而喻这就涉及历史地理学的研究领域,并再次强调"地理学的研究,归根结底就是要为未来的发展和建设,提供人地关系在发展中的合理建议和对策"④。历史地理学作为地理学的分支,毫无疑问也具备这种经世致用的价值。

---

① 侯仁之:《历史地理学刍议》,载《历史地理学的理论与实践》,上海人民出版社,1979年,第8页。
② 侯仁之:《历史地理学的理论与实践》,载《历史地理学的理论与实践》,上海人民出版社,1979年,第20页。
③ 侯仁之:《再论历史地理学的理论与实践》,载《历史地理学四论》,中国科学技术出版社,1994年,第29页。
④ 侯仁之:《历史地理学研究中的认识问题》,载《历史地理学四论》,中国科学技术出版社,1994年,第37页。

综上所述，侯仁之的历史地理学理论建设时时不忘历史地理学对现实社会发展的实际功用，这也就决定了侯仁之在其他历史地理学研究领域内对经世致用思想的坚持和实践。概言之，侯仁之善为有用之学。

（一）学术实践

侯仁之于 1957 年和 1958 年分别发表了《历史时期渤海湾西部海岸线的变迁》①和《历史上海河流域的灌溉情况》②，两文均是为当时中央水利部北京勘测设计院拟定海河流域规划提供参考的经世致用之作，文章的结论对水利工程的科学布置具有重要的现实意义。虽然侯仁之对上述命题也有所用心，但其历史地理学研究的具体实践则主要集中在城市历史地理和沙漠历史地理研究两个方面。

1. 以北京为中心的城市历史地理研究

侯仁之燕京大学历史系本科毕业后，曾兼任顾颉刚"古迹古物调查实习"课的助教，为学生现场实习准备参考资料。侯仁之自称"早就对北京这座历史文化名城发生了兴趣。这时参考资料的写作更进一步增加了我自己对北京古城的一些认识"③。由此侯仁之走上了研究北京史地之途。1949 年，侯仁之以《北平历史地理》(An historical geography of Peiping) 一文在利物浦大学获得哲学博士学位。侯仁之正是以北京城市的研究起步，正式步入现代历史地理学的新天地。1950 年，时任燕京大学教授的侯仁之应梁思成之邀到清华大学建筑系兼任市镇地理基础课程，不久又被任命为

---

① 侯仁之：《历史时期渤海湾西部海岸线的变迁》，《地理学资料》，1957 年第 1 期。
② 侯仁之：《历史上海河流域的灌溉情况》，《地理学资料》，1958 年第 2 期。
③ 侯仁之：《作者小传》，载《侯仁之文集》，北京大学出版社，1998 年，第 443 页。

北京市人民政府都市计划委员会委员，这两件事被侯仁之视为自己"研究北京城市历史地理的新起点"①。此后，侯仁之的北京城市历史地理研究大都是在经世致用思想指导下进行的，从海淀园林开发研究到城市水源问题，从复原城内核心区古河道到《北京历史地图集》编绘，从元明清北京城的规划到旧城平面设计的改造，从天安门广场的改造到北京城市规划建设中的三个里程碑，如此种种，概莫能外。同样，这些研究都是学术研究积极参与社会经济文化建设，社会经济文化建设促进学术发展的例证。近年来，侯仁之对莲花池、万宁桥的保护与恢复所做的工作更是成功范例。试问，如果没有对北京城市历史地理的熟稔，焉知它们在北京城市发展中的重要性？如果没有强烈的经世致用意识，又怎么会注意那些即将消失于城市化进程中的历史文化遗存，并为之大声疾呼呢？

侯仁之城市历史地理的研究并不局限于北京，而是拓展到国内其他城市。20世纪70年代中后期，尚未走出"文革"阴影的侯仁之就结合邯郸、淄博、承德、芜湖等地的城市规划，对上述城市进行了城市历史地理学研究。同对北京城的研究一样，这些研究都是直接服务于现实社会需要的经世致用之作。而且，每篇文章都不仅仅局限于城市时空过程的复原，还根据城市历史发展的特点和现状，对未来城市规划建设提出针对性意见。以承德为例，这是1975年北大地理系首次独立承担的城市总体规划。"以侯仁之院士为首的规划组，运用历史地理学的理论方法以及劳动地域分工的理论，多方面论证了承德风景旅游城市的性质，并在规划中提出了保护历史文化名城的措施。这些建设性的意见当时虽然遇到重重阻力，但最终被实践证明是完全正确的。"②

---

① 侯仁之：《北京——知之愈深，爱之弥坚》，载《奋蹄集》，北京燕山出版社，1995年，第7页。

② 董黎明：《中国的地理学与城市规划——回顾与展望》，载《城市土地利用与规划》，科学出版社，2012年，第51页。

根据上述实践经验，侯仁之撰写《城市历史地理的研究与城市规划》一文进行理论总结，文章在阐明了城市历史地理的几个主要问题后，指出结合城市规划的要求，进行城市历史地理研究尤其是当务之急，这对负责城市规划和城建部门的专业人员和人民群众都是实际需要的。① 后来，侯仁之发表的《从天安门广场看北京旧城改造》、《城市规划应该体现社会主义的时代精神》、《试论北京城市规划建设的两个基本原则》、《北京城市发展中的三个里程碑》都是对现实城市建设有着重要指导意义的经世之作，在此恕不详述。

20世纪80年代末，侯仁之放眼全球，对华盛顿和北京进行了比较研究，"这一研究对中外城市历史地理的比较研究是一个新的突破"。在此，侯仁之不仅从学术发展角度意识到"城市历史地理的比较研究，在开展国际合作方面是有广阔前途的"，② 还强烈地意识到"他山之石，可以攻玉"，得出华盛顿城市建设可供借鉴的几例，以供北京城市规划设计之参考。③ 可见，该项研究的落脚点仍旧是为现实社会服务。

2. 从沙漠历史地理到环境变迁研究

侯仁之把"走出了安适的小书房，进入了辽阔无际的大沙漠"称为自己学术生活中十分重要的转折点。但促成这一转折点产生的首要思想动力与其说是对学科自身发展的高瞻远瞩，不如说是经世致用学术思想在当时社会背景下的又一次成功实践。侯仁之在步入历史沙漠地理研究之前，曾经对这项研究感到犹豫和茫然。贸然转

---

① 侯仁之：《城市历史地理的研究与城市规划》，《地理学报》，1979年第4期。
② 侯仁之：《作者小传》，载《侯仁之文集》，北京大学出版社，1998年，第445~446页。
③ 侯仁之：《从北京到华盛顿——城市设计主题思想试探》，《城市问题》，1987年第3期。

移到全新的研究领域，对于时间和精力同样有限的侯仁之来说是一种冒险，更何况此时侯仁之在城市历史地理等研究领域已经取得了相当大的成绩。

1958年10月至11月间，西北六省区治沙规划会议在内蒙古呼和浩特市召开。如何全面改造利用沙漠成了当时地理学界的迫切任务之一。侯仁之作为北京大学地质地理系的代表参加了这次会议。侯仁之此时虽然是刚开始接触沙漠考察问题，但却深受启发，敏锐地意识到这是历史地理学向新的研究方向拓展的有利契机。1961年年初，时任中国科学院副院长、中国地理学会理事长的竺可桢在《人民日报》上发出了"向沙漠进军"的号召，而侯仁之则以其历史地理学研究走入了陌生的沙漠研究领域。他意识到"历史地理则可有助于了解沙漠的过去，而且也只有在理解了它的过去的变化之后，才可能更好地了解它的现状。正是在这样的思想指导下，我作为一个历史地理工作者才终于下定决心，参加到沙漠考察的工作中去"①。1960~1964年，侯仁之利用暑假对宁夏河东沙区、乌兰布和沙漠和毛乌素沙地进行了实地考察。1978年，迎来"科学的春天"以后，侯仁之重新走入西北干旱区，并结合历史文献资料的利用，探索出历史地理学研究的新方向。

侯仁之在1964年发表的《从人类活动的遗迹探索宁夏河东沙区的变迁》一文以宁夏河东沙区的铁柱泉城和红山堡两处城堡废墟为例，得出"宁夏河东沙区除去少数局部的天然流动沙丘以外，其余地方原应是广大的草原。自明代中叶以后，由于沿边城堡军屯的推行，不合理的耕作，以及过度的樵采和放牧，使原来的草原，遭受了极大的破坏，其结果，正如铁柱泉城附近所见，不仅造成地方人民所说的'就地起沙'，而且在黄土发育的地区还导致了严重

---

① 侯仁之：《走上沙漠考察的道路》，载《历史地理学的理论与实践》，上海人民出版社，1979年，第45页。

的水土流失"的结论。并进而指出:"在今天,在我们有机会而且全面地利用自然、改造自然的社会主义新时代,这种盲目对待自然的情况,应该是完全可以避免的。重要的是正视过去的经验教训,避免在今后的措施中,重蹈覆辙。"①《乌兰布和沙漠北部的汉代垦区》(1965年)一文直接从生产斗争中提出的问题出发,通过对沙漠中古城废墟、古墓群和汉代垦区的研究,指出:"北部乌兰布和沙漠,主要是近两千年来所逐渐形成的,而且近几十年来其发展还有加速进行的趋势。在这一变化过程中,人类活动的影响是十分显著的,这一点必须引起重视。"②《从红柳河上的古城废墟看毛乌素沙漠的变迁》(1972年)一文通过实地考察,借助考古学上的发现和成果,并利用历史文献记载,开启了对统万城和城川古城及其周边地区自然环境变化的研究。同样,"这一研究对于全面了解毛乌素沙漠的变化,从而为利用和改造沙漠的伟大事业作出贡献,乃是十分必要的"③。《从考古发现论证陕北榆林城的起源和地区开发》(1976年)的写作也是为了"弄清事实,揭示真相,以便更好地认识和改造自然,进行社会主义建设",文章首先通过史料排比澄清了"榆林三迁"旧说的讹误,重新探讨了榆林地区早期开发和流沙来源,乐观地指出"战胜风沙的危害,榆林地区的自然面貌是完全可以改变的"④。1979年12月18日,侯仁之在"三北"防护林体系建设学术会议上作了《我国西北风沙地区的历史地理管窥》的报告,结合自己既往对沙漠历史地理考察的亲身实践,通过众多

---

① 侯仁之:《从人类活动的遗迹探索宁夏河东沙区的变迁》,载《历史地理学的理论与实践》,上海人民出版社,1979年,第68页。
② 侯仁之:《乌兰布和沙漠北部的汉代垦区》,载《历史地理学的理论与实践》,上海人民出版社,1979年,第94页。
③ 侯仁之:《从红柳河上的古城废墟看毛乌素沙漠的变迁》,载《历史地理学的理论与实践》,上海人民出版社,1979年,第59页。
④ 侯仁之:《从考古发现论证陕北榆林城的起源和地区开发》,载《历史地理学的理论与实践》,上海人民出版社,1979年,第125~138页。

环境恶化的史实,强调了对现有植被进行保护的重要性。①

《历史地理学在沙漠考察中的任务》(1965年)一文是侯仁之沙漠历史地理考察的初步理论总结,文章一方面指出沙漠考察在当时"将有力地推动历史地理这门薄弱学科的发展,这是毋庸怀疑的",肯定沙漠历史地理研究对于历史地理学学科建设和发展的作用;一方面又指出"历史地理学作为一门新兴学科,应该而且必须在沙漠考察的实践中,担当起自己光荣的任务,为沙漠的利用和改造,作出自己应有的贡献"②,强调了为社会建设服务的现实功用。20世纪90年代初,侯仁之根据新的理论,对已经开始的考察研究进行调整发展和提高,具体的沙漠历史地理考察就提升为更具普遍意义的环境变迁研究。虽然研究重点由西北干旱区转向北京地区和"潮滦链",但一贯秉承的经世致用的为学宗旨并未改变。这点前文已经提到,此不赘述。

(二) 史地科普

严肃的历史地理学研究自然是侯仁之实践经世致用思想的重要途径,但却不是唯一途径。构成侯仁之学术生涯的重要内容还包括地理学科普,这是侯仁之实践经世致用学术思想的重要途径之一。

侯仁之的学术科普,与两个人密切相关,其一是胞弟侯硕之,其二是曾任北京市副市长的吴晗。于公于私,侯仁之义无返顾地踏上史地知识科普之路。

1. 继承胞弟遗愿

侯仁之对其胞弟侯硕之怀有极深的手足之情。侯硕之就读于清

---

① 侯仁之:《我国西北风沙地区的历史地理管窥》,载《历史地理学四论》,中国科学技术出版社,1994年,第89~107页。
② 侯仁之:《历史地理学在沙漠考察中的任务》,载《历史地理学的理论与实践》,上海人民出版社,1979年,第33~40页。

华大学电机工程系，抗战爆发后，南下赴长沙临时大学、西南联合大学就读，1938年毕业。侯硕之热爱科普，1935年就有译著《宇宙之大》（图4—3）出版。

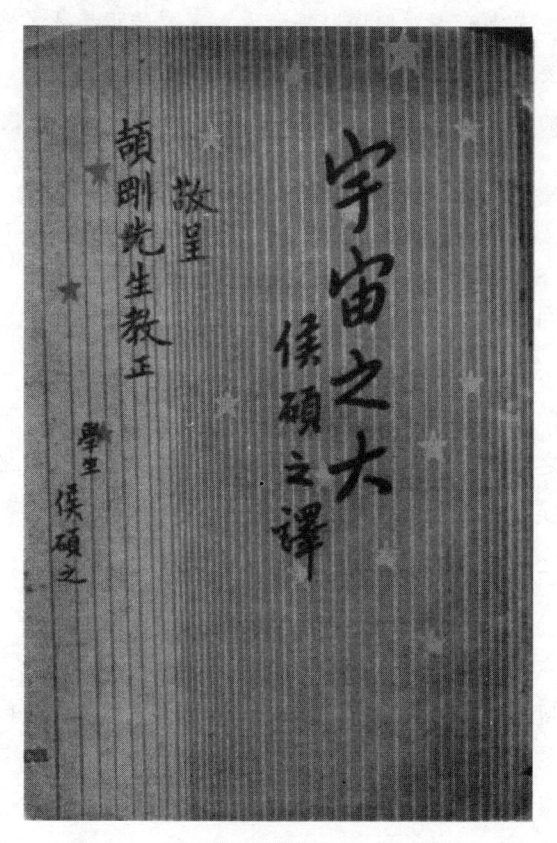

图4—3　侯硕之题赠顾颉刚《宇宙之大》

金克木与侯硕之有着共同的天文学爱好，因而在侯硕之短暂的生命结束之前与他有过两面之缘。多年后金克木回忆道：

> 第一次在清华园，他还是学生。第二次在昆明，他已经工作，只在茶馆里谈了不多的话。随后过了没有几年，我听到传说，他在去西北的路上遭遇土匪，不幸被害了。

> 五十年代初我见到仁之，才知道硕之在西北死得很惨，遇上的未必是土匪。这话大概是给他挑行李的人传出来的。他是个穷学生，孤身一人，说是去陕甘工作，怎么可能在西北荒原上有人对他谋财害命呢？究竟是谁害死了他？他究竟要去西北什么地方，要去做什么？谁也说不出。抗战时期的西北是会令人想到陕北的。难道这里面没有政治气味？[1]

一颗人世流星匆匆擦过夜空，给后人留下了一堆问号。金克木的有些疑问是可以回答的。当时侯硕之并非穷学生一个，而是蔡家坡扶轮中学的理化老师。从现有材料看，侯硕之应该不是被土匪所害，而是被凤翔师范学校某些暴徒师生谋害。

侯硕之的遇害使得侯仁之遭受极大的精神痛苦，后来在洪业的开导下，侯仁之决定继承弟弟为下一代青年写作通俗科普读物的遗愿。侯硕之对科普读物有自己的理解：

> 要写好的通俗读物，必须先有深入的研究，唯有深入，而后可以浅出，只从文字技巧上下功夫是不行的。所以愈是真正的通俗读物，愈是要由专门的学者来执笔。但是一般专家学者，又往往自诩高深，不肯为青年及一般读者作通俗的介绍，这就是真正优秀的通俗科学读物特别缺乏。而又特别需要的原因。[2]

事实上，后来的侯仁之就是以专家学者的身份，将高深的学术

---

[1] 金克木：《记一颗人世流星——侯硕之》，载《金克木集》第5卷，生活·读书·新知三联书店，2011年，第30页。

[2] 侯仁之：《〈宇宙之大〉再版序》，载《步芳集》，北京出版社，1981年，第79页。

研究转化为通俗的笔墨。

2. "好社会主义事业之徒"

说到史地知识的普及工作，民国时期，贡献最大的当属主持通俗读物编刊社的顾颉刚。之后，吴晗则是新中国历史知识普及的有力倡导者。当然，顾颉刚、吴晗二人的史地知识科普也存在关联，如白寿彝所说"吴晗同志要把历史知识交给更多的人的思想，显然是受顾颉刚先生的影响"①，吴晗也是禹贡学会会员，在其学术起步阶段，受到了不少来自顾颉刚的知遇之恩。

吴晗主持推出了中国历史小丛书、外国历史小丛书、地理小丛书、语文小丛书、中国历史常识等一系列读物。在吴晗看来，出版这些丛书的目的在于"历史、地理科学为工农兵服务、为生产服务、为无产阶级政治服务"②。在吴晗主持的系列科普工作中，侯仁之充当了助手的角色。之所以能担当这一角色，与侯仁之、吴晗的人生交集有关。"文革"期间，侯仁之被视为吴晗的"黑干将"，这从某种程度上反映出二人工作往来的密切。吴晗任北京市副市长时，侯仁之曾任北京市人民委员会委员。吴晗任全国民主青联副主席时，侯仁之也是委员。正是因为有着共同的爱好，侯仁之与吴晗都成为积极从事科普事业的"好社会主义事业之徒"③。

侯仁之在吴晗的领导下为组织集体性的科普创作做出了贡献（图4—4）。20世纪60年代初，侯仁之不仅担任"中国历史小丛书"编委会编委，还担任《地理小丛书》副主编，协助主编吴晗，

---

① 白寿彝：《把历史知识交给更多的人——怀念吴晗同志》，载《白寿彝史学论集》上册，北京师范大学出版社，1994年，第405页。

② 吴晗：《关于历史知识的普及问题——对吴晗史学工作者和高等院校历史系同学的讲话》，载北京市历史学会主编：《吴晗史学论著选集（第三卷）》，人民出版社，1988年，第153页。

③ 侯仁之：《忆吴晗同志与〈地理小丛书〉》，载《侯仁之燕园问学集》，上海教育出版社，1991年，第45页。

组织和团结任美锷、丁锡祉、林超、李春芬、曾世英、邹新垓等在各自领域内建树颇多的一流学者共同致力于地理学科普事业中。侯仁之在后来担任《中国地理丛书》主编时,突出强调的也是"希望这套书能继承我国历史上地理著作的优良传统,以进一步激发起

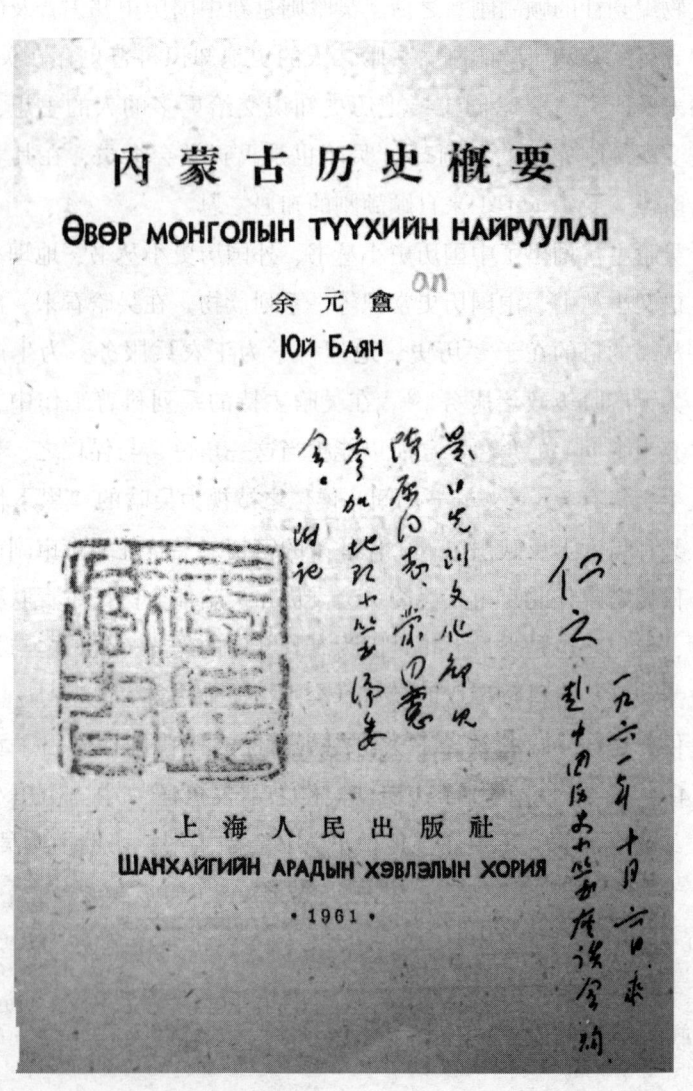

图4—4　侯仁之在藏书扉页上记载参加科普活动的情况

人民群众对社会主义新中国的爱国热情,使国际上的友人和海外侨胞从中进一步增强对社会主义新中国的认识"①。此处所指对古代地理学著作中的爱国主义优良传统的继承,实际上也就是要求《中国地理丛书》要做到经世致用。

3. 硕果累累

侯仁之回国之后就以饱满的热情投入到科普之中。1950年,侯仁之参加北京市中小学教师寒假学习委员会组织的学习讲座,在贝满高中主讲地理科,题目为"以北京为例,说明地理学的几个基本观念"(初拟题目或为《科学的地理学》)②。在北京历史学会主办的历史知识讲座上,侯仁之曾以《北京城的成长和北京的水》为题参与其中。③ 1951年,侯仁之在《中学生》杂志上发表《华北大平原》,在《中国青年》上发表《北京是一座伟大美丽的城》,这些文章理所应当都是面对青少年的科普读物。1962年1月,侯仁之为学生会举办的"星期天讲座"做了《旅行家徐霞客在科学史上的成就》报告。④ 而在北大每年的新生入学教育上,侯仁之主讲的北京历史地理更是成为"保留节目"。侯仁之还应邀多次为苏联专家讲解历史上的北京城。即便是历经了"文革"劫难,侯仁之也很快重新投入科普活动,为学生们主讲"北京城的历史和新中国成立后的改造"。20世纪90年代初期,北京大学国学研究院制作电视片《中华文化讲座》、《中华文明之光》,侯仁之亲自

---

① 侯仁之:《我国古代地理学著作中的爱国主义思想》,载《侯仁之燕园问学集》,上海教育出版社,1991年,第105页。
② 佚名:《中小学教师寒假学习会分科讲座开始》,《人民日报》,1950年2月21日;佚名:《京中小学教师寒假学习先后结束》,《人民日报》,1950年3月11日。
③ 苏双碧:《吴晗和北京市历史学会》,载王宏志、闻立树主编:《怀念吴晗:百年诞辰纪念》,中国社会科学出版社,2009年,第469页。
④ 王学珍等主编:《北京大学纪事(1898—1997)》,北京大学出版社,1998年,第580页。

上阵，录制了《北京城市规划建设中的三个里程碑》等节目，获得了良好的社会反响。

日后出版的侯仁之《步芳集》、《侯仁之燕园问学集》、《奋蹄集》等文集都是以收罗科普文章为主。例如，《侯仁之燕园问学集》原本就是出版社的《科普著作选集》之一，半数以上的文章可以列入科普一类的写作。由他担纲主编的《黄河文化》是一部综述发生和发展在黄河流域的祖国传统文化的科普读物[①]，如果追溯渊源所在，则是抗战期间萌发的撰写《黄河传》、《黄河故事》的念头。

侯仁之的地理学科普不是"炒冷饭"或者"低水平重复创作"，而是基于严肃学术研究之上的通俗化。一方面，侯仁之的科普创作是严肃学术研究的自然衍生，如侯仁之的第一部普及性作品合集《步芳集》(北京出版社，1962年)，该书校后记称"这本小集子中的小文，有的正是这些专题论文的'通俗化'"[②]。《光明日报》1961~1965年刊载的《沙行小记》、《沙行续记》则是西北干旱区历史地理考察的副产品。另一方面，科普创作又促进了侯仁之的严肃学术研究，侯仁之的徐霞客研究即是例证。纳入"中国历史小丛书"的《徐霞客》[③]一书是侯仁之在1949年后的科普著作，这也奠定了他后来继续研究徐霞客的地理学贡献乃至古代地理学史的起点。

侯仁之的科普文章和行纪绝大部分都首先发表在《光明日报》、《地理知识》、《北京日报》、《人民日报》、《旅行家》等常见的通俗报刊上，后来收入文集中。而《历史上的北京城》、《北京史话》(与金涛合作)、《燕园史话》等科普著作则单独成册出版。

[①] 侯仁之：《〈黄河文化〉序》，载《晚晴集——侯仁之九十年代自选集》，新世界出版社，2001年，第175~179页。

[②] 侯仁之：《步芳集》，北京出版社，1981年，第204页。

[③] 侯仁之：《徐霞客》，中华书局，1961年。

即便在晚年,仍有《北京城的起源与变迁》(与邓辉合作)这样"一部最新而又系统、全面地介绍北京城市历史地理学研究成果的通俗读物"[①] 问世。

应当说,侯仁之的科普创作是成功的。《历史上的北京城》在1962年5月由中国青年出版社初版,第一次印数就有35000册。1980年修订后再版,到1982年4月第3次印刷时印数已经达到80000册,可见该书受读者的欢迎程度。《北京史话》曾获得"爱国主义历史读物优秀奖",后来又被改译成多种外文版。1984年1月,鉴于在地理学科普事业上的杰出贡献,侯仁之在中国科普创作协会第二次会员代表大会上同华罗庚、茅以升、贾祖璋、钱学森等17位对繁荣科普创作卓有贡献的老一代科学家和科普作家一起受到表彰,并被推选为中国科普创作协会的荣誉会员。

综上所述,侯仁之在为中国地理学知识的普及事业中起到了积极的推动作用,而经世致用思想则是将侯仁之的地理学科普创作和学术研究二者联为一体的纽带。

四、现实关怀

侯仁之的经世致用思想不仅体现在学术研究和科普创作中,而且还贯彻于社会活动之中。在留学期间,侯仁之曾任留英中国学生会副主席。回国后,侯仁之曾担任北京市人大代表、全国政协委员、中华全国青年联合会常委等社会职务。担任上述社会职务,一则体现出侯仁之积极入世,关注现实的责任感;一则为侯仁之跨出学术圈,为社会经济文化建设直接建言献策提供了广阔的平台。

1950年4月,时任燕京大学教授的侯仁之被任命为北京市人民政府都市计划委员会委员。该委员会直属市政府领导,负责城市

[①] 侯仁之、邓辉:《北京城的起源与变迁》,中国书店,2001年,第162页。

规划和重要建筑物的设计审查工作。1981 年 6 月，侯仁之又当选为北京市文物古迹保护管理委员会主任委员，该委员会由市政府领导，负责全市文物古迹的保护和管理工作。侯仁之参与上述机构，无疑是经世致用思想的另一种实践方式。而且，侯仁之担当的角色绝非单纯的行政官员，而是学术研究在政治领域的合理延伸。这种延伸收效最为明显的一例则是侯仁之对中国世界遗产申报工作的开拓性贡献。

上世纪 80 年代初期，侯仁之多次应邀赴美国讲学和访学研究，有机会了解到联合国教科文组织（UNESCO）和《世界遗产公约》。回国后，侯仁之在 1985 年 4 月的全国政协会议上提交了由他起草，并联合阳含熙、郑孝燮、罗哲文签名的《建议我政府尽早参加〈世界文化和自然遗产保护公约〉提案》，随后又在《文物》杂志上发表文章，表达了对我国政府早日批准世界遗产公约，并争取加入世界遗产委员会的殷切希望。①该提案被送达全国人大，引起重视，次年 11 月，全国人大常委会批准我国加入公约。1987 年 10 月，侯仁之作为首批中国专家应邀参加国际文物古迹保护大会（由世界遗产委员会的顾问机构 ICOMOS 举办），并做了《新时代的古长城》(The Ancient Great Wall in a New Era) 的报告。

毫无疑问，侯仁之是中国世界遗产工作的先行者。2005 年 12 月，值中国加入联合国教科文组织《保护世界文化和自然遗产公约》二十周年之际，侯仁之被授予政协会徽纪念牌，以表彰其在中国世界遗产保护上的功勋。严格地说，侯仁之不是专门从事世界遗产或文物保护的本行，但他能走出专业的局限，在其他领域获得开拓性成就，其基本驱动力还是持之以恒的经世致用思想。

---

① 侯仁之:《万里长城》，载《侯仁之燕园问学集》，上海教育出版社，1991 年，第 128~129 页。

五、当下意义

现代历史地理学在中国的肇建至今已有半个多世纪。在世纪之交，多有学界中人撰写回顾和展望中国历史地理学发展的文章。有学者把历史地理学当作是历史学最年轻的分支之一，在罗列了诸多历史地理学可以提供决策咨询的方面之后，着力探讨了"历史地理学如何为现实服务"这一亟待解决的问题，文章认为"作为一门科学，历史地理学的根本任务是学科本身的发展，而不是如何适应现实的需要。一味迎合现实需要和片面强调现实的需要，必定会影响学科的正常发展，甚至完全违背科学规律。"① 此论是在对历史地理学一个世纪发展历程审视的基础上得出的，应该说这种担忧是完全必要的。

但如果人为割裂现实需要和学科本身发展的联系，各执一端则是不恰当的。过于强调为现实服务或将导致历史地理学的畸形发展，但过分强调历史地理学学科的自身发展，而置现实社会对历史地理学的需要于不顾，只能使历史地理学发展成为部分学者书斋里的"案头清赏"。历史地理学学科发展方向理应在于既适应现实社会需要，又契合学科自身发展要求的领域。综观侯仁之的学术生涯，他不仅积极地进行历史地理学理论探索，推动学科自身建设，还将学科发展与现实社会需要结合起来，为后世学者提供了值得借鉴的典范。上世纪80年代初，侯仁之在审视当时我国历史地理学发展的主要趋势时特别强调了"联系实际的方向"，并且明确指出"只要坚持密切联系实际的正确方向，历史地理的研究，无论在哪

---

① 葛剑雄、华林甫：《二十世纪的中国历史地理研究》，《历史研究》，2002年第3期。

方面，都可以得到迅速发展，并为社会主义的现代化，作出应有的贡献。"① 而侯仁之在历史地理学研究、科普创作以及现实关怀等领域的卓越贡献，正是在经世致用思想的指引下，将学术研究与现实需要密切结合的结果。

经世致用思想虽非侯仁之首创和独有，但却是侯仁之学术生涯的鲜明特征。秉承和发掘经世致用这一本土思想资源，对于我国历史地理学的健康发展无疑是必要的。在学术研究氛围日益昌明的今天，历史地理学研究自然可以避免不必要的政治说教和思想标签，维护其学术上的纯正性。但不能因为标榜历史地理学研究的纯正性而将该学科与社会经济文化建设绝缘。历史地理学的发展有其多元化的发展方向，而社会经济文化建设也包含众多的主题，积极寻求二者之间的结合，在实现历史地理学学科良性发展的同时，达到历史地理学社会效益的最大化，这无疑应是探索我国历史地理学发展方向时应该考虑到的。

---

① 侯仁之：《近年来我国历史地理学发展的主要趋势》，《地理学报》，1983 年第 2 期。

第五章 何枝可依
——基于课程、专业、系科设置的中国历史地理学史

一、小引

教育与学术存在着密不可分的关联,这是显而易见的事实。作为现代学术体制一部分的历史地理学,其发展过程与中国高等教育史相始终。无论是传统的沿革地理,还是现代学科意义上的历史地理学,其研究人员、机构、刊物和社团主要依托于高等教育体制而运行。

作为科学门类之一的历史地理学,其"科学变化也涉及大学系科、职位委派、学术团体、出版社、教学课程和其他的科学家在那里担任重要角色的机构"[①]。不难看出,历史地理学与高等教育存在着密切关联。没有往日的燕京大学、东南大学及现今的复旦大学、北京大学、陕西师范大学等高校,历史地理学的发展肯定会陷于"无枝可依"的境地。对于历史地理学的发展阶段而言,其

---

① [英]约翰·齐曼,刘珺珺等译:《元科学导论》,湖南人民出版社,1988年,第137页。

"体制化过程的最后阶段是使这门学科纳入教育的课程体系"①。不能被教育体制中的专业和课程设置所接纳，历史地理学的发展将失去生存的土壤和进一步提升的基石。因此，基于中国高等教育史对历史地理学的发展作一梳理，无疑更加有助于认清中国历史地理学的既往发展脉络，从而有益于对学科当前和未来发展趋势作出预判。

从教育学研究的角度来说，按照教育外部关系规律，"教育要受社会的经济、政治、文化所制约并对经济、政治、文化的发展起作用，从而对整个社会的发展起作用"②。学术当然属于制约和影响教育的外部因素。既然教育与学术存在相辅相成的互动关系，那么同样也可将教育视为制约和影响学术发展的外部因素。从宏观的教育方针、政策、体制到微观的课程和专业设置、培养方案制定实施，无不对学术的发展起着导向性作用。

1949年以前，由顾颉刚培养的历史地理学萌芽就与高等教育体系密切相关。若无中国地理沿革史课程在燕京大学、北京大学、辅仁大学的开设，便不会有刊登学生习作的《禹贡》半月刊以及"同声相应，同气相求"的学术同仁团体禹贡学会。1949年以后，作为高等教育体系一部分的历史地理学，其发展契机与制约瓶颈，都可以从高等教育的发展中找到对应点。当我们今天很自然地把"历史地理学"与谭其骧、复旦大学联系在一起时，也应该想到若没有教育史上浙江大学、暨南大学的变故，历史地理学可能就不会在沪上"一枝独秀"。当我们今天名正言顺地以"历史地理学"之名进行时空求索时，不能不想到发表于1950年的《"中国沿革地理"课程商榷》一文所起到的正名之功。由此可见高等教育体制

---

① ［英］约翰·齐曼，刘珺珺等译：《元科学导论》，湖南人民出版社，1988年，第138页。

② 潘懋元：《教育基本规律及其在高等教育研究与实践中的运用》，载《潘懋元论高等教育》，福建教育出版社，2000年，第143页。

中宏观的院系调整和微观的课程改革，对于学术发展所起到的基础性作用。

中华人民共和国成立之后高校设置专业发端于 1952 年。1963 年发布的《高等学校通用专业目录》和《高等学校绝密和机密专业目录》是第一次国家统一制定的高等学校专业目录。改革开放以迄 1998 年，国家三次大规模调整普通高校本科专业目录。近期，教育部又颁布了《普通高等学校本科专业目录（2012 年）》及本科专业设置规定。在过去的五六十年中，中国普通高校的专业设置种类和数量变动较大（图 5—1），其中的变迁就有历史地理学的参与。自实施《中华人民共和国学位条例》的 1981 年至 2006 年，国家共批准 10 批博士和硕士学位授予单位及其学科、专业名单。其中，于 1983 年、1990 年、1997 年、2011 年进行了四次学科目录调整，最终形成《学位授予和人才培养学科目录（2011 年）》。

在上述情境设置下，本文撰写的出发点就在于通过对中国高等教育体制中的课程和专业设置的脉络梳理，对此间的历史地理学发展史作一全新视角的考察。相比较于既有研究所采取的"就学术论学术"的本位考察而言，也算是一个不无益处的补充。

二、1949 年中华人民共和国成立之前的混沌

（一）清末的史地课程

创始于戊戌维新运动中的京师大学堂，可视为考察中国高等教育体制中沿革地理位置的最佳范本。

《钦定京师大学堂章程》将大学分为政治、文学、格致、农学、工艺、商务、医术七科。中国本土的沿革地理与西方的地理

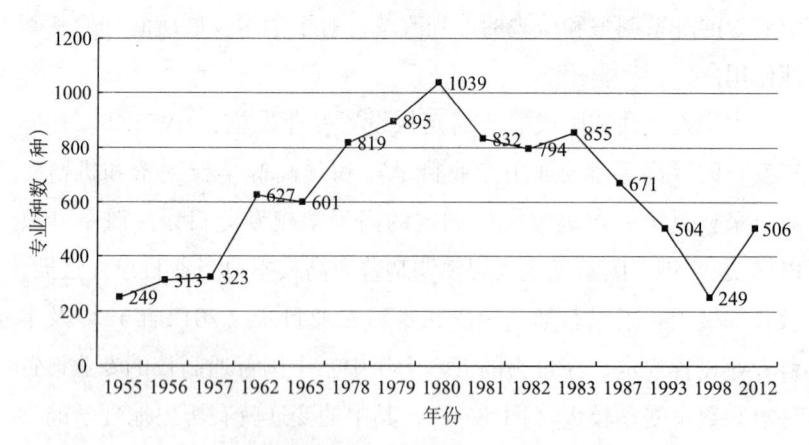

图 5—1　中国普通高校设置专业种数（1955~2012 年）①

学、地质学课程就散落在文学、格致、商务诸科中。当然，万事开头难，当时"以上科目粗具，至详细课程，俟预备科学生卒业之后，酌量情形再行妥定"②。因此，在预备科课程中，只是粗略列出中外史学、中外舆地等相关课程。

而在光绪二十九年（1903 年）颁布的《奏定大学堂章程（大学堂附通儒院）》则对课程进行了细化。在此，我们不仅看到经学科大学周易学门需要学习"中外地理学"主课，而且文学科大学下设的中国史学门、万国史学门、中外地理学门均要学习地理课程。在中国史学门，开设"中国历代地理沿革略"、"中外今地理"。之所以称为"今地理"，就是为了"别于沿革地理及历史地理"③。这样就出现了中国本土沿革地理与西方历史地理学的初次

---

① 中华人民共和国教育部计划财务司编：《中国教育成就（统计资料/1949—1983）》，人民教育出版社，1984 年，第 53 页。1987 年以后数据系笔者增补。
② 佚名：《钦定京师大学堂章程（光绪二十八年十一月）》，载北京大学校史研究室编：《北京大学史料》第 1 卷（1898—1911），北京大学出版社，1993 年，第 88 页。
③ 佚名：《大学堂章程（大学堂附通儒院）》，载北京大学校史研究室编：《北京大学史料》第 1 卷（1898—1911），北京大学出版社，1993 年，第 105 页。

相会，这被视为"历史地理"术语第一次见诸中文文献①。而在中外地理学门，则开设"中国今地理"、"历史地理"等课程。由这种课程设置可以看出，时人眼中的"沿革地理"更应该属于史学。

(二) 民国时期的沿革地理（历史地理）

1913年，北洋政府教育部颁布的《教育部公布大学规程令》规定："大学之文科分为哲学、文学、历史学、地理学四门。理科分为数学、星学、理论物理学、实验物理学、化学、动物学、植物学、地质学、矿物学九门。"② 在大学文科的科目设置中，历史学门分为两类，亦即中国史及东洋史学类、西洋史学类。两类分别设置"七、历史地理学"、"四、历史地理学"，而在地理学门中则设置"四、历史地理学"。③ 此时，历史学、地理学之间的分野并不清晰，故而被等量齐观，视为文科。随着学科现代化的加深，历史学、地理学之间的差别日益凸显，出现了历史学属于文科，地理学属于理科的局面。当然，这种分化颇为曲折，史学与地学在高等教育体制中出现了多种组合形式。

1. 史学系开设沿革地理课程（以中山大学为例）

起初，中山大学文科史学系开设古代地理研究、历代疆域沿革、中国地理沿革等历史地理学相关课程。在1930年，史学系除了开设《中国经济地理》、《中华交通地理》等地理课程外，还专

---

① 侯甬坚：《历史地理的由来及其延展》，载《历史地理学探索》第二集，中国社会科学出版社，2011年，第52页。
② 佚名：《教育部公布大学规程令（1913年1月12日）》，载中国第二历史档案馆编：《中华民国史档案资料汇编》第三辑《教育》，江苏古籍出版社，1991年，第114页。
③ 佚名：《教育部公布大学规程令（1913年1月12日）》，载中国第二历史档案馆编：《中华民国史档案资料汇编》第三辑《教育》，江苏古籍出版社，1991年，第118~119页。

门设《中华地理沿革》课程，其讲授内容为：

> 研究（一）中国自然地域的变迁，（二）中国境域发展的程序，（三）历代疆域的沿革，（四）历代分划政区的标准及比较，（五）历代地方官及自治制度的大略，（六）大都会的沿革，（七）物质地理的改变，（八）历朝领土被外力的侵占，（九）历代巨大的工程，（十）历代户口的增减。①

如果用今天的术语来衡量，上述内容涉及历史地理学的人文、自然两大部类。但是，理科地理学系并未开设上述历史地理学相关课程，只是要求学生选修历史课程。

文理科改为文理学院后，中山大学的这种课程安排仍旧延续。文学院史学系开设的沿革地理被选修课历史地理学取代，② 然而，理学院地理学系虽然有吴尚时③执教，但并未开设历史地理学课程。中山大学地理学系是"我国大学在理学院中，最早建立的地理学系。因为过去的地理课，只教经济人文地理，是属于文学院，因此中山大学在理学院设地理系，具有深远的意义"④。历史地理学的人文色彩浓厚，被摒弃于理学院之外，似在情理之中。

---

① 国立中山大学：《国立中山大学一览（民国十九年二月）》，国立中山大学，1930年，第47页。
② 国立中山大学：《国立中山大学现状（民国二十四年）》，国立中山大学，1935年，第95页。
③ 吴尚时（1904~1947年），被誉为"近代地理学在中国开山大师之一"，其学生徐俊鸣被誉为"我国历史地理学六大名家之一"（司徒尚纪：《吴尚时》，广东人民出版社，1995年，第107、120页）。
④ 黄福庆：《近代中国高等教育研究：国立中山大学（1924—1937）》，"中央研究院"近代史研究所，1988年，第132页。

2. 史学系、地学系均开设沿革地理（历史地理）课程（以清华大学为例）

中华人民共和国成立之前，清华大学设有历史学系和地理学系（地学系），两系分别开设沿革地理与历史地理课程。清华大学地理学系由翁文灏创设于 1929 年秋。起初，在"地理学系暂定课程"中，第四学年开设"历史地理（例如东西交通史）"。[①] 后来，地理学系分地文地理和人文地理两组。当时除了规定人文地理组"必须选习功课为中国史，东亚史，西洋史（及）其他兼关史地之功课"外，在"人文地理组必修学程"中还开设"高级人生地理"。该课程分为政治地理、历史地理、文化地理三部分，每年讲授一种，由王绳祖（即王成组）主讲。其中，"历史地理：历史上各种递嬗之迹，如人口志繁殖，文化之演进，国势之盛衰，多与各民族所处之国境息息相关，本门当于我国本身特加注意"[②]。王成组留学于美国哈佛大学、芝加哥大学，兼修历史学与地理学，对于历史地理学并不陌生，因而归国后开始该课程，也是顺理成章的事情。

1932 年，地理学系更名为地学系，分设地理、地质、气象三门。此时，原来的历史地理课程主讲者王成组已经南下厦门大学。但在学程安排中，仍旧开设历史地理课程。具体而言：历史地理"本学程分为两部，上半部讨论历史与地理环境之关系，自埃及、巴比伦、地中海沿岸直叙至新大陆之发现及移殖之争夺。下半部则以此原理应用于中国，叙述古代关中及黄河流域之发展，渐及长江、珠江流域以及最近东北与南洋之殖民。全部课程在以时代为经，以地域为纬，注重气候、生产及交通之变迁对于民族迁徙，文化、经

[①] 佚名：《国立清华大学学程大纲（附学科内容说明）》，清华大学，1929 年，第 4 页。

[②] 佚名：《国立清华大学本科学程一览（民国十八至十九年度）》，清华大学，1929 年，第 105~108、112 页。

济盛衰之关系"①。从罗列的参考书目看，地学系的历史地理课程相当前沿，径与国际接轨。这些参考书包括：①W. R. Kermack 的《人类环境与进步》（Human Environment and Progress：The Outline of World Historical Geography，1927）；②英国地理学家斐格莱（James Fairgrieve，1870~1953 年）的《地理和世界霸权》（Geography and World Power）；③法国年鉴学派代表人物吕西安·费弗尔（Lucien Febvre，1878~1956 年）的《历史学的地理导论》（A Geographical Introduction to History），该书初版于 1922 年，原书名作《土地与人类演进》（La Terre et l'évolution humaine）。

而在清华大学 1936~1937 年度历史学部研究生课程设置上，谭其骧则开设《中国地理沿革史》，该课由研究生与本科三、四年级共修。②当然，其内容应以中国疆域沿革为主。

3. 史地系的废置

（1）官方倡导的史地教育

用历史的眼光看，史地系的设置也是个久已存在的现象。北京高等师范学校、第一中山大学（中山大学的前身）、武昌师范大学、大夏大学、西北联合大学等院校均曾设置过史地系。而东北大学、四川大学的史地系后来又分成了历史、地理两系。而南京高等师范学校则在 1919 年设立国文史地部。

史学与地学的分离，本来是近代科学发展的必然趋势。但在抗战时期却出现了一股史地合一的潮流。究其原因，蒋介石在 1938 年 8 月中央训练团第一期毕业典礼上提出的"革命教育以史地教育为中心"训示，起到推波助澜的作用。1940 年 4 月，国民政府

---

① 佚名：《国立清华大学一览（民国二十一年十二月）》，清华大学，1932 年，第 187 页。

② 方惠坚、张思敬主编：《清华大学志》上册，清华大学出版社，2001 年，第 268 页。

成立史地教育委员会，用以贯彻实施"总裁"训示。1941年3月，国民政府颁布《教育部史地教育委员会章程》，该章程将历史与地理"捆绑"在一起。该委员会的任务在于：

> 一、计划关于中国史地书籍之整理研究事项；二、计划各级学校关于史地教学之改进事项；三、审议各学校或团体关于史地学术之研究事项；四、关于史学书籍及一般史地读物之编撰事项；五、关于中国地理之调查研究事项；六、其他有关史地教育之事项。①

在这场"运动"中，黎东方的表现最抢眼，他主持史地教育委员会的实际工作，对大中小学的史地教育颇具雄心。当然，他手中的尚方宝剑就是一句话："以史地课程为一切课程之中心，是总裁的训示。"按照黎东方的诠释："历史，是经；地理，是纬。以历史地理为经纬，才能贯串各种其他的课程，这便是史地中心的理论根据。"②

黎东方不仅以史地教育委员会的名义邀请钱穆、谭其骧、胡焕庸等史地名家做演讲，还成立"大学用书编辑委员会"，约请王云五等组织出版大学教材，柳诒徵《中国文化史》、缪凤林《中国通史要略》、钱穆《国史大纲》等书被贴上"部定大学用书"的金字招牌。③ 张其昀对此事更是支持，甚至这个训示的主旨就极有可能出自他这位"总裁"智囊。同样出身于南高史地学派的郑鹤声也为之摇旗呐喊，说"史地教育之要旨，总裁提倡于前，朝野士大

---

① 佚名：《教育部各委员会组织章程（1938—1945年）》，载中国第二历史档案馆编：《中华民国史档案资料汇编》第五辑第二编《教育（一）》，江苏古籍出版社，1997年，第85~86页。

② 黎东方：《历史地理之教与学》，《教与学月刊》，1947年6月第5卷第11~12期。

③ 黎东方：《平凡的我：黎东方回忆录》，中国工人出版社，2011年，第206页。

夫影响于后，风声所播，众口佥向"①。就连钱穆也在贯彻总裁指示，他在 1941 年 11 月写道："近读《史地教育委员会二次会议参考材料第一号》，一九三八年八月总裁训词革命的教育，深受感动。我们只须真实认识，真实推动，更不必再多说话。"② 在此时代背景下，设置史地系（科）就成了在高等教育中改进史地教学的具体措施而加以推行。

（2）史地系的设置

民国时期的国立大学，往往在文学院下设历史学系，理学院下设地理学系，师范学院下设置史地系。而在师范学院下设置的初级部中，则另设史地科。在其他省立、私立院校的史地学系设置也为数不少。根据 1936 年浙江省立图书馆《图书展望》杂志对国内各大学的史地学系的调查可知，暨南大学、河北省立女子师范学院、华南女子文理学院等学校设有史地学系。

整理 1948 年《全国高等教育统计简编》所载数据可知：截至 1945 学年度第二学期，全国专科以上的院校共设置与历史学、地理学相关的系科 57 个。其中，与历史学有关系科有 52 个（包括纯粹的历史系 17 个），与地理学相关的系科有 27 个（包括纯粹的地理学系 3 个），与历史学、地理学均相关的系科有 22 个。可见，这一时期是史地学系发展的高峰期。单独设置的历史系、地理系并不占多数。这种现象的存在，更多的原因在于学科发展水平的滞后，众多大学的历史学、地理系均不足以单独成系，为节省教育资源，只能把历史学与地理学捆绑起来。当然，抗日战局的影响也是必须考虑到的因素，众多学校的内迁和重组，导致了历史学与地理学这一对天生有近亲渊源的学科组合到一起。当然，历史学还可以和社会学联姻，地理学更容易和地质学联姻。

---

① 郑鹤声：《史地教育之总目标》，《训练月刊》，1940 年第 1 卷第 5 期。
② 钱穆：《历史教育几点流行的误解》，载《中国历史研究法》，生活·读书·新知三联书店，2001 年，第 161 页。

第五章　何枝可依——基于课程、专业、系科设置的中国历史地理学史

一般说来，学校发展水平越高，在经费有保障，师资和生源相对充足的情况下，地理学与历史学的分离倾向就越明显。而在国立师范学院、桂林师范学院等发展水平较低的学校中，往往设置史地学系。当然，在抗战这一非常时期，就连北京大学、清华大学、南开大学都随机应变组成临时性的西南联合大学，那么，在文学院下出现两科合一的"历史社会学系"，在理学院下设三科合一的"地质地理气象系"，在师范学院下设史地系、初级部史地科，也就不足为奇了（表5—1）。

表5—1　全国专科以上学校院科系中的历史学和地理学相关科系统计①

科系名称	国立院校	省立院校	私立院校	合计
历史学系	12	—	5	17
历史社会学系	—	—	3	3
历史地理学系	4	2	2	8
历史政治学系	—	—	1	1
文史地学系	—	—	1	1
文史学系	2	2	3	7
哲学史学系	—	—	1	1
地理学系	3	—	—	3
地质地理气象学系	1	—	—	1
地质地理学系	1	—	—	1
史地学系（师范）	7	—	—	7
文史地专修科（专修科 文）	1	—	—	1

---

① 佚名：《全国专科以上学校院科系概况统计表（1946年）》，载中国第二历史档案馆编：《中华民国史档案资料汇编》第五辑第二编《教育（一）》，江苏古籍出版社，1997年，第600~615页。原始资料来源为1948年教育部统计处编《全国高等教育统计简编》。

续表

科系名称	国立院校	省立院校	私立院校	合计
文史专修科（专修科 文）	—	—	1	1
史地专修科（专修科 师范）	2	—	—	2
文史地专修科（专修科 师范）	—	1	—	1
文史地科（专科 师范）	—	1	—	1
史地科（专科 师范）	—	1	—	1
合计	33	7	17	57

民国时期史地系的设置，以浙江大学最为突出。浙江大学史地学系及史地研究所，是中国高等教育史上极具特色的建制。1936年，浙江大学获准增设史地学系。截至1949年，浙江大学设有史地学系、文科研究所史地学部、史地教育研究室等史地教学研究实体。① 浙大史地学科的设置，创造了史地教育的鼎盛时期，一时间名师云集，史学界的钱穆、张荫麟、方豪、李源澄、贺昌群、陈乐素等，地理学界的张其昀、叶良辅、沙学浚、李春芬、任美锷等人均曾供职于浙大史地系。

张其昀素来主张史地合一，"他多次讲史地联合、时间与空间结为一体发展的优越性"②。且其与国民党高层保持亲密关系的缘故，教育部"特准浙江大学史地系附设史地研究室，编辑史地读物，发行关于史地之定期刊物，编制史地教科设备、各种挂图、画

---

① 阙维民：《国立浙江大学史地学系教工档案综述》，载阙维民主编：《史地新论——浙江大学（国际）历史地理学术研讨会论文集》，浙江大学出版社，2002年，第69~108页。

② 施雅风口述，张九辰整理：《施雅风口述自传》，湖南教育出版社，2009年，第51页。

片、模型、史地参考工具及社会教育史地材料等，以提倡史地教学"①。这种地位是其他高校不能比拟的。

至于史地系的课程设置，我们不妨以如下个案加以分析，以求管中窥豹之效。其一，复旦大学史地学系。该系设于1938年，方豪、沙学浚、任美锷、周谷城、周予同等史地名家曾任系主任，任美锷、邓广铭等史地名家曾在此任教。在课程设置上，"注重历史者，除必修历史课外，必须修习地理三十一学分，注重地理者，除修习地理课程外，必须修习历史二十二学分"②。1949年，同济大学文学院史地系史学部并入复旦，由于地理学力量薄弱，且大部分学校史地分开设系，史地系遂改为史学系。其二，江南大学史地系。1949年以前，史学家刘家和就读于位于无锡的江南大学史地系，课程包括"中外两门通史、中外两门近代史、大一国文、英文及两门地理学方面的必修课"③。钱穆在江南大学主持文科，并讲授中国通史和秦汉史课程。

（3）不可逆转的史地分离趋势

史地系的设置，除了像浙江大学在张其昀的主持下有意为之之外，大多都是师资不足、生源有限情况下的无奈之举。史地系的设置，对高等教育体制来说实际上是一个冲击。1939年9月，国民政府教育部为处理"各大学及独立学院所设学系，名称既多不同，隶属学院亦有歧异"的问题，作出如下规定：

一、文学院设中国文学、外国文学、哲学、历史学及

---

① 佚名：《教育部为国民党六中全会撰写的教育报告书（1939年10月）》，载中国第二历史档案馆编：《中华民国史档案资料汇编》第五辑第二编《教育（一）》，江苏古籍出版社，1997年，第245页。

② 复旦大学校史编写组编：《复旦大学志（第1卷 1905—1949）》，复旦大学出版社，1985年，第314页。

③ 刘家和：《我与中外古史比较研究》，载张世林编：《家学与师承——著名学者谈治学门径》第三卷，广西师范大学出版社，2007年，第322页。

其他各学系。

二、理学院设数学、物理学、化学、生物学、地质学、地理学、心理学及其他各学系。①

按照这一规定，大学一旦设置学院，史地系的归属就成了问题。除非是师范学院，下边可以直接领导史地系。

如果说史学系属于文学院没有任何问题，那么地理系的归属始终存疑。早在1920年，北京大学的文、理、法科被重组为五个部，其中经济系、政治系、法律系、史地系同在第五部。在蔡元培看来，"从理论上讲，某些学科很难按文、理的名称加以明确的划分。要精确地限定任何一门学科的范围，不是一件轻而易举的事。例如，地理就与许多学科有关，可以属于几个系：当它涉及地质矿物学时，可归入理科；当它涉及政治地理学时，又可归入法科。"②地理学不像地质学、气象学一样，可以明确归属于理科。

不仅史地系在大学中的位置有问题，史地系的课程设置也有可待商榷之处。史学家李思纯就对教育部颁发的师范学院史地学系课程提出质疑。他于1944年5月写文章对"史地合一"的史地系设置提出质疑：

史地二学，虽曰密切相关，实则性质悬隔，无由混合。历史为人文之学，地理为自然之学，历史为时间之学，地理为空间之学，历史为文字记载之学，地理为实际观察之学，二者合途而分辙，以一人之时间精力，决无兼

---

① 佚名：《教育部颁行大学及独立学院各学系名称令（1939年9月4日）》，载中国第二历史档案馆编：《中华民国史档案资料汇编》第五辑第二编《教育（一）》，江苏古籍出版社，1997年，第709页。

② 蔡元培：《中国现代大学观念及教育趋向（1925年4月3日）》，载《蔡元培全集》，浙江教育出版社，1997年，第311页。

治二学之理。即以优良教师而论，有专授历史而不授地理者，亦有专授地理而不授历史者，除小学教师外，事实证明初中教师即有史地分途之势，高中更无论矣。若师范学院四年中，完全以史地并重为原则，势必于二者皆入之不深，名为二者并重，实则二者俱轻。①

细读引文，实在找不到李思纯哪点说得不在理。当然，李思纯虽然不满于"史地合一"的师范学院史地系体制，可他无力挑战现存体制，只是提出加以修正。李思纯主张在"第二学年尚未分组，可讲授人生地理全年六学分，历史地理全年六学分，中国地理总论半年三学分，以便与历史组共同研究"。显然，李思纯已将历史地理视为地理学的组成部分，区别于历史组的其他课程。

即便在"史地合一"旗帜最鲜明的浙大史地系，也有内部的不同声音发出。有当事人回忆了当时浙大史地系内的争论：

> 在遵义浙江大学的史地系内，多年存在有史和地的分与合问题，也就是博与专的问题。张其昀先生坚持史地合一，而广大教师与学生则都认为史地应当分开。……据我事后推测，许多地理方面的教师，尤其学生倾向于史地分家。……事实上，新中国成立后的杭州浙大，史地系终于分为历史系与地理系，地理系首届系主任就是叶良辅先生。②

事实能说明一切，史地系的废置只能证明一个道理：在现代科

---

① 李思纯：《部颁师范学院史地学系课程的一个修正意见》，《国立四川大学师范学院院刊》创刊号，1945年，第2页。
② 么枕生：《对遵义浙大史地系的教学回忆》，载贵州省遵义地区地方志编纂委员会编：《浙江大学在遵义》，浙江大学出版社，1990年，第116~117页。

学研究和高等教育体制中,历史学与地理学不存在整体对接的可能。

三、1949年中华人民共和国成立之后的浮沉

1949年9月29日,中国人民政治协商会议第一届全体会议通过了具有临时宪法性质的《中国人民政治协商会议共同纲领》。共同纲领规定了教育要采取理论与实际相一致的方法,并声明"人民政府应有计划有步骤地改革旧的教育制度、教育内容和教学法"①。此前在北京大学、燕京大学等校开设的中国地理沿革史等相关课程,势必被视为受帝国主义、封建主义沾染的旧教育内容而被加以改造。如刘少奇所言:"清华、燕京这些大学里可能学些脱离实际的、空洞的、高深莫测的理论,但学了用不上。"② 在此宏观态势下,沿革地理课程必须从思想性和实用性出发加以改造,方能在高等教育新秩序中谋求立足之地。

(一) 从沿革地理到历史地理(1950年)

1950年6月在北京召开的第一次全国高等教育会议通过了《关于实施高等学校课程改革的决定》。按照这一决定的精神,新中国必须对全国高等学校的课程进行有步骤的改革。7月28日政务院第43次政务会议通过《教育部关于实施高等学校课程改革的决定》,要求一面克服"为学术而学术"的空洞的教条主义的偏向,力求与国家建设的实际相结合;另一方面要防止忽视理论学习的狭隘实用主义或经验主义的偏向。作为改革措施,教育部于

---

① 佚名:《中国人民政治协商会议共同纲领》(一九四九年九月二十九日中国人民政治协商会议第一届全体会议通过),载中共中央文献研究室编:《建国以来重要文献选编》第一册,中央文献出版社,1992年,第10~11页。

② 刘少奇:《对赴苏留学生的讲话(一九五二年七月二十九日)》,载中共中央文献研究室刘少奇研究组、中央教育科学研究所编:《刘少奇论教育》,教育科学出版社,1998年,第117页。

1950年8月出台了《高等学校课程草案——文法理工学院各系》（图5—2），对文学院下属的中国语文、外国语文、哲学、历史、教育五系及法学院所属的政治、经济、法律、社会四系的课程设置提出规定。除社会系外，"其余八系都是以一九四九年十月华北高等教育委员会颁布的《各大学专科学校文法学院各系课程暂行规定》为根据，经过高等学校课程改革委员会文法两学院各系小组讨论和修改的"[①]。由此可见，高校课程改革的启动与新中国统治秩序的重构基本同步，一定程度上也反映出新政权进行教育改革的急迫性。

在上述《高等学校文法两学院各系课程草案》的"总则"中，规定了内容为"培养学生全心全意为人民服务的观点，掌握现代科学与技术的能力，使成为参加财政、经济、政治、法文化教育等项工作的高级建设人才，并有机会有步骤地培养工农出身的知识分子"的总任务，由此凸显出新教育的人民性和实用性。本着"力求理论与实际相结合，避免教条主义与狭隘的实用主义"以及"规定革命的政治课程为文法两学院首要的基本课程，并以科学的观点和方法切实改造其他一切课程"等基本原则，该草案首先将政治课、国文与写作（现代国文与写作）、外国文、中国近代史、毕业论文或专题报告、体育六者规定为各系公共必修课程。在总学分为32分（或36分）的文学院公共必修课程中，政治课及中国近代史（准政治课）的学分累计为18分，分量在一半以上，不难看出此次课程改革的"革命性"色彩。就燕京大学而言，这一课程改革被迅速执行，据亲历者回忆："1950年，我们学校自身也发生了一些变化，一个重要的变化就是课程改革。首要的改革就是要开政治课，其他的课程也要逐渐改造。一些教授来到燕京，开始在

[①] 中央人民政府教育部编印：《高等学校课程草案——文法理工学院各系》"总说明"，光明日报社，1950年，第1页。

课堂上讲历史唯物主义，讲革命史。"①

图 5—2　《高等学校课程草案——文法理工学院各系》书影

就开设中国沿革地理课程的历史系而言，其教学任务是"培养学生以历史唯物主义的观点，分析中外历史发展过程的能力，并

---

① 陈远：《夏自强：燕园里的政治运动》，载《消逝的燕京》，重庆出版社，2011年，第106页。

第五章 何枝可依——基于课程、专业、系科设置的中国历史地理学史

培养学生具有中国和世界历史的基本知识,使成为中等以上学校历史课程的师资,以及有关历史部门的工作干部"①。为完成这一任务,共设置公共必修、本系必修和选修三种课程。除了上文所述的公共必修课程,本系必修课程包括历史唯物论、中国近代史(乙)、马列主义史学名著选读、中国通史、世界通史,选修课程包括中国断代史、中国经济史、中国文化史、中国政治制度史、外国国别史、亚洲史、逻辑、考古学通论、中国沿革地理、中国史学文选、中国史学史、史料学。

在具体课程设置上,要求历史唯物论"与公共必修课程(社会发展史)密切配合,作必要的补充,以特别加强历史系学生在开始时对于历史唯物论的基础训练"。同时,中国近代史课程"自一八四〇年鸦片战争起,包括旧民主主义革命时代与新民主主义革命时代的历史,并与公共必修课程(新民主主义论)密切配合"。此外,马列主义名著选读课程则指定《家族私有财产及国家之起源》、《德国农民战争》、《法兰西阶级斗争》等12部著作。在具有考据学术传统、强调史料基本功的历史系开设数量如此多的政治性、理论性课程,也就再次烘托出此次课程改革的"革命性"色彩。当然,这些课程草案的设置是对苏联历史教学模式的模仿。在亲历者郑天挺看来,"就中国今天的历史教学来说,如果我们自己和我们培养出来的人才,不能站在劳动人民的立场看历史,不能认清谁是历史的主人,不能用科学的马克思列宁主义与毛泽东思想的方法具体地、正确地分析和总结历史事件与历史人物,不能以自己所学服从祖国需要独立地胜任地完成人民交给的任务,那就是我们没有作好理论与实际的联系"②。那么,如何达到这些目标呢?除了设置教研组,重视课堂讲授和学生考试,学习俄文等,郑天挺还

---

① 中央人民政府教育部编印:《高等学校课程草案——文法理工学院各系》"总说明",光明日报社,1950年,第6~7页。

② 郑天挺:《学习苏联高等学校的历史教学》,《历史教学》,1952年第12期。

将制订统一的教学计划和课程设置视为"苏联高等学校教学工作的优越性"并加以拥护和学习。

接下来，在历史系课程设置中为本不起眼的"中国沿革地理"课程打上"革命性"和"实用性"的印记，就成了历史地理学必须完成的任务。在全国高等学校课程改革的洪流中，侯仁之在1950年第11期《新建设》杂志上发表了《"中国沿革地理"课程商榷》（以下简称《商榷》，图5—3）一文。该文是针对1950年春教育部设置的大学历史系选修课目"中国沿革地理"有感而发，完稿于1950年6月28日，随后在7月16日刊发。稍后，《教育部关于实施高等学校课程改革的决定》（以下简称《决定》）则在1950年7月28日的政务院第43次政务会议上通过。

那么，发表时间在前的《中国沿革地理课程商榷》是否为侯仁之领会了《决定》精神之后所做呢？由于任何草案、规章的制定出台都有一个广泛征询意见和修订的过程，侯仁之在1950年8月之前知悉《高等学校课程草案——文法理工学院各系》的基本内容也是可能的。而且，1949年10月华北高等教育委员会颁布的《各大学专科学校文法学院各系课程暂行规定》是1950年8月出台《高等学校课程草案——文法理工学院各系》的母本。该暂行规定除了一般性地设置了辩证唯物论与历史唯物论（包括社会发展简史）、新民主主义论（包括近代中国革命运动史）、政治经济学三门公共必修课程，对历史系的基本课程设置仅仅暂定为社会发展史、中国近代史、马列主义史学名著选读、中国通史、世界通史五门。至于选修课程，只是笼统地说"中国断代史及外国国别史，必须选读几门，其他课程由各校酌定"①。因此，侯仁之在该暂行规定中无从得知是否设置中国沿革地理课程。

---

① 佚名：《华北高等教育委员会各大学专科学校文法学院各系课程暂行规定》，《人民日报》，1949年10月12日。

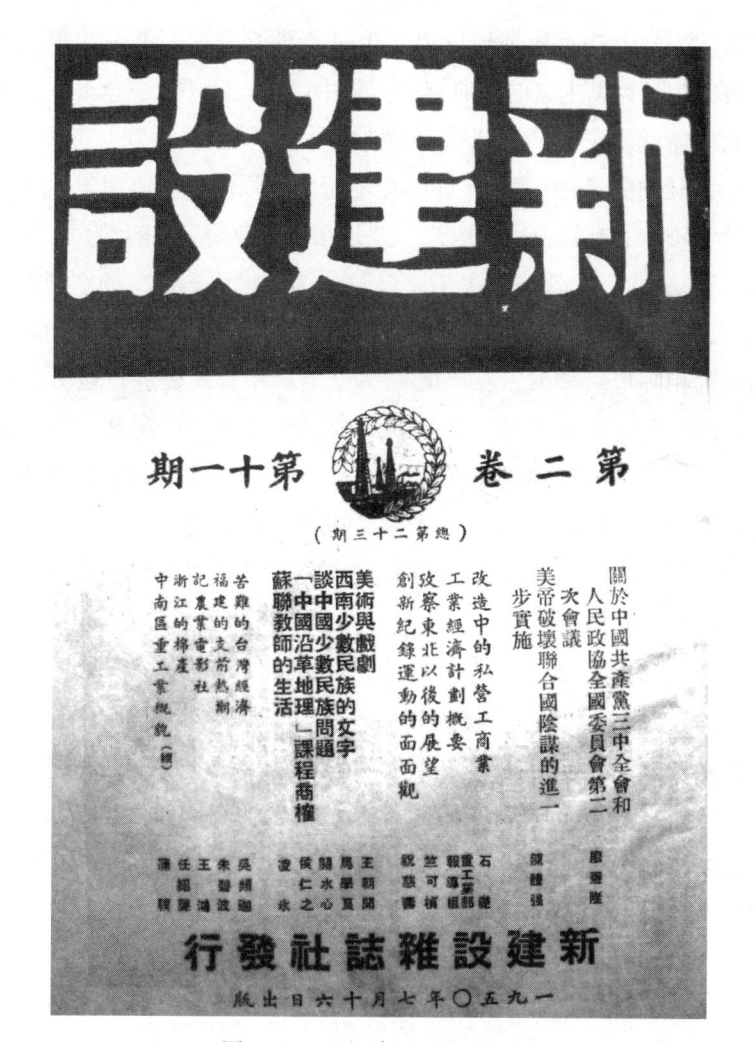

图 5—3 《新建设》杂志封面

虽然如此，通过对《商榷》的文本释读仍可以清晰看到该文契合了当时课程改革乃至整个高校调整的需要，以至于文中细节在《决定》中能找到对应之处。例如，《商榷》批驳地理决定论，肯定辩证唯物论，这就体现出意识形态对高等教育、学术研究的直接影响。早在20世纪30年代，斯大林在《辩证唯物主义和历史唯物主义》一文中就对地理环境决定论进行批判,这一见解在很长时期被作为马克思主义的经典理论。新中国成立后不久,就开始据此对地理环境决定论乃至人文地理学进行了一系列批判①,而《商榷》无疑响应了这一思潮。再如,《商榷》强调历史地理学"不但在学术研究上有其独立的地位,就是在贯彻政治思想的教育上也是非常重要的",这就与《决定》针对"为学术而学术"的空洞的教条主义偏向、忽视理论学习的狭隘实用主义或经验主义偏向而进行的批判相呼应。显然,在当时的舆论氛围中,仅仅进行区分"历史地理"与"沿革地理"孰是孰非的名实之辨,难免被视为"为学术而学术"的空洞教条主义。而将当时炙手可热的辩证唯物论"嫁接"到历史地理学之中,并树立其指导思想地位,这就可以起到在强调马列主义理论学习的同时,又起到纠正狭隘实用主义或经验主义偏向的作用。

当然,历史地理学发展的后续历程证明,《商榷》一文更大的学术意义在于将"沿革地理"正名为"历史地理"。以后的历次课程改革和专业设置中,"历史地理"从此取代了"沿革地理"的位置。不过,"沿革地理"一词并未从此成为陈迹。即便是到了60年代初期,老派史学家蒙文通在四川大学主讲的专题讲授课名称仍旧是"《中国沿革地理和地理要籍》"②,而非改称"中国历史地理"。

(二) 历史地理学的学术阵营选择(1952年)

在1950年《高等学校课程草案——文法理工学院各系》规定的历史系23门课程中,中国沿革地理占据一席之地已属不易,可见这门学科顽强的生命力。1952年,院系大规模调整及专业的设

---

① 王守春:《地理环境在经济和社会发展中的作用的再认识——关于对"地理环境决定论"批判》,《地理研究》,1995年第1期。

② 佚名:《四川大学历史系开设专题讲授课》,《历史研究》,1961年第6期。

置，则将刚刚正名的中国历史地理（历史地理学）置于新的发展态势之中。在原有高等教育体制中，只设院系，不设专业。而1952年的院系调整则将大学中院一级被撤销，建立独立学院，普遍设立系及系下专业。到1953年年初，全国高校共设置215个本科专业，不过其中并无历史地理学。从1953年至1962年，全国高校的专业设置不断调整。这种变局为历史地理学的在历史系、地理学中的生存与发展提出了新的历史机遇和发展契机。

侯仁之《商榷》一文的初衷是呼吁"从根本的立场观点与方法上把这门课程彻底改造起来"①。既然"沿革地理"已经正名并提升为"历史地理"，那么在院系调整及专业设置之后，经过改造的中国历史地理课程该置于何系何专业之下呢？侯仁之期望"到了我们真正在大学里能够开设一门比较合乎理想的《中国历史地理》的时候，不但历史系的学生就是地理学的学生也将视之为必要的课程了"，这实际上就为中国历史地理课程及未来的历史地理学专业提供了两个可以寄托的"学术阵营"——一个是历史系，一个是地理系。

由于不同高校的院系调整和专业设置不一，例如谭其骧所在的复旦大学只有历史系而无地理系，而侯仁之所在的北京大学既有历史系又有地质地理系，这也就为历史地理学寻找不同的"学术阵营"提供了变数。1952年，浙江大学地理系整体上转入华东师范大学地理系，而谭其骧此前已进入复旦大学历史系，这也就决定了谭其骧只能依托历史学"学术阵营"发展历史地理学②。1959年，复旦大学历史系以谭其骧为首成立历史地理研究室，后于1982年和1999年改制为中国历史地理研究所、历史地理研究中心。同样

---

① 侯仁之：《中国"沿革地理"课程商榷》，《新建设》，1950年7月第2卷第11期。

② 据周一良讲，一度有谭其骧调入北京大学地理系的动议，终未果。参见《邓之诚文史札记（下）》（邓之诚著，邓瑞整理，凤凰出版社，2012年，第734页）。

在1952年，侯仁之担任了院系调整后新组建的北京大学地质地理系主任、教授，这也就开启了其坚持以地理学"学术阵营"为依托的历史地理学发展之路。历史虽不容假设，但倘若当时北京大学没有地理学的系科建制，中国历史地理学的发展历程必定改写。

事已至此，如何在地理学"学术阵营"中发展历史地理学，就成了侯仁之必须从纯粹的学理和现实的"革命性"、"实用性"这两个角度加以论证。发表于1962年的《历史地理学刍议》一文的使命即在于此。该文坚称"历史地理学是现代地理学的一个组成部分，这是无可置疑的"，实际上道出了在地理学"学术阵营"寻求发展空间的迫切心愿。但这一呼声对于身在历史学"学术阵营"的其他学界同道而言就未必是福音。

除了理论推演论证，还必须在地理系设置专业、课程并在有条件的情况下招收研究生，将历史地理学的地理学身份固化。侯仁之从1956年开始招收研究生，在"文革"前共培养五名研究生。由于此时本科和研究生教育制度不健全，在专业和学科设置上的随意性很大。加之政治运动接踵而至，使得即便是有长远而成熟的历史地理学发展思路，也很难在当时付诸实施。

（三）降格为加选课程的"中国历史地理"（1955年）

1950年《高等学校课程草案——文法理工学院各系》中作为历史系选修课程的中国沿革地理（中国历史地理），在1955年的教学计划修订中遭遇到被边缘化的命运，地位降格为可有可无的加选课程。之所以出现这一调整，与当年高等教育中出现的学生学习负担过重问题有关，也与对中国历史地理课程重要性认识的降低有关。

当然，这一调整有其发展过程，其中1953年9月高等教育部召开的全国综合大学会议以及1954年7月高等教育部联合召开的综合大学中文、历史教学研究座谈会就是其中重要环节。上述会议

第五章　何枝可依——基于课程、专业、系科设置的中国历史地理学史　203

的内容均直接涉及高校的教学计划、专业课程设置等。据当事人郑天挺回忆："一九五三——一九五四年第一次综合大学会议，制定历史系方案我是主要起草人。批了通才教育，主张学苏联。"① 郑天挺虽然将前述的两个会议混为一谈，但对这些会议中体现的照搬苏联教育模式记忆颇清。

1954年9月，修订后的文史教学大纲颁布实施。但是，苏联教育模式的移植肯定会出现问题，学习负担过重就是其一。1955年3月17日，时任高等教育部部长杨秀峰在学校教育工作座谈会上指出学习负担过重，并把这一问题的产生归结为"资产阶级思想在作怪"，进而提出大力贯彻"学少一点，学好一点"的方针。② 随后，高等教育部在4月份召开全国综合大学及高等工业学校校院长座谈会，着重讨论了减轻学生学习负担的问题。5月份召开的全国文化教育工作会议决定各校采取措施，修订教学计划。6月份，对汉语言文学、历史学和政治经济学三个专业的四年制统一教学计划进行修订，并于9月份发出《关于综合大学、财经、政法各院校执行新教学计划应注意事项的通知》。该通知照搬苏联教育模式，将新教学计划中的课程按重要性分为基础课、专业课、选修课、专门化、加选课五个层次。在教学计划中，除了政治理论课、俄语、体育、哲学史、教育学等19门基础课和专业课，还设有中国任一断代史、汉族以外任一民族史等9门选修课。此外，为减轻学习负担，对于专门化课程也加以限制。这次修订对当时的历史教学产生了很大影响，例如，郑天挺就因之对始设于1954年的史料学课程进修大幅度调整，并认为"这一科学的讲授只有根据苏联的教学经验，遵循苏联的研究方法，才是正确的途径，才能完成教

---

① 郑天挺：《谈谈历史系教学改革》，《高教战线》，1982年第2期。
② 杨秀峰：《杨秀峰在学校教育工作座谈会上的报告（1955年3月17日）》，载何东昌主编：《中华人民共和国重要教育文献（1949—1975）》，海南出版社，1998年，第438页。

学任务"①。值得注意的是，中国历史地理连同马列主义史学名著选读、苏联文学、中国现代文学、苏联考古、心理学、第二外国语等被降为加选课程。从性质上看，"加选课程是在教学计划所规定的总学时之外，由学生根据志愿额外加修的。加选课程无考试、考查"②。既然成了不用考试、考查的加选课程，中国历史地理在历史系教学计划中的角色变得非常尴尬。

回想1950年，侯仁之满怀热情地展望"到了我们真正在大学里能够开设一门比较合乎理想的《中国历史地理》的时候"，但是，中国历史地理课程在1955年教学计划修订中的遭遇，对于这个理想而言无异于泼了一盆透心凉的冷水。1959年，侯仁之介绍北京大学地质地理系地理各专业的建立和发展情况，提到了业已建立的自然地理、经济地理和地貌学三个地理专业，以及打算建立的陆地水文和地图学两个专业。③全文丝毫没有提及历史地理学，这对于一系之长的侯仁之来说未免有些尴尬。

课程虽然被取消了，专业也没有建立，但历史地理学作为一个学科仍旧存在，它的价值仍旧不可磨灭。在北京大学历史系中国古代史教研室1958年制定的五年规划中，提出要于次年开设北京史。在贯彻社会主义建设总路线的时代背景下，北京史无疑又是一朵史学"小花"。共同培育这门课程的合作者还有北京大学中国近代史教研室、地质地理系及北京市都市计划委员会。④在后两个单位中，我们看到了侯仁之的身影。此时的侯仁之，身为北京大学地质

---

① 郑天挺：《史料学教学内容的初步体会》，载《探微集》，中华书局，1980年，第283页。
② 参见《中国教育年鉴（1949—1981）》（本书编辑部编，中国大百科全书出版社，1984年，第252~253页）中"全日制高等教育·综合大学的文科教育"部分。
③ 侯仁之：《北京大学地质地理系地理各专业的建立和发展（简介）》，《地理知识》，1959年第3期。
④ 佚名：《北京大学历史系三个教研室的跃进规划草案》，《光明日报》，1958年7月21日。

地理系主任，又曾兼任北京都市计划委员会委员。可以说，北大历史系开设北京史课程，借助了历史地理学的力量。这也就是《北京史》出版后记中提到"侯仁之同志参加了部分初稿的起草工作，并进行了具体指导"的缘由。①

（四）《高等学校通用专业目录》中的中国历史地理（1963年）

事情很快起了变化。1961年4月，中共中宣部会同教育部和文化部在北京召开了高等学校文科和艺术院校教材编选计划会议，修订了文科七种专业（语文、历史、哲学、政治、政治经济学、教育、外语）和艺术院校七类专业的教学方案草案，并相应地订出了224门课程的教材编选计划，涵盖教材297种。相较于作为"专业"的"历史"而言，"中国历史地理"只能是课程之一。

但到了1963年，历史地理的地位则从历史系课程之一提升为文科专业。该年，国务院批准由国家计委和教育部在1957年专业目录基础上共同修订的《高等学校通用专业目录》②。在文科部分中，设置"060010 历史地理"专业。由此，历史地理专业在14个文科专业中，取得了与历史学、考古学、历史档案、图书馆学、哲学、汉语言文学、政治经济学、政治学等专业并列的重要地位。此时，复旦大学历史系招收了两届中国历史地理专业本科生。据亲历者邹逸麟回忆：

> 当时全国高校都乘大跃进之机，提倡发展新兴学科，复旦党委考虑要在学校发展历史地理学科，就以编图组全

---

① 北京大学历史系《北京史》编写组：《北京史》（增订版），北京出版社，1999年，第455页。
② 参见《中国教育年鉴（1949—1981）》（本书编辑部编，中国大百科全书出版社，1984年，第243页）中"全日制高等教育·专业设置"部分。

体成员为基础于 1959 年 7 月 1 日成立了历史地理研究室，成员扩至二十余人。1960 年开始，由于图集内容由重编改绘杨守敬《历代舆地图》改为新编《中国历史地图集》，内容大大地增加，队伍也是随之扩大。北京中科院历史研究所选派了十余位年轻研究人员参加此项工作，希望通过此项工作，为该所培养历史地理研究人才。同时复旦还筹备在历史系内成立历史地理专业，从华东师大、西北大学、中山大学调来十余位地理系应届毕业生，充实师资队伍，成立教研室，开设地理学方面的课程。①

据此可知，复旦大学历史地理专业的设置始于 1960 年。另据钱林书回忆，他是 1960 年进入复旦大学历史系，成为第一届历史地理专业学生。② 如此看来，1963 年的《高等学校通用专业目录》是对既定事实的确认。

新专业的设置为复旦大学历史地理研究室带来了新的发展契机。对此，谭其骧深有所感：

> 旧社会给我们留下的历史地理人才没几个，现在短短几年中我们不但培养出一批新人，还设立了培养更多人才的新专业。他兴奋地告诉记者。他和历史地理教研组的同志们已经订定新的计划：三分之二的时间绘制地图，三分之一的时间准备新专业课程。他们要在新地图、新学科、

---

① 邹逸麟：《〈中国历史地图集〉工作琐忆》，载中国地理学会历史地理专业委员会《历史地理》编辑委员会编：《历史地理》第二十一辑，上海人民出版社，2006 年，第 338 页。
② 钱林书：《杨宽先生与〈从传说中的夏图〉到〈夏时期全图〉》，载中国地理学会历史地理专业委员会《历史地理》编辑委员会编：《历史地理》第二十一辑，上海人民出版社，2006 年，第 348 页。

第五章 何枝可依——基于课程、专业、系科设置的中国历史地理学史　207

新专业、新人才的工作上做出新的成就。①

可见，该专业人才培养的主要方向就是改绘"杨图"工作。这种目的明确的培养方向，在教育史上也算是特例（图5—4）。

图5—4　《解放日报》关于复旦大学历史地理专业的报道

那么，该如何准备新的专业课程呢？此时，我们看到了在此次本科专业建设过程中，地理学要素在历史地理学中的注入。从华东师大、西北大学、中山大学调来的十余位地理系毕业生无疑充实了历史地理学的"地理学"色彩。华东师大地理学继承了浙江大学的地理学衣钵，西北大学是黄国璋、傅角今、王成组等前辈缔造的地学重镇，中山大学则有我国较早在理科开设的地理学系。甚至为了培养学生的野外独立工作能力，谭其骧一度想把河口海岸学家陈吉余调过来。毫无疑问，这些地理学生力军的加入，为复旦大学历史地理学注入了浓厚的"地理元素"。

经过上述努力，谭其骧"在复旦大学创建了中国乃至世界上的第一个，也是唯一的一个历史地理专业，先后培养了近百名历史

---

①　顾小岚：《新地图和新专业——访问复旦大学历史地理研究室谭其骧教授》，《解放日报》，1961年11月18日。

地理专业本科人才,分布于祖国各地"[1]。不过,在60年代作为历史地理专业毕业的学生只有32名。

我们也需注意到,在该专业目录的理科部分中,地理学作为一个整体学科被取消,仅设置"070028 自然地理学"专业,地位与地图学、海洋水文学、气象学、气候学、地质学等专业相当。在自然地理学专业下,又细分为自然地理学、地貌学、陆地水文学、气候学、植物地理、动物地理六个"专门组"。人文地理学虽然是地理学不可或缺的组成部分,此时却因被斥为资产阶级伪科学而取消,仅在财经部分中保留"080010 经济地理"专业。由此,在地理学学科体系及教育体制中发展历史地理学专业的可能性被阻滞。

不过,即便是历史系开设的历史地理专业也很快被取消。此间政治运动频仍,正常的教育教学秩序受到极大冲击,尤以"文革"为甚。再者,历史地理毕竟是就业面较窄的"小众学问",作为本科专业不可能在全国高校历史系全面铺开。

"文革"期间,教学科研秩序陷入全面混乱。1969年年初,北大文革教改组就北大学校体制改革和专业设置进行讨论,认为"地质地理系北大不办,改由地质队办训练班培养人才。主张者说:地球本身是个实验室,光关在房间里搞,真是活见鬼"[2]。皮之不存,毛将焉附?连地质地理系都没了,何谈历史地理学专业?好在政治局势瞬息万变,还来不及对地质地理系开刀,政治"风向"就变了。

---

[1] 张修桂:《谭其骧先生创建中国第一个历史地理专业》,复旦大学历史地理研究中心主编:《谭其骧先生百年诞辰纪念文集》,上海人民出版社,2012年,第147页。

[2] 王学珍等主编:《北京大学纪事(1898—1997)》,北京大学出版社,1998年,第678页。

四、新时期的两栖

鉴于"文革"期间的教育秩序极其混乱，直接波及到高校学科专业设置。进入改革开放的新时期后，教育主管部门着手整顿专业设置的混乱局面。教育部于 1978 年出台《关于作好高等学校专业设置和改造工作的意见》，并召开全国高校文科教学工作座谈会（1978 年 6 月）、部属综合大学理科专业调整会议（1979 年 6 月）。为贯彻会议精神，教育部于 1978 年 9 月发布具有指导性的《高等学校文科教学工作座谈会纪要》，本着适当放宽专业口径、克服专业业务范围划分过窄的指导精神下，对全国高校专业进行调整。

（一）文科本科专业中的历史地理学（1978 年）

经过调整恢复，综合大学共设置 65 个文科专业（不含外语）。中国人民大学、北京大学、复旦大学等 13 所重点综合大学共设置 53 个文科专业，包括"中国历史地理"以及历史学、中国史、世界史、考古学等历史相关专业。[①] 在 1980 年北京大学 22 个系的 66 个专业中，并无"历史地理"专业。在该校与历史地理相关的系中，历史学系设置中国史、世界史、考古学 3 个专业，地理学系则设置自然地理学、地貌及第四纪学、经济地理学 3 个专业。[②] 根据 13 所重点综合大学的名单看，不难得知此时设置"中国历史地理"专业的肯定是复旦大学。事实上，复旦大学也是在 1980 年和 1987 年招收了两届历史地理专业本科生，共计 43 人。[③] 从此以后，作

[①] 参见《中国教育年鉴（1949—1981）》（本书编辑部编，中国大百科全书出版社，1984 年，第 256 页）中"全日制高等教育·综合大学的文科教育"部分。

[②] 参见《中国教育年鉴（1949—1981）》（本书编辑部编，中国大百科全书出版社，1984 年，第 247—248 页）中"全日制高等教育·专业设置"部分。

[③] 张修桂：《谭其骧先生创建中国第一个历史地理专业》，载复旦大学历史地理研究中心主编：《谭其骧先生百年诞辰纪念文集》，上海人民出版社，2012 年，第 149 页。

为本科专业的历史地理学就销声匿迹了。

同样为贯彻会议精神,教育部又于 1980 年 4 月发布《关于修订综合大学理科专业(四年制)教学计划的意见》,将全国 13 所综合大学理科专业由原来的 125 种 287 个专业点调整为 78 种 227 个专业点。其中与地理学相关的专业(及选修组)包括自然地理学(环境学、冰川与冻土、荒漠、陆地水文、自然资源、地生态学)、经济地理学(区域与城市规划、农业地理)、水文学、地貌与第四纪学、地图学等。[①] 此次调整在专业下设置"选修组"以代替过去的"专门组",此举实际上是在专业设置中借鉴了课程设置中"选修课程"、"专门化(组)课程"的词汇。学生学完专业基础课后,可选择某一选修组,学习有关选修课程。当然,在理科专业中,曾经的加选课程"中国历史地理"或因"学科不够成熟或业务范围过窄"之故无从升格为"选修组",更别期望设为专业。

在此情形下,像北京大学那样本将历史地理学寄托于地理学"学术阵营",其发展势必遭遇制度性瓶颈,而在历史系设置历史地理专业则显得名正言顺。于是,复旦大学历史系历史地理研究室于 1982 年升格为研究所也就顺理成章了。

(二)第三批学位授予单位及学科专业名单中的历史地理学(1986 年)

地理学阵营中的历史地理学自然要为自己谋求发展空间,其突破点在于研究生专业。1977 年召开的全国高等学校招生工作会议讨论制订了《关于高等学校招收研究生的意见》,因"文革"而中断的研究生招生制度正式恢复。1981 年,《中华人民共和国学位条例》颁布实施。随后的 1981 年、1983 年和 1986 年批准了三批博

[①] 参见《中国教育年鉴(1949—1981)》(本书编辑部编,中国大百科全书出版社,1984 年,第 285 页)中"全日制高等教育·理科教育"部分。

第五章 何枝可依——基于课程、专业、系科设置的中国历史地理学史 211

士和硕士学位授权单位及学科、专业点、博士生指导教师名单。国务院学位委员会办公室编印的《全国授予博士和硕士学位的高等学校及科研机构名册》（高等教育出版社，1987年）为考察这一时期历史地理学的研究生培养状况提供了便利（表5—2）。

表5—2 历史地理学博士硕士学位授予单位及学科、专业、指导教师情况（截至1986年年底）

学科、专业（学位类别）	学位授予单位	指导教师	批次	所属
历史地理（博士）	复旦大学	谭其骧	1	历史学
历史地理（博士）	复旦大学	邹逸麟	待批	历史学
历史地理（博士）	武汉大学	石泉	3	历史学
历史地理（博士）	陕西师范大学	史念海	1	历史学
历史地理学（博士）	北京大学	侯仁之	1	理学·地理学
历史地理（硕士）	复旦大学			历史学
历史地理（硕士）	武汉大学			历史学
历史地理（硕士）	陕西师范大学			历史学
历史地理学（硕士）	北京大学			理学·地理学
历史地理学（硕士）	杭州大学			理学·地理学
历史地理学（硕士）	中山大学			理学·地理学
历史地理学（硕士）	西北大学			理学·地理学
历史地理学（硕士）	中国科学院地学部（地理研究所）			属理学地理学

可知截至1986年年底，全国共有四家历史地理（学）博士学位授予单位，五名博士研究生指导教师，八家历史地理（学）硕士学位授予单位。从学位授予单位数量上看，属于地理学的历史地理学要多于历史学，但仅有北京大学一家具有博士学位授予资格。

从后来的发展态势看，属于历史学的历史地理学显然占上风。不少当时具有硕士学位授予资格的单位始终未能取得博士学位授予资格，甚至最终连硕士学位授予资格也被取消。像陈桥驿这样曾任中国地理学会历史地理专业委员会主任、国际地理学会历史地理专业委员会咨询委员的著名学者不能招收博士研究生，诚为憾事。

此时，虽然从学理上历史地理学的地理学属性已达成表面上的共识，但历史地理学的历史学传统显得更有生命力。在始终强调"中国特色"的国内学术界，我们似乎需要基于现实去反思关于历史地理学属性的经典论断。当理论与现实脱节的时候，我们没有理由去质疑现实存在的合理性，只能去修补理论的不足。当然，谁也不能否认高明的理论总是具有超迈现实的前瞻性，只不过目前还看不到良好愿景能够转化为可以预知的事实。时至今日，就以历史学为主要"学术阵营"的中国历史地理学而言，将之全盘置于地理学门下，恐怕得到的只是口头上的"属性"，失去的是现实中的"生命"。

需要另加说明的是，在1987年12月公布的《普通高等学校社会科学本科专业目录》中，历史学类下除了设历史学、考古学、博物馆学，还规定"个别学校设置"的专业，这其中就包括历史地理。而在本科教学中，作为选修课的历史地理学仍旧存在。在此，仅以北京大学为例加以说明。1987年党的十三大召开后，北京大学提出深化教学改革的设想，对教学计划进行修订。新修订的《历史学系中国史专业教学计划》列出20门限制性选修课，《中国历史地理》名列《考古学通论》之后，位居次席。不过，在教学计划中，限制性选修课的地位自然逊于公共必修和专业必修课程。此后，在1996年修订的《历史学系中国史专业教学计划》中，限制性选修课程一类仍辟有《中国历史地理概论》。[①]

[①] 杜勤、睢行严：《北京大学学制沿革（1949—1998）》，北京大学出版社，2000年，第251、319页。

（三）第四批新增学位及学科专业名单中的历史地理学（1990年）

1986年《第三批博士和硕士学位授予单位及其学科、专业名单》确立的历史地理学"史地共存"的学科秩序，并未激起学界的热烈讨论。但是"史地共存"秩序仅仅维持三四年。1990年10月，国务院学位委员会第九次会议审核通过第四批新增博士硕士学位及其学科专业名单，并与国家教委联合下发的《授予博士、硕士学位和培养研究生的学科、专业目录（1990颁布）》。这两份文件将历史地理学从地理学中剔除，只设在历史学门下。详情如下：

06 学科门类：历史学

  0601 历史学；060101 史学理论；060102 史学史；060103 考古学（含：古文字学、原始社会史）；060104 历史地理；060105 博物馆学（含：文物学、古器物学）；060106 历史文献学（含：档案学、敦煌学、版本目录学等）；060107 专门史（含：经济史、文化史、思想史、政治制度史、土地制度史、工人运动史、农民战争史、中外关系史等）；060108 中国古代史；060109 中国近现代史；060110 中国地方史；060111 中国民族史；060112 世界上古史、中古史；060113 世界近现代史；060114 世界地区史、国别史

07 学科门类：理学

  0705 地理学；070501 自然地理学；070502 地貌学与第四纪地质学；070503 人文地理学；070504 区域地理学；070505 环境地理学；070506 地图学与遥感；（020127）经济地理学（见经济学：经济地理）

针对这一调整，侯仁之于 1991 年 6 月 6 日撰写《再论历史地理学的理论与实践》做出积极回应。文章认为此举"造成了学科性质的极大混乱，极其不利于这门学科的发展。甚至有的重要地理研究机构，也停止了招收历史地理学的研究生，其后果必将严重影响历史地理学高级科学研究人才的培养，而这样的人才正是我国目前的经济建设中所必需的"①。侯仁之所在的北京大学城市与环境学系虽然并未因此而停止招收历史地理学研究生，不过从此改授历史学学位。事实上，有的"重要地理研究机构"即便没有遇到此次专业调整，也将因人才断档、人员老化而停止研究生招生。

虽然侯仁之一再坚持"从学科性质上来看，历史地理学正是现代地理学的一个有机的组成部分，这一学科性质是不容置疑的"，但当北京大学的历史地理学还在筹建研究所的时候，它已经与经济地理学"捆绑"成为全国重点学科人文地理学的一部分。侯仁之在文中显然是将此事作为历史地理学的进步而加以陈述。其实，与历史地理学"倒退"为历史学相比，成为地理学分支人文地理学的下属也谈不上是多大"进步"——虽然这仍处于地理学学术阵营之内，但它首先属于人文地理学，这不仅与当时学界一般认可的历史地理学分为人文地理和自然地理两大部分的现状产生逻辑上的矛盾，而且在历史地理学与地理学之间的隶属关系上增加了人文地理学这一层级。

当然，侯仁之的质疑并未改变历史地理学在 1990 年所颁学科专业目录中的地位。此后的《授予博士、硕士学位和培养研究生的学科、专业目录（1997 年颁布）》将历史地理学设定为编号为"060103"的历史学二级学科，地位与史学理论及史学史、考古学及博物馆学、历史文献学（含敦煌学、古文字学）、专门史、中国

---

① 侯仁之：《再论历史地理学的理论与实践》，载《历史地理学四论》，中国科学技术出版社，1994 年，第 22 页。原载 1992 年《北京大学学报》（历史地理学专刊）。

古代史、中国近现代史、世界史7个学科相当。与1990年颁布目录相比，历史地理学在历史学学科体系中的地位由"1/14"升为"1/8"。当然，与枝繁叶茂的中国、世界断代史所遭遇的大加删削相比，历史地理学作为整体保存下来实属不易。

不过，这来自历史学学术阵营的些许荣幸，并不能消弭栖身地理学学术阵营的历史地理学者的埋怨。时隔多年之后，身处地理系的陈桥驿仍旧"因我所从事的这门学科的属性问题而感到惶惑，我算是一个地理学者，还是历史学者？"① 在他看来，将历史地理学视为从属于历史学的二级学科这一"官论"，有悖于历史地理学属于地理学的"学论"，因而提出"'官论'在下达以前，有没有对'学论'作过一番考虑"的问题。

平心而论，学位教育主管部门恐怕没有足够的时间和精力去论证历史地理学的学科属性这一无关宏旨的细节。1986年7月28日国务院学位委员审核通过第三批博士硕士学位授予单位及其学科、专业之后，全国有博士学位授予单位238个，博士学位授权学科、专业点1860多个，硕士学位授予单位525个，硕士学位授权学科、专业点6240多个。在1990年所颁学科专业目录中，则有各学科门类专业620种。让行政部门摆脱学界既有意见而另起炉灶加以论证是不现实的。所谓"官论"，只是采纳经过专家论证的某一结论并通过行政手段加以"合法化"的结果。关于课程、专业、学位的设置，理应是学界与教育行政部门互动的结果，不可能是有关行政部门的一厢情愿之举。

可见，"官论"只不过是"合法化"的另一种"学论"。事实表明，关于历史地理学学科属性的问题，从来就不存在一统江湖的"学论"。即便是供职于专业地理研究机构的学者在承认"历史地

---

① 陈桥驿：《学论与官论——关于历史地理学的学科属性》，《学术界》，2001年第2期。

理学是地理科学的一个分支"的同时，也认可它是"历史科学与地理科学之间的边缘科学"①。那么，处于边缘地位的历史地理学被处于核心地位的历史学或地理学所"吸附"都是合乎情理的，关键是看谁的"吸附力"更大。

从科学社会学的角度思忖，每一位学者都会因其所处的学术环境、人际关系而产生难以割舍的"学科忠诚"。任何理论观点的表述，都是基于研究者自身的学识素养、意识形态、学术环境、政治局势、市场需求等因素而制定出来的。倘若侯仁之、陈桥驿等历史地理学前辈不得不身处历史学学术阵营，恐怕他们的观点会有另一套逻辑组织。

值得注意的是，此时身处地理学阵营的历史地理学发展遇到瓶颈，甚至不少单位的历史地理学被取消。即便是在北京大学，历史地理学也被视为"保护对象"。在北京大学 2001 年制定的"十五"期间学科建设布局中，"对于并非国家大量急需，但从国家长远或后备需要也是必不可少的稀缺专业，我校将采取适当保护措施使其稳定提高，如希伯来语、历史地理等"②。需要被保护的专业和需要被保护的动物一样，说明它们面临着生存危机。

（四）学科专业自主设置中的历史地理学（2003 年）

时至今日，生命力健硕的侯仁之仍旧理所应当被视为地理学学术阵营中历史地理学传统的旗帜和积极维护者。即便是在学术生涯的暮年，侯仁之依然秉持历史地理学属于地理学的信条。这一学术传统的坚守，换来了在地理学下自主设置历史地理学专业的机遇。

进入新世纪后，为促进新兴、交叉学科的发展，国务院学位委

---

① 黄盛璋：《论历史地理学与地理学》，《湘潭大学社会科学学报》，1982 年第 3 期。
② 佚名：《北京大学"十五"学科建设规划》，载杨开忠主编：《向上的精神：北京大学规划文选（1914—2013）》，北京大学出版社，2014 年，第 249 页。

员会和教育部决定开展在博士学位授权一级学科范围内自主设置学科、专业的改革试点工作。这一工作共进行了三年（即 2002~2004 年），在历史学一级学科范围内增置 25 个专业，在地理学一级学科内增置 17 个专业。与历史学范围内增置学科方向庞杂相比，地理学则形成城市与区域规划（共有 4 所高校增设）、海岸海洋学科（共有 4 所高校增设，但名称不一）等热点。在上述 42 个自主增置专业中，与历史地理学密切相关的是 2003 年北京大学在地理学下增置的历史地理学和复旦大学在历史学下增设的人口史。

如果说自主增置学科专业是为了"鼓励学位授予单位根据人才需求状况调整学科、专业结构"，那么历史地理学、人口史显然不如城市与区域规划、文化遗产与旅游开发等专业更有市场需求。因此，这两个学科的增置，更大意义上是基于学术传统和已有学术积累。北京大学的历史地理学作为一个研究所实体单位，受制于原有专业目录中将历史地理学置于历史学名下的瓶颈，借机取得了在地理学中的名分，并由此践行其地理学传统。而复旦大学的历史地理学本身就植根于深厚的历史学底蕴中，且复旦大学的地理学学科传统有所缺失，没有历史悠久的地理学院系建制。这样，就不会产生在地理学名下增设历史地理学的需要。尤其是在完成了均为六卷本的《中国移民史》、《中国人口史》后，复旦大学历史地理学已占据了国内人口史研究的制高点。

当然，无论是历史地理学还是人口史，均是各学位授予单位的"自说自话"，各行其是，在学界不具备普遍约束力和导向作用。当然，此举折射出的历史地理学旨趣和发展趋势差异，确是耐人寻味。不过，教育部的此项政策在执行三年后就戛然而止，所以历史地理学和人口史的增置对整个学科的影响也就因为政策因素而尚未凸显出来。

（五）2010 年以来学位和专业目录调整中的历史地理学

眼下，对历史地理学发展影响最大的、最直接的举措则是 2010 年以来学位目录和本科专业目录的大幅度调整。2011 年 3 月，国务院学位委员会、教育部制定《学位授予和人才培养学科目录（2011 年）》，在"历史学"学科门类下设置"考古学"、"中国史"、"世界史" 3 个一级学科。2012 年 9 月 14 日，教育部发布"教育部关于印发《普通高等学校本科专业目录（2012 年）》《普通高等学校本科专业设置管理规定》等文件的通知（教高〔2012〕9 号）"。该通知附件中的《普通高等学校本科专业目录（2012 年）》罗列出 12 个学科门类下的 92 个专业类、506 种专业，其中，历史学门类下设 1 个专业类（即代码为"0601"的历史学类），6 种专业（亦即历史学、世界史、考古学、文物与博物馆学 4 个基本专业和文物保护技术、外国语言与外国历史 2 个特设专业）。在理学学科门类的地理科学类，则设有地理科学、自然地理与资源环境、人文地理与城乡规划、地理信息科学 4 个专业。

鉴于《学位授予和人才培养学科目录（2011 年）》是国家进行学位授权审核与学科管理、学位授予单位开展学位授予与人才培养工作的基本依据，势必对未来历史地理学的招生、教学、学位授予产生深远影响。同时，《普通高等学校本科专业目录（2012 年）》是设置和调整专业、实施人才培养、安排招生、授予学位、指导就业的基本指导性文件之一，也势必对历史地理学的发展产生影响。由于历史地理学在该本科专业目录中的缺失，则其在高等教育体系中的发展空间只能寄托于灵活性和操作余地更大的研究生培养阶段。但是，《学位授予和人才培养学科目录（2011 年）》并未给历史地理学设定确切的位置，划定明晰的范围。

此前，教育部于 2010 年 12 月印发了《授予博士、硕士学位和培养研究生的二级学科自主设置实施细则》，规定"学位授予单位可在本单位具有博士学位授权的一级学科下,自主设置与调整授予博士学位的二级学科;在具有硕士学位授权的一级学科下,自主设置与调整授予硕士学位的二级学科"。该细则自 2011 年 3 月 1 日起施行。数日后,国务院学位委员会、教育部于 3 月 8 日发出《关于印发〈学位授予和人才培养学科目录(2011 年)〉的通知》。倘若前述细则的精神贯彻到新版的学科目录中,则二级学科设置自主权的获得,将为各学位授予单位根据自身的发展情况和研究特色"量身定制"历史地理学在历史学学科门类的"名分"提供现实可行性与操作空间。问题在于,历史地理学不可能"僭越"为一级学科,必须附属于考古学、中国史、世界史之下。

单从学理上分析,历史地理学与三个一级学科均能融会贯通,从而产生"考古地理学"、"中国历史地理学"、"世界历史地理学"三个二级学科。除了耳熟能详的"中国历史地理学"之外,日本学者早已提出过"考古地理学"的概念,国内近年也出版了以考古地理为题的著述。唯独"世界历史地理学"这一概念尚属生僻,本文在此不妨立此存照。此前,有观点主张中国历史地理研究应以全球史观为指导去研究全球历史地理问题,并在全球历史背景下研究中国历史地理问题。[①] 现在看来,世界历史地理学倒是有可能成为历史地理学的新的增长点。

倘若尚属三个衍生的历史地理学二级学科成为现实,那么势必又会遭遇既从属于考古学、中国史、世界史这三个一级学科,又从属于历史地理学的逻辑矛盾。历史地理学并非现行体制所能容纳的一级学科,却能吸纳三个潜在的二级学科。现行的三个一级学科虽然部分地吸纳历史地理学分支,但任一一级学科都不能涵盖历史地理学的全部。

---

① 毛曦:《全球史观与中国历史地理学研究范围的拓展》,《天津师范大学学报》(社会科学版),2009 年第 1 期。

由此看来，世界史和考古学"单飞"给历史地理学、专门史、史学理论与史学史、历史文献学等传统二级学科带来的被动调整，必将持续一段时间。就历史地理学而言，将之升格为一级学科是有必要的。正如当年将之设为历史学二级学科与考古学、世界史并列一样，作为整体的历史地理学并未弱化，而是日益成为拥有共同学术关注点、共同学术机构和刊物、共同对话场所的"学术共同体"。当然，这种必要性转化为现实可能性，尚有待历史地理学在学术界拿出像八卷本《中国历史地图集》那样更加过硬的成果，发出更多有利于国计民生的声音。

目前，历史地理学恐怕不必苛求在《普通高等学校本科专业目录》中寻找位置。作为一门"小众"学科，不切实际地将之设置为历史学或地理学门类下的基本专业或特设专业，势必遭遇无法克服的就业瓶颈，这也是中国当代高等教育史上屡次证实的经验教训。

五、犹未可知的前景

教育与学术之间的密切关系，存在于任一学科发展的全过程。与历史地理学一样，经济史、法律史、科学史等学科也遭遇到属于历史学还是属于社会科学或自然科学的学科属性问题。与历史地理学在地理学中属于冷门，甚至被讥为左道旁门相比，经济史、法制史在经济学、法学中的地位和遭遇也在伯仲之间。在《学位授予和人才培养学科目录（2011年）》，历史学门类之外与史学相关的一级学科包括理学门类下的"科学技术史"、军事学门类下的"军事思想及军事历史"。与《授予博士、硕士学位和培养研究生的学科、专业目录（1997）》相比，曾经的二级学科经济思想史、经济史（属经济学）、法律史（属法学）、教育史（属教育学）均已隐去，遭到与历史地理学同样的待遇。

第五章 何枝可依——基于课程、专业、系科设置的中国历史地理学史

在下层高度分化和上层高度整合的当今学术中,历史地理学及几乎所有专门史(如经济史、政治史、军事史等)都会遇到其研究对象(如经济、政治、军事等)所属的学科门类(如经济学、政治学、军事学等)与历史学之间的属性选择。以科学史为例,席泽宗主张科学史是一门历史科学,"希望历史学家热情帮助科学史家,和科学史家密切合作,努力发展这一学科"[①]。但是历史学界并不热心响应。侯仁之主张历史地理学属于地理学,但地理学界响应者无几。两位同为学界领军人物的中科院院士,遭遇到同一类型困惑。

任何关于学科属性归属的答案,都只能是一家之言,不可能成为放之四海而皆准的公理。所谓的"真理"从来就是相对的,是一种理想化诉求。与其寻求问题的最终解决,倒不如诸说并存,各行其是。席泽宗在讨论科学史的学科性质时认为:"一门学科在行政管理上归哪个部门和它在性质上属于什么,这两者可以一致,也可以不一致,只要对学科发展有利就行。"[②] 问题在于,行政管理部门往往追求"对口管理",提高行政效能,给学术界留不出自由调控、歧见并存的空间。学界往往是弱势的,他们往往只是征求意见的对象,而不是决策者。这样,就需要教育学术行政管理部门在专业设置上做到原则性和灵活性的协调统一,为学术界根据学科发展的实际需要提供自主权,从而为历史地理学的不同发展路径提供充分自由竞争,优胜劣汰的空间。如此,方可避免"无枝可依"或者"拣尽寒枝不肯栖"的尴尬境地——这就是一位微末学者的刍荛之言。

[①] 席泽宗:《科学史与历史科学》,载《科学史十论》,复旦大学出版社,2003年,第27页。
[②] 席泽宗:《科学史与历史科学》,载《科学史十论》,复旦大学出版社,2003年,第18页。

第六章　人事有代谢
——"谭图"以前的中国历史地图编绘

一、小引

"人事有代谢，往来成古今。"中国历史地理学就是在学者的人事代谢中谱写着属于自己的古今历程。

用科学社会学的一般观点看，学术的发展在于学术共同体对范式的确立、调整、革命的一系列过程之中，中国历史地理学的发展也不例外。在历史地理学领域，历史地图编绘是这一"常规科学"的重要内容。谭其骧主编的八卷本《中国历史地图集》（学界习称"谭图"）被誉为中国历史地理学（乃至整个人文社会科学）领域的标志性成果。"谭图"在学术界地位的确立，得益于其在史料基础的扎实和编绘方法的合理。当然，从"常规科学"走向"科学革命"，并不是横空出世，白手起家。任何科学的实质性进步，都是在充分借鉴和吸收既有研究成果的基础上实现的。没有杨守敬《历代舆地图》（简称"杨图"）的奠基之功，也就不会有后来的改编与重绘"杨图"工作，也不会顺理成章出现"谭图"及《国家大地图集·历史地图集》。

从"杨图"到"谭图"的历程，构成了中国历史地理学发展的主导性脉络之一。探讨这一历程的来龙去脉,自然是梳理中国历史地理学发展历程的题中应有之意。如果说"一个科学专家组成的共同体会尽其所能,使它能精确而细致地处理的资料的汇集得以持续不断的增长"[①],那么,中国历史地理学的学术共同体是如何围绕历史地图编绘而进行知识的积累与变革呢?针对这一问题,本书专就"谭图"以前的中国历史地图编绘进行一番钩沉索隐的工作。这段历史的前因后果及其复杂脉络,并不因已有的当事人口述与追忆而得以全景式呈现。因此,本研究仍不失其学术价值。

二、读史工具

历史地图,按照标准定义,则为"反映人类历史时期自然和政治、经济、军事、文化状况及其变化的地图"[②]。简言之,时人用地图手段表达往昔的地理状况,就是历史地图,西晋裴秀《禹贡地域图》、北宋税安礼《历代地理指掌图》、清人杨守敬《历代舆地图》皆属此类。

税安礼《历代地理指掌图》被谭其骧誉为"最早的历史地图集"。但如其序言所载:"古今舆地,披图了然,如亲履而目见之。"[③] 则可知该图并非纯粹的历史地图集,书中"圣朝元丰九域图"之类则是类似于记载"今舆地"的"当代地图"。毫无疑问,清代杨守敬《历代舆地图》(学界通常简称为"杨图",图6—1)是传统沿革地理和历史地图的登峰造极之作,通过对它的审视,可窥见中国历史地图绘制传统之一般特征。

---

① [美] 托马斯·库恩,金吾伦、胡新和译:《科学革命的结构》,北京大学出版社,2003年,第152页。
② 中国大百科全书总编辑委员会《地理学》编辑委员会中国大百科全书出版社编辑部编:《中国大百科全书·地理学》,中国大百科全书出版社,1990年,第280页。
③ (宋)税安礼:《宋本历代地理指掌图》,上海古籍出版社,1989年,序言第4页。据日本东洋文库所藏宋本影印。

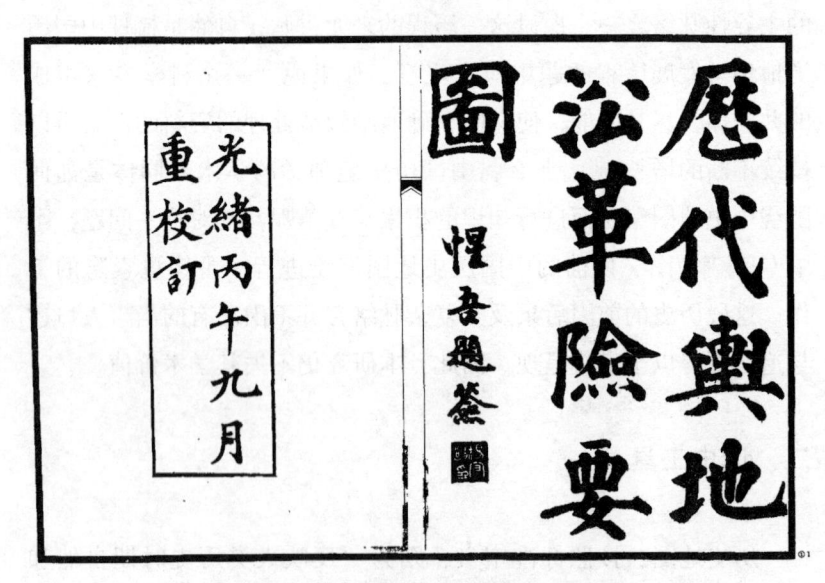

图 6—1　杨守敬《历代舆地图》书影

杨守敬《历代舆地图》（初刊时名《历代舆地沿革险要图》）的下限止于明代，具有纯粹的历史地图性质。饶敦秩在《历代舆地沿革险要图》跋语中略述该书原委：

> 敦秩弱冠读乙部书，苦于地理，不知其向，又今古异名，尤费稽考。后得顾氏方舆纪要，读之叹为绝作。其历代州域形势，尤得要领。惜其无图，思欲补之。……乃延惺吾至余家，与之钩稽排比而成之，……共得六十七篇。略著其说于图隙，使读者易于省察。……以考古为读史助也。①

其中"以考古为读史助也"一语点破了编绘该图目的所在。

---

① （清）杨守敬：《历代舆地图》，清末宜都杨守敬观海堂刻本。

第六章 人事有代谢——"谭图"以前的中国历史地图编绘　225

若不是为了读史书（乙部），自然可以避开古代地理问题。地图是表达地理状况的最佳方式之一，当然，囿于形式所限，还需要配以文字说明。清人读史，下限肯定是清朝，所以《历代舆地图》中不可能有专门的清代图幅。清代地理，对于杨守敬、饶敦秩而言属于当代地理而非沿革（历史）地理。正因为此，在陈衍看来，杨守敬"至地理之学，其所独擅尔。守敬治旧地理，新化邹代钧治新地理，分教两湖书院，楚有材矣"①。这里所说的"旧地理"就是区别于"新地理"（近代地理学）的"沿革地理"。在后人看来，杨守敬理所当然被当成研治古地理者，正如蒙文通所言：

　　古地之学不能凭空去讲。我是在经史中遇着很多问题不能不从地理探讨，积累久了，地理也熟了，问题也多了，好像专门讲古地。其实我与清人治《水经注》的学问全不相同。他们是专搞地理，尽读地理书。我是从经注、史注中去，而不专从地理书去，所以与他们的结果不同。这可说是学有本末。地理是史学一工具，如其专研地理，方法就不外杨惺吾，结论也应相同。②

在"古地之学"的认知理念上，蒙文通还停留在与杨守敬同样的水平上，即把地理当成读史的工具，如此看来，历史地图只不过是古地之学的形式之一。

清代历史地图的编绘盛于前朝，出现了众多以政区沿革为主的读史地图。今人曹婉如提出一项规律性认识："清代特别是清中叶以后，历史沿革地图的编绘较多，而且多以历代纂修的正史地理志

---

① 陈衍：《杨守敬传》，载胡寄尘编：《虞初近志》卷七，启智书局，1934年，第150页。
② 蒙文通：《治学杂语》，载蒙默编：《蒙文通学记（增补本）》，生活·读书·新知三联书店，2006年，第31页。

为依据,是其特点。"① 此后,辛德勇在系统研究的基础上又得出如下深入认识:

> 李兆洛以降若六承如、厉云官、马徵麟、杨守敬辈之侧重以今地释古史,除却经世致用风尚的影响之外,乾嘉时期的纯学术考据方法及其舆地考据成果,同样也是他们这些人得以相继编绘出高水平历史地图非常重要的因素。就学术内容而言,概括地说,这一时期历史地图的发展历程,就是不断吸收并扩展深化清代学者舆地考据成果的过程,每一次图幅的增加和内容的修订扩展,都是基于这种坚实的学术研究。②

可见,即便是研究方法是"纯学术考据",但指导思想还是有"经世致用"的要素在起作用。一言以蔽之,"在中国学术史上,读前代史书而特别究心于古今地理沿革对照,一直与危殆的政治局势密切关联"③。

即便是"两耳不闻窗外事"的读书人,在"一心只读圣贤书"的时候还是满怀"经世济民"的伟大抱负。明人陈子龙再给《历代舆地图》作序时说:"图之为用尚矣,而舆地尤要。……是图也,非守国之善经,保治之良规与?"④ 直接赋予了历史舆图保卫社稷江山的责任。民国时人邹永修在为《中国历代疆域战争合图》

---

① 曹婉如:《论清人编绘的历史地图集》,载曹婉如等编:《中国古代地图集(清代)》,文物出版社,1997年,第141页。
② 辛德勇:《清后期的历史地图》,载《困学书城》,生活·读书·新知三联书店,2009年,第256~257页。
③ 辛德勇:《清后期的历史地图》,载《困学书城》,生活·读书·新知三联书店,2009年,第252页。
④ (明)陈子龙,孙启治点校:《安雅堂稿》卷三《历代舆地图序》,辽宁教育出版社,2003年,第49~50页。

作序时也说"地理之学,果其与政治胼臦相通焉耳矣"①。历史地图这个冷僻的行当,同样与时局政事有着千丝万缕的联系。

三、"杨图"余脉

杨守敬《历代舆地图》作为传统历史地图的扛鼎之作,其价值有目共睹。1923 年,史家金毓黻认为该图"过于李申耆《历代舆图》数倍,不愧绝作,然亦不无舛误"②。在相当一段时期内,"杨图"是读史地图的不二之选。即便是到了 1954 年,吴晗向毛泽东推荐的还是"杨图",只不过是在此基础上重编改绘而已。谭其骧在接手这项任务之初,肯定没有预想到未来八卷本"谭图"的模样。

此外,"杨图"在出版印刷水平上也达到了一定高度。在 1926 年的费城世博会上,北洋政府就将杨守敬《历代舆地图》(1906 年版)作为世博会展品和政府赠品。③ "杨图"作为中国地图印刷史上堪称里程碑式的代表作,这个评价并不过分。

当然,用后人的眼光看,"杨图"的缺陷也是显而易见的,譬如,"杨氏详于域中之沿革,于边界及域外之地理,非其所长"④。即便如此,仍然有众多学者循着杨守敬的道路,对"杨图"加以继承和发展。

---

① 邹永修:《中国历代疆域战争合图叙》,载欧阳缨:《中国历代疆域战争合图》,武昌亚新地学社,1933 年,第 2 页。

② 《学术研究丛刊》编辑部编辑:《金毓黻学术年谱(初稿)》,内部印刷,1987 年,第 16 页。

③ 杨继东:《麦嘉缔图书馆和宾夕法尼亚大学的东亚文献收藏》,载周欣平主编:《东学西渐:北美东亚图书馆(1868—2008)》,高等教育出版社,2012 年,第 62 页。

④ 柳诒徵:《史学概论》,载柳曾符、柳定生选:《柳诒徵史学论文集》,上海古籍出版社,1991 年,第 113 页。

（一）柳诒徵影响下的历史地图编绘

由于"杨图"存在同类著作所不可替代的价值，后世学者首先想到的就是如何继承，以及在继承基础上的改造问题。

1. 何东保改绘"杨图"

事实上，在"谭图"之前，何东保早已着手"杨图"的改造。章巽回忆在中央大学求学经历时说：

> 张其昀先生讲地理学，很重视人地关系，因而他也很重视历史地理。……恰好这时我们历史系有一位助理员何东保先生，每天来校的主要工作就是把分册装订的杨守敬《历代舆地图》改画成巨幅的挂图，这时已快全部完成了。这些分幅装裱的大挂图，现在大约还藏在南京大学历史系。他以一人之力，完成这样多的改绘杨图工作，现在想起来真有些使人吃惊。当时缪凤林先生常把这些历史地图指示我们去看。张、缪两先生的启迪，带领我进入学习历史地理和历史地图的大门。①

此处提到的何东保，据《国立东南大学一览》可知："何东保，绍坡，江苏丹徒，两江测绘学堂毕业，历史绘图员兼史地陈列室管理员，镇江新西门内红旗口井儿巷本宅。"② 东南大学与中央大学是前后相继的同一学校，何东保在历史系曾任绘图员、助教。那么，其改绘"杨图"的幕后指使者是谁呢？本文此处不妨大胆

---

① 章巽：《章巽自述》，载高增德、丁东编：《世纪学人自述》第五卷，北京十月文艺出版社，2000年，第17页。

② 佚名：《国立东南大学一览（中华民国十二年4月）》，载本书编写组编：《南大百年实录中央大学史料选》上卷，南京大学出版社，2002年，第153页。

假设一把，此人大概就是同为丹徒人的柳诒徵。

2. 柳诒徵的历史地图认知与编绘

柳诒徵（1880~1956年，字翼谋）是著名的史学家、图书馆学家。在南京高师、东南大学、中央大学的嬗替过程中，柳诒徵长期执教于此，讲授国文、中国文化史、历史研究法等课程。据后人回忆，柳诒徵也治沿革地理、方志学。贺忠儒口述称："张先生研究中国历史地理，……郭先生有许多近代史方面的著作，沙先生研究中国政治地理和地图学，三位对中国历史、地理学都有很大的贡献。张先生、郭先生和沙先生在中大求学时，都受到柳诒徵先生的影响。"[1] 以地理学史名世的王庸也深受柳诒徵教益，"此或为先生研究地理学史、地图史之缘起"[2]。张其昀、郭廷以、沙学浚、王庸等史地学者均受柳诒徵教诲，说明柳诒徵史地融会，重视历史地理的治学特点。在柳诒徵看来：

> 地理与历史关系之密切，尽人所知。欲求国族文化升降迁徙之原，则地文、地质诸科，皆治史者所当从事。吾国人仅仅考求区域之分合，地名之沿革，略记风俗、物产、山川、名胜，不足以尽历史地理之学也。[3]

柳诒徵虽然是个旧派学者，但其对历史地理学的认知水准却是超迈同侪。

正是基于对历史地理学的认知，在柳诒徵的学术理念中，地图

---

[1]《贺忠儒先生访问纪录》，载陈仪深等访问，王景玲等记录：《南港学风——郭廷以和中研院近史所的故事》，九州出版社，2013年，第351页。

[2] 赵中亚：《王庸先生年谱简编》，载赵中亚选编：《王庸文存》，江苏人民出版社，2014年，第468页。

[3] 柳诒徵：《史学概论》，载柳曾符、柳定生选：《柳诒徵史学论文集》，上海古籍出版社，1991年，第113页。

占据重要位置。他曾呼吁："吾所称三千五百数十万之方里，有精密之地图乎？"① 在其主纂的国学图书馆图书总目中，突破了传统的经史子集四部分类法，专设"图部"以收地图及各种图册。②

柳诒徵不仅重视搜集和利用地图，还动手编绘历史地图。范希曾在补正《书目答问》时，在六严《历代沿革图》下，除了补充杨守敬《历代舆地图》、欧阳缨《中国历代疆域战争合图》外，还提及"镇江柳翼谋编绘沿革图百余幅，精核，未刊"③。柳诒徵所编沿革图，并未付印，今人无从一窥其真容。

3. 未成正果的江武子《中国读史地图》

在柳诒徵的影响下，其门徒江武子也投入到历史地图编绘之中。江武子（1892~1967年），本名江钟彦，以字行，江苏仪征人，在江南高等商业学堂读书时受业于柳诒徵，后执教于无锡国专、扬州师范等校。据盛成（1899~1996年，江苏仪征人）回忆：

> 1930年秋，余归国，再从欧阳竟无先生习儒，住南京内学院，师为我介绍镇江翼谋柳诒微先生。先兄白沙烈士与亡妻致坚之师也。同里江武子与白沙共砚，以师承与家学成《中国读史地图》巨著。④

盛成之兄盛延祺（1894~1923年，字白沙）与江武子共同师

---

① 柳诒徵：《论大学生之责任》，《学衡》，1922年6月第6期。
② 柳定生：《柳诒徵传略》，载北京图书馆《文献》丛刊编辑部、吉林省图书馆学会会刊编辑部编：《中国当代社会科学家》第一辑，书目文献出版社，1983年，第276页。
③ （清）张之洞撰，范希曾补正：《书目答问补正》卷二《史部·正史第一》，上海古籍出版社，2001年，第80页。
④ 盛成：《仰止劬堂老师》，载柳曾符、柳佳编：《劬堂学记》，上海书店出版社，2002年，第107页。

从柳诒徵。与盛延祺走向革命不同,江武子一头扎进历史地图编绘工作中。

据其后人所撰《江武子先生传略》载,江武子"深受历史教师柳诒徵之启迪,决心从事研究历史地理学。他在廿岁左右,即着手编制从上古到清代之历史地图",在"祖传遗稿及其师柳诒徵先生之协助稿件"的基础上,最终"编制成功五份约五百幅从上古到清代上下数千年之我国历史地图"①。江武子曾将这五份地图投给上海的国光、亚东、世界、东方、商务印书馆等出版机构,但均未出版。尤其遗憾的是,江武子与陈铎合编的《中国疆域沿革挂图》一书,全书双全张大小共 16 幅,已经由商务印书馆制版并打出色样,却毁于日寇炮火,荡然无存。②

1949 年以后,江武子所编历史地图的四份底稿交付地图出版社。据谭其骧日记所载,1955 年"5 月 6 日上午赴地图社计划参与审江武子图会议"③,审议结果,无从得知,不过地图出版社始终未将江武子的《中国读史地图》付印。至于江武子受邀参与谭其骧主持的改编"杨图"工作,那就是 1959 年的事情啦!

不过,学界对于江武子的历史地图成就并不太认可。文人胡山源在陈述其与顾颉刚的交往时说:

> 江武子有《历史地理》之作,顾亦有此作,据江说,这是抄袭他的。江托我向他办交涉,我在电话中询问他,他颇有怒意,严词驳斥。这件事其究竟如何,我不知道,

---

① 江淑芳、江淑英:《江武子先生传略》,载中国人民政治协商会议江苏省仪征县委员会文史资料研究委员会编:《仪征文史资料》第 2 辑,内部印刷,1985 年,第 61 页。
② 周岩等:《陈铎——一生忠于地图绘制事业的出版家》,载叶再生主编:《出版史研究》第五辑,中国书籍出版社,1997 年,第 249~252 页。
③ 葛剑雄编:《谭其骧日记》,文汇出版社,1998 年,第 37 页。

以后也没有听见下文。①

从语境判断，此处所说的"《历史地理》之作"当为"历史地图之作"。胡山源非历史地理专家，当为记忆不确之处或者笔误。上述这番话是 1974 年说的。时隔多年，胡山源话锋一转，替顾颉刚鸣不平。在胡山源看来：

> 关于江武子对他的意见，我现在已站在他的一边。因为《历史地理》并非密计，人人都会想得到的，江只是老书生"一孔之见"。现顾虽去世多年。我不能不说一句公道话。②

江武子既然委托胡山源与顾颉刚交涉，则二人关系当非同一般。将自己的熟人称之为一孔之见的"老书生"，不知是有确凿依据，还是意气之言。"谭图"出版后，末册所列人员名单中提到了江武子一笔："尚有江武子等曾承担部分编稿，因故未予采用。"③反观江武子的后人，他们高度表彰其贡献，用深情的笔调写道：

> 先生因在复旦编图时，辛劳太甚，得了高血压病，1967 年以该病复发而亡故。后来复旦大学在谭其骧先生领导之下，从改编后的杨图，再改进一步，出了不少历史地图集，而地图出版社亦参照先生修改后的图稿，出了不

---

① 胡山源：《文坛管窥——和我有过往来的文人》，上海古籍出版社，2000 年，第 200 页。
② 胡山源：《文坛管窥——和我有过往来的文人》，上海古籍出版社，2000 年，第 200 页。
③ 谭其骧主编：《中国历史地图集》第八册《清时期》，中国地图出版社，1987 年，无页码。

第六章　人事有代谢——"谭图"以前的中国历史地图编绘　233

少历史地图集，总算不辜负先生不顾性命地为国贡献之忠心矣。①

看来，江武子的后人的确不是学界中人，不了解先人所从事的行当。谭其骧和中国地图出版社用了三十余年时间搞出了一部八卷本"谭图"。果真能出"不少历史地图集"的话，这事情就简单多了。据说，江武子的后人还曾指责"谭图"抄袭了其父亲的成果。

（二）重编《水经注图》

据《水经注》而绘地图（或称为《水经注》配图），是该研究领域的方向之一。据陈桥驿整理，历史上出现的《水经注图》，从南宋程大昌到民国郑德坤，共有七位作者的六种图。② 在这其中，杨守敬、熊会贞的《历代舆地图》无疑是成就最大的，虽然董祐诚、汪士铎等的同类著作也有其不可否认的价值。

与《历代舆地图》一样，杨守敬、熊会贞的《水经注图》也是以胡林翼《皇朝中外一统舆图》（《大清一统舆图》）为底图编绘而成（图6—2），这也就为后人依据最新的文献资料整理，凭借更为精详的地理底图而进行《水经注图》重编工作埋下了伏笔。

1. 郑德坤重编水经注图

郑德坤的《水经注》研究，见重于当世。"在近代郦学家中，以著作之多而言，郑氏与熊会贞或相伯仲，而较之其他诸家，显然

---

① 江淑芳、江淑英：《江武子先生传略》，载中国人民政治协商会议江苏省仪征县委员会文史资料研究委员会编：《仪征文史资料》第2辑，内部印刷，1985年，第66页。
② 陈桥驿：《〈水经注图〉后记》，载汪士铎（清）图，陈桥驿校释：《水经注图》，山东画报出版社，2003年，第156页。

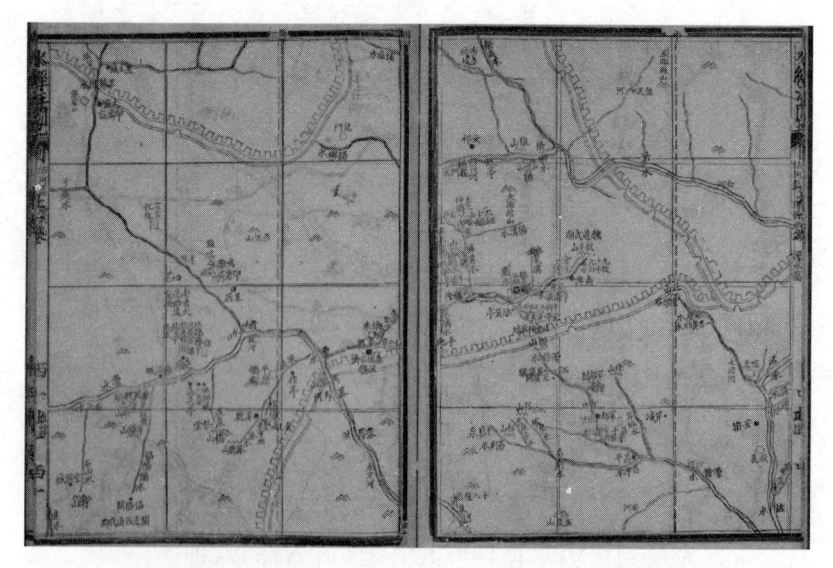

图 6—2　杨守敬、熊会贞合编《水经注图》（光绪末年观海堂刻本）

远远领先。"① 郑德坤的研究内容之一就是重编清末杨守敬、熊会贞《水经注图》。

郑德坤燕京大学研究院毕业后，在顾颉刚、洪业的安排下进入哈佛燕京学社，专门从事《水经注》研究，编纂引得、考察版本，皆有创获。1931 年春，郑德坤"整理《山海经》方竣，由洪煨莲、顾颉刚二师之指导，点校《水经注》，可得版本，无不检阅一过。深知欲研郦书必由王先谦合校本及杨熊《水经注图》入手"②。郑德坤重编《水经注图》的工作发端于此，该工作也可视为日后禹贡学会的重要学术活动，故《禹贡学会募集基金启》说："是时燕京大学中，郑德坤先生研究《水经注》，重绘《水经注图》；……

---

① 陈桥驿：《郑德坤与〈水经注〉》，载《郦学新论——水经注研究三集》，山西人民出版社，1992 年，第 106 页。

② 郑德坤：《〈水经注引得〉序》，载《郑德坤古史论集选》，商务印书馆，2007 年，第 75 页。

从事于历史的地理之研究者日多。"① 可以说,郑德坤的《水经注图》重编工作,已被视为创立《禹贡》半月刊的群众基础。

杨熊合撰《水经注图》则是郑德坤重编水经注图的学术基础。郑德坤高度评价杨守敬、熊会贞。他在《水经注版本考》称赞:

> 细校郦注,据注作图,以相经纬,用胡林翼《大清一统图》为底本,与《水经注》图相对照,古地旧川,在今何属,一目了然,实不愧其为《历史舆地图》之作者,……就作图一事,则其有功于郦注,已非前人根根于字句之校勘所可及者也。②

当然,郑德坤也意识到杨熊合撰《水经注图》的局限性。虽然该图具有古今对照,朱墨套印的优点,但因底图不精,版式所限,导致使用不便,亦即郑德坤所言"惜其书沿用胡图旧制,细分装潢,展阅者非熟识旧式经纬,查检费力,或竟不无抚卷兴叹之憾。"

有鉴于此,郑德坤在沿用杨熊合撰《水经注图》旧例的基础上对之进行重绘。在这一过程中,郑德坤曾与熊会贞有过书信往来,谈及重绘地图之事。熊会贞信中说:

> 接读惠函,并大著两种,具悉兄志学精勤,确有心得,非俯仰随人者比,撰述良堪传世。近复致力《水经》,欲将所见勒成一书,又重编新式《水经注图》,以

---

① 佚名:《禹贡学会募集基金启》,《禹贡》半月刊,1936年1月第4卷第10期,附册。
② 郑德坤:《水经注版本考》,载《中国历史地理论文集》,联经出版事业公司,1985年,第90~91页。

便观鉴，极盼早成，先睹为快。①

郑德坤重绘《水经注图》的工作也引起了胡适的关注，他曾托杨联升从《禹贡》半月刊抄录郑熊书信全文，并细心指出"观鉴疑当作观览"② 这种文字误植。胡适还悉心考证出熊会贞写信的时间是1933年。既然熊会贞在这封6月11日写成的信中说"极盼早成，先睹为快"，则此前郑德坤在致熊会贞信中必定透露出重编《水经注图》的工作计划，只不过当时并未完成。另据1984年郑德坤《〈重编水经注图〉总图跋》载：

> 图稿完成于一九三三年夏，当时因篇幅宏巨，制版印刷繁复，又逢日军紧迫京津，余亦应聘回厦门大学执教，该图交由哈燕社保存。不意抗战军兴，举国动荡，绵延十余载，其后哈燕社撤销解散，图稿已不知下落。幸当时绘图员张颐年君因余将离京，特复制总图一纸以赠，籍为合作纪念。③

此处称图稿在1933年夏完成。与熊会贞信对照，我们不禁感叹成书之速。

郑德坤在1934年1月20日所写《〈水经注引得〉序》中自称：从民国二十年（1931）春开始，"二年以来，完成工作凡五"，其中第二项工作就是把杨熊《水经注图》"合六百零八图为四十二及总图一，名《重编水经注图》，将来如得付印，当附引得，以与

---

① 熊会贞：《关于〈水经注〉之通信》，《禹贡》半月刊，1935年5月第3卷第6期。
② 杨联升：《杨联升致胡适（1958年8月12日）》，载胡适纪念馆编：《论学谈诗二十年——胡适杨联升往来书札》，安徽教育出版社，2001年，第411~412页。
③ 郑德坤：《〈重编水经注图〉总图跋》，载吴天任编：《水经注研究史料汇编》下册，艺文印书馆，1984年，第112~113页。

《水经注引得》相经纬"[1]。倘若如此，则民国二十二年（1933年）春应已完成重编《水经注图》工作。据顾颉刚1933年3月10日记载，当日"德坤来，以《水经注》图见示"[2]。此时郑德坤带来的或应系重编《水经注图》未定稿。

我们不妨得出如下结论：郑德坤在民国二十二年春夏之间集中精力于重编《水经注图》工作。问题在于，《水经注》的文字整理难度颇大，而《水经注图》又属鸿篇巨制，短时间内几乎不可能保质保量地完成重编《水经注图》。

郑德坤1933年夏天应厦门大学之聘南下，所完成文稿寄存哈佛燕京学社。当时郑德坤离开北平，理应十分仓促，否则不会将这四十余份地图弃之不顾。郑德坤所称"日军紧迫京津"之事，当为1933年3月至5月爆发的长城抗战。南下避祸，人之常情，无可厚非。但郑德坤此一去，势必影响了重编《水经注图》的修订和出版。试想，底稿都留在燕京大学，身在厦门的郑德坤如何开展下一步工作？

当然，郑德坤将重编《水经注图》交给哈佛燕京学社也不是没有缘由的应急之举。顾颉刚给郑德坤写信说："《水经注图》之稿费，请与洪先生通信时一提，因引得编纂处穷了，不讨便付不出也。"[3] 据此推测，郑德坤重编《水经注图》工作，可能是受洪业主持的引得编纂处的委托，否则没有缘由向那里要稿费。

至于重编《水经注图》的出版事宜，在郑德坤缺席的情况下，顾颉刚颇为之费心筹划出版事宜。1933年年底，顾颉刚答复郑德坤说："《水经注图》已问过洪先生，因引得编纂处经费减少，一

---

[1] 郑德坤：《〈水经注引得〉序》，载《郑德坤古史论集选》，商务印书馆，2007年，第75页。

[2] 顾颉刚：《顾颉刚日记》第三卷（1933—1937），联经出版事业股份有限公司，2007年，第22页。

[3] 顾颉刚：《致郑德坤（1933年7月17日）》，载《顾颉刚全集·顾颉刚书信集》卷二，中华书局，2011年，第468页。

时不能印。"① 1934年《禹贡》半月刊创刊后，顾颉刚甚至希望在刊物有利润保证的情况下，"即《水经注图》，亦可自印"②。当然，《禹贡》半月刊创刊初期，销路并不好，自然也无力出资。郑德坤只能自己谋求经费出书，于是顾颉刚建议："《水经注图》，北平有人肯任印费，此事如商量妥当，请由你商之洪先生，将画图费还给引得社，版权归禹贡学会，兄意如何？"③ 这段话也印证了此前的判断，郑德坤是受引得编纂处之委托而从事重编《水经注图》工作的，并获得了人力和财力的支持，否则也就没有退还画图费之说。

1935年，在顾颉刚的说项下，张国淦一度答应帮忙印制《水经注图》，顾颉刚写信叮嘱郑德坤："《水经注图》，也是他设法付印的，你信上可谢谢他。此图如能印，我希望你今年暑假能到北平，亲自雠校。"④ 在这一努力又一次落空的情况下，拖到1937年，顾颉刚建议郑德坤申请中华教育文化基金董事会的奖学金项目，以《中国水道之研究》为题，"而将《水经注图》等送去审查"⑤。

遗憾的是，从引得编纂处、禹贡学会，再到张国淦、美国庚款补助，所有的努力均没有换来地图的出版。如今，张颐年复制的那幅《重编水经注图》总图已属吉光片羽，也只能面对吴天任《郦学研究史》卷末所附《郑德坤重编水经注图（总图部分）》发思

---

① 顾颉刚：《致郑德坤（1933年12月24日）》，载《顾颉刚全集·顾颉刚书信集》卷二，中华书局，2011年，第470页。
② 顾颉刚：《致郑德坤（1934年3月23日）》，载《顾颉刚全集·顾颉刚书信集》卷二，中华书局，2011年，第472页。
③ 顾颉刚：《致郑德坤（1934年8月26日）》，载《顾颉刚全集·顾颉刚书信集》卷二，中华书局，2011年，第475页。
④ 顾颉刚：《致郑德坤（1935年2月27日）》，载《顾颉刚全集·顾颉刚书信集》卷二，中华书局，2011年，第477页。
⑤ 顾颉刚：《致郑德坤（1937年1月11日）》，载《顾颉刚全集·顾颉刚书信集》卷二，中华书局，2011年，第486页。

古之幽情。

2. 历史地理学界重编《水经注图》的努力

长期以来，没有任何一部同类著作能取代杨熊《水经注图》，这似乎成了历史地理学界的心病。郑德坤师从顾颉刚，并有《中国历史地理论文集》（联经出版事业公司，1981年）行世，但其作为考古学家的名声远胜于历史地理学家。而顾颉刚、谭其骧、陈桥驿等诸位历史地理学界响当当的人物也都提出了重绘《水经注图》的设想。

1972年，尚身处"文革"阴霾笼罩下的顾颉刚就给谭其骧写信，建议重绘《水经注图》。信中说：

> 如杨图工作已完，则我有一请求：抗战前我整理《水经注》，嘱张颐年绘图，按汪士铎一水一图方式，而以杨守敬朱墨套绘方式出之，不意图方绘成，即遭七七事变，遂不审其下落。卅余年来，刻刻在心，终未觅得绘图人物，而《水经注》之各种版本则搜集已全，凡大典本、朱谋㙔〔左土右韦〕本、项絪本、四库本、全祖望本、赵一清本、戴东原本、杨守敬疏本皆已具备。独恨年已八十，精力无多，未克清理，拟欲委之于君，以遂厥志。①

且不论谭其骧是否受到顾颉刚的影响，他在1981年8月写的自传里确实"计划组织力量，重写《水经注疏》，重绘《水经注图》，总结这方面研究的最新成果，超越杨守敬的《疏》和《图》

---

① 顾颉刚：《致谭其骧（1972年11月19日）》，载《顾颉刚全集·顾颉刚书信集》卷二，中华书局，2011年，第566页。

的水平,为探索历史时期我国的地貌变迁打下一个坚实的基础"①。虽然谭其骧没来得及完成这项艰巨的任务,在其影响下,已有研究者以国家测绘局编制的大比例尺地形图为底图,采用古今对照的复原图编绘法,进行了可贵的尝试。②

几乎同时,与谭其骧私交甚笃的《水经注》研究名家陈桥驿在1982年也提出新编《水经注图》的问题。他建议:

> 《水经注》新版本当然应该有一套与之配合的《水经注图》。正如杨守敬的《水经注图》配合其《水经注要删》一样。当然,有经纬网和比例尺的新式地图和杨守敬的方格地图是不可同日而语的。谭其骧教授主持编绘的《中国历史地图集》是新版本《水经注图》的样板。③

1984年,在地图出版社成立三十周年之际,陈桥驿更是明确提出编绘出版《水经注图》的倡议。④ 2003年,山东画报出版社推出陈桥驿校释的汪士铎《水经注图》,则被视为"对编绘出版新《水经注图》的又一次有力推动"⑤。如今,谭其骧、陈桥驿等先贤均已归道山,这项艰巨的工作只能等待后来者勉力完成。

---

① 谭其骧:《谭其骧自传》,载北京图书馆《文献》丛刊编辑部、吉林省图书馆学会会刊编辑部编:《中国当代社会科学家》第四辑,书目文献出版社,1983年,第338~339页。

② 张修桂:《〈水经·江水注〉枝城—武汉河段校注与复原(下篇)》,载中国地理学会历史地理专业委员会《历史地理》编辑委员会编:《历史地理》第二十四辑,上海人民出版社,2010年,第23页。

③ 陈桥驿:《编纂〈水经注〉新版本刍议》,载《水经注研究》,天津古籍出版社,1985年,第392~393页。

④ 陈桥驿:《编绘出版〈水经注图〉刍议——为庆祝地图出版社成立三十周年而作》,《地图》,1986年第2期。

⑤ 阙维民:《陈桥驿先生的〈水经注〉历史地图研究》,载中国地理学会历史地理专业委员会《历史地理》编辑委员会编:《历史地理》第十九辑,上海人民出版社,2003年,第401页。

(三) 其他历史地图编绘举要

举凡地理沿革图，似乎都会笼罩在杨守敬《历代舆地图》的影子下。每种地理沿革图的问世，都避不开祖述杨守敬开创的传统。

晚清以迄民国，出现了不少以沿革地理为内容的地图，譬如童世亨《历代疆域形势一览图（附说）》（上海商务印书馆，1914年）、魏建新《中国历代疆域形势史图》（上海中国文化馆，1935年）、陈铎《中国疆域变迁图》（上海商务印书馆，1936年）等。

然而，民国学人们看重的地理沿革图多为苏甲荣《中国历史地图》（以下简称"苏图"）、欧阳缨《中国历代疆域战争合图》（以下简称"欧图"）。譬如，吴虞认为："《李氏五种》、《中国地理沿革图》，用处亦多，皆非泛泛者。"[1] 目录学家汪辟疆认为："欧图"是"简明之中国沿革地图也。……治史学者，得此图一册，不仅明古时成败兴衰之由，亦足为推往知来之助。又苏甲荣有《中国地理沿革图》一册，尚简要明确，可用。"[2] 姜亮夫针对"做我们空间的工具书"，罗列了"苏图"、"欧图"，并说"这两本地图，任凭我们的意思去购置都可以！"[3]

对"欧图"、"苏图"的青睐，一直延续至新中国成立后很长一段时间。1979 年，历史文献学大家张舜徽在介绍完顾颉刚、章巽编的《中国历史地图集》时说："以前如欧阳缨的《中国历代疆域战争合图》，苏甲荣的《中国地理沿革图》，有时还可参考。"[4] 与此同时，台湾学界也认为杨守敬图"考证虽十分仔细详尽，但

---

[1] 吴虞：《吴虞日记》下册，四川人民出版社，1986 年，第 25 页。
[2] 汪辟疆著，傅杰点校：《目录学研究》，华东师范大学出版社，2000 年，第 233 页。
[3] 姜亮夫：《研究国故应有的基本知识与应备的工具书》，载《姜亮夫全集》卷二十二《成均楼文录》，云南人民出版社，2002 年，第 138 页。
[4] 张舜徽：《中国古代史籍举要》，湖北人民出版社，1980 年，第 213 页。

那刻木雕版用红底套印的办法,已经不适时用。近人改用新式印刷之术,以五色版石印,比较明晰醒目,如欧阳缨的《中国历代疆域战争合图》(武昌亚新地学社出版)、苏甲荣的《中国地理沿革图》(上海日新舆地学社出版),都是比较可用的本子。不过错误的地方,仍所不免,学者必须详加勘审"①。

在此主要分析民国学者及当世学人筛选出来的"苏图"、"欧图"与"杨图"之间的关系。

1. 欧阳缨《中国历代疆域战争合图》

欧阳缨(1891~1984年,湖南隆回人,字梅林),毕业于武昌两湖学堂。1917年,欧阳缨进入湖南新化邹氏家族武昌亚新地学社,成为该社的骨干力量。1954年,上海地图出版社与北京新华地图社公私合营,欧阳缨留任于新组建的地图出版社,作为编审,负责历史地图编绘室工作。欧阳缨编纂的《新中华分省地图》、《中国析类分省图》等图在中国近代地图学史上有着相当影响。在历史地图编纂方面,由其编撰的《中国历代疆域战争合图》(图6—3)更是被誉为"中国近代第一本全面系统、内容丰富的中国历史地图册"②。

关于《中国历代疆域战争合图》的著作权问题,尚存异说。文士员任亚新舆地学社编辑三十余年,他说"邹兴钜生平所编著作有《春秋战国图说》四卷、《中国历代疆域战争合图》四卷"等

---

① 新文丰出版公司编辑部编:《中国史学要籍介绍》,新文丰出版公司,1984年,第167~168页。
② 周岩、邹义和:《进步开拓和不断追求的一生——记现代著名地图编辑家欧阳缨》,载中国出版科研所科研办公室编:《近现代中国出版优良传统研究》,中国书籍出版社,1994年,第342页。

第六章 人事有代谢——"谭图"以前的中国历史地图编绘 243

图 6—3 《中国历代疆域战争合图》书影

等①，但在同一文中又称欧阳缨著有《中国历代疆域战争合图》，对于二者的关系则交代不清。也有人说《中国历代疆域战争合图》

---

① 文士员遗稿，文榕生整理：《邹氏地学与亚新地学社简史》，载中国地理学会历史地理专业委员会《历史地理》编委员会《历史地理》第二十辑，上海人民出版社，2004年，第431页。

是邹兴钜组织编著，妹夫欧阳缨协助完成。① 该说法又称"邹永煊年老后，他把亚新地学社交付其子邹兴钜管理，又将全部资料交给女婿欧阳缨，让欧阳缨负责亚新地学社的编辑业务，从而打破了家学不外传的封建旧习"②。

其实，这一问题的答案就在1920年邹永修为《中国历代疆域战争合图》所撰序言中。该序称"是编发凡起例自伯庚，纂事绘图则梅林欧阳子之力"，也就是说邹兴钜（字伯庚）是该图的策划发起者，而欧阳缨则是具体编图者。邹永修（字觉人）与邹兴钜为叔侄关系，所言当属不诬。欧阳缨在该图凡例中对该图编纂过程有更详尽的解释：

> 是图发凡起例，出自邹君伯庚。史地疑似之处，质正于觉人先生者殆不止一二。经始丁春，杀青己夏。初为图四十有六。今岁再版，于元代版图之后增《拔都西征路线详图》，合得四十七幅。自惟学识肤浅，率尔操觚，归谬之处，在所难免。大雅君子，理而董之，俾得随时更正，是所厚幸缅纂者欧阳梅林谨识。③

如此看来，邹永修还发挥了参谋顾问的作用。当然，具体图稿的编制，则是欧阳缨亲自担纲。因此，称将《中国历代疆域战争合图》首功归之于欧阳缨也未尝不可，在该图版权页中"编制者邵阳欧阳缨；校阅者新化邹兴钜"的标注方式应是恰当的。

《中国历代疆域战争合图》"上起五帝，下迄民国，殿以古今

---

① 杨亦农编：《湖南历代文化世家·新化邹氏卷》，湖南人民出版社，2012年，第107页。

② 杨亦农编：《湖南历代文化世家·新化邹氏卷》，湖南人民出版社，2012年，第64页。

③ 邹永修：《中国历代疆域战争合图叙》，载欧阳缨：《中国历代疆域战争合图》，武昌亚新地学社，1933年，第3页。

世界参照图，于我国五千年历史搜采靡遗，专饷中学以上之留心史地者"。该图因"是图每朝先列疆域之广袤，次详战争之得失"而得名。在制图手段上，该图采用古墨今朱之例，图幅旁附图例、缩尺，并配有图说，效仿左图右史之意。该图图说分量较大，超过10万字。另外，在编图过程中，欧阳缨"著论五十余首，多关经国远谟及战争策略"，因体例所限，打算"异日增辑为《中国历史地理概论》单本刊行问世"①。如果这本书当时就出版了，撰写"中国历史地理概论"第一人的名分就落到欧阳缨头上啦！

据该图所附采用书目可知，编纂凭借的史料除了二十四史、通鉴、九通之外，尚有百余种书目及地图，胡林翼《清一统图》（32卷）、六严《历代沿革图》（1卷）、汪士铎《水经注图》（2卷）、杨守敬《历代地理沿革险要图》（32册）、卢彤《中国历代战争形势图》（44幅）、邹兴钜《春秋战国图》（12幅，图说4卷）、邹代钧《清中外舆地全图》（68幅）皆在其中。可以说，该图的史料取材较为丰赡，所亏欠者，当在底图方面。

《中国历代疆域战争合图》在1923年印行后，一版再版，在社会和学界有着较大影响，这与武昌亚新地学社在晚清民国时期中国地图编绘出版格局中的地位不无关系。该社编绘印行的地图，在质量和数量上要超过东方舆地学社、世界舆地学社、大陆舆地社等小规模地图出版机构。名社出名图，《中国历代疆域战争合图》即是不多见的例证。于是，在民国时期的报刊上每每能看见《中国历代疆域战争合图》，社会各界也将之视为"教育通用地图"。

学界在很长一段时期内对《中国历代疆域战争合图》也相当认可。冀朝鼎在20世纪30年代完成其传世名作时参考的就是"欧图"，并认为这本图集"虽不很令人满意，但仍是这方面最好的

---

① 欧阳缨：《中国历代疆域战争合图》，武昌亚新地学社，1933年，第2~3页。

书"①。蔡尚思在1940年开列的《中国历史用书选要》中,历史地图推荐的是"《中国历代疆域战争合图》,今人欧阳缨编,武昌亚新地学社"②。即便是到了新中国成立后,蔡尚思仍旧认为:"单就历代疆域变化和说明这一个重大问题而论,欧阳缨的《增订中国历代疆域战争合图附说》(1933年)比同类书都强,但也颇多不合事实之处,必须特别加以注意。"③要知道,此时顾颉刚、章巽合编《中国历史地图集(古代史部分)》已出版,谭其骧主编的《中国历史地图集》也行将出版。

欧阳缨在1954年开启的改绘"杨图"工作中也发挥了一定作用,提出了《对杨图(杨守敬历代舆地图)重编改绘设计方案的意见》。1955年,欧阳缨出席"重编改绘杨守敬《历代舆地图》委员会"第一次正式会议,提议沿用"杨图"旧例,照搬《大清一统舆图》的山川框架,而把府所州县地名改为今名。此议遭到了谭其骧的反对,但获得了吴晗的支持,一度成为改绘"杨图"的执行方案。这也证明,欧阳缨是"杨图"的忠实拥趸。

时间走到了1962年,中印边界发生争端。据称欧阳缨多次在周恩来召集的史地专家会议出谋划策,并提供来自《汉书》等史料以及英国、印度地图上的证据。④孰料印度方面所提出的有利证据之一,恰恰就是接下来要说的苏甲荣《中国地理沿革图》。

2. 苏甲荣《中国地理沿革图》

苏甲荣(1895~1945年,广西藤县人,字演存),1920年毕业

---

① 冀朝鼎著,朱诗鳌译:《中国历史上的基本经济区与水利事业的发展》,中国社会科学出版社,1981年,第121页。
② 蔡尚思:《中国历史新研究法》,中华书局,1940年,第137页。
③ 蔡尚思:《中国文化史要论(人物·图书)》,湖南人民出版社,1979年,第8页。
④ 简华品、阳初生:《舆地学家欧阳缨》,载中国人民政治协商会议湖南省隆回县委员会文史资料研究委员会《隆回文史资料》第三辑,内部印刷,1988年,第66页。

第六章　人事有代谢——"谭图"以前的中国历史地图编绘　247

于北京大学哲学系。其人生经历颇为曲折，在军界、政界、学界均留下身影。因其生平履历不显于今世，故将其逝世后发布的履历摘录如下：

苏氏，号演存，广西藤县人，民九毕业于国立北京大学文科哲学系，少有至性，志切救国。在学时，常为各报撰论文议事，唤醒民族工作。五四运动，尤为尽力。精舆地之学，首先创制《中国地理沿革图》，上自禹贡，下及民国，举凡历代疆域之变迁，国势之兴衰，了如指掌。复依国父《建国方略》，制《孙中山先生实业计划书》，如筑港治河建筑铁路等计划，无不详载，以供国人参考。又制《各国在华交通侵略图》，警惕国人之发愤，以图自强。迨"九一八"以后，即专制各种抗日地图，如《日本侵扰我东北地图》、《暴日侵扰之热河河北图》、《日军侵扰热河图》、《暴日侵犯我江南地图》、《日军侵沪图》、《中日两国形势图》、《百万分之一的东三省地图》等，无不使国人触目惊心，同仇敌忾。后政府西移，苏氏以为从事于文化教育，一时未能撤离上海，沦陷后，仍蛰居不动，虽明知处于敌人淫威之下，犹日夕工作，供给国人以东省不变色地图，如《中华民国全图》、《远东大地图》、《太平洋图》等巨制，常暗示敌军动向，使人知所警惕。因此遭敌宪兵部之忌，指图中不列满洲国，以为大逆，于卅三年七月十一日被捕，所有制成各种地图，悉数捆载而去，在押十日，备受敲扑灌水诸刑。苏氏体素瘦弱，经此打击，遂成内伤，百计求治，终不获效。胜利后，为生活计，仍力疾著述，而病益加深，延至卅四年十二月二十八日病殁，家无余蓄，身后萧条。①

因绘制地图而遭日寇迫害，其爱国言行当为国人铭记。苏甲荣编纂的众多当代地图，具有鲜明的爱国主义色彩，与当时的政治局势密切相关。1933年"热河事变"后，军队需要地图，北平某机关"半价买了许多幅苏甲荣编印的东三省热河地图送给他们"②。可以说，苏甲荣用地图参与抵制日寇活动，正因为此，苏甲荣才会被日寇嫉恨。

与其主持绘制的众多当代地图相比，其早年完成的《中国地理沿革图》（以下简称"苏图"，图6—4）的社会影响稍逊一等，但在历史地理学界却有着较大影响。苏甲荣在校期间，对沿革地理既有浓厚兴趣，尚未毕业就出版了《中国境界变迁大势考》（商务印书馆，1915年）一书。其对中国地理沿革地理及地图的爱好，显然又受到张相文的影响。张相文在1918年冬天写道：

> 丁戊之际，余以地理沿革史教授于北京大学，其于疆宇分合，陵谷变迁，日钻研于故纸之中，而每以繁重为患。然诸生顾皆乐与钻研，孜孜为之不倦。苏君甲荣且至兼席来听，尤若深嗜笃好，动于天性而不自知者。既毕讲，乃出其所学自为图若干帧，考证异同，辨析微芒，殆为晚近诸家所不逮。余嘉其用力之勤，而足为治史学者备梯航之助也。③

---

① 申报社：《北大同学会将追悼苏甲荣，并设位合祭张莘夫》，《申报》，1946年6月11日。
② 胡适：《全国震惊以后》，载欧阳哲生编：《胡适文集》第11册《胡适时论集》，北京大学出版社，1998年，第308页。
③ 张相文：《〈中国地理沿革图〉序》，载苏甲荣编：《中国地理沿革图》，新体中华地图发行处，1925年，第1页。

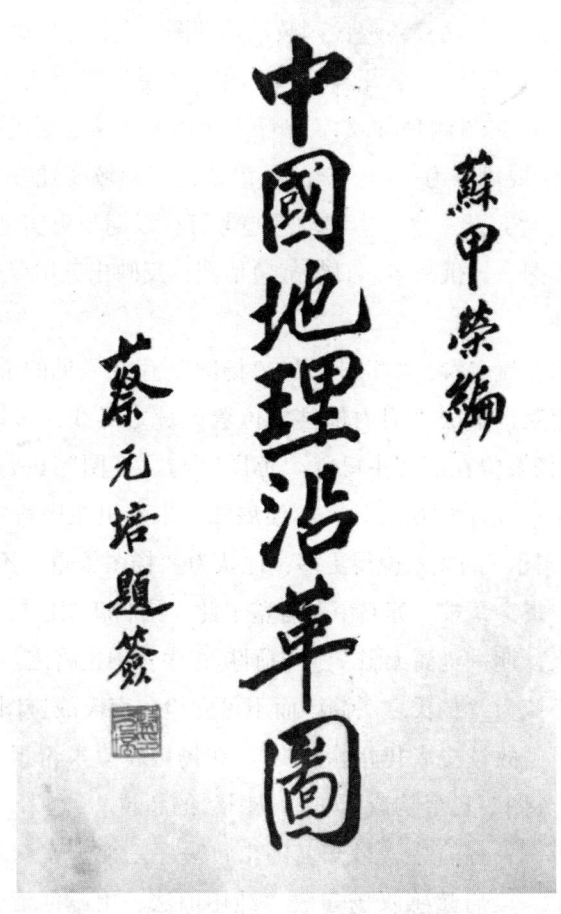

第六章 人事有代谢——"谭图"以前的中国历史地图编绘　249

图6—4　苏甲荣编《中国地理沿革图》书影

可见,"苏图"的编纂与张相文的中国地理沿革史课程同步进行。杨敏曾也说苏甲荣"于舆地之学,尤深嗜若渴。课余辄据讲席所闻,集近出诸图悉心研究而手绘之,久之图成"[1]。是教学相长的范例。

---

[1]　杨敏曾:《〈中国地理沿革图〉序》,载苏甲荣编:《中国地理沿革图》,新体中华地图发行处,1925年,第2页。

《中国地理沿革图》1922年刊行，包括正图10幅，附图20幅。修订再版后，又补入《民国政治地理图》《现时政治区划图》、《民国革命军北伐图》等图。与"欧图"图说浩繁相比，"苏图"没有附说，只在图侧稍加文字解释。从内容上看，苏甲荣认为："地理沿革大要可分为三项：曰州郡沿革，曰疆域变迁，曰形势阨塞。"因此，"凡此三事，本图均悉心考订，以期与史实吻合"。图中所列租界图、日俄战事、日德战争诸图，反映出苏甲荣较为强烈的政治关怀。

　　从学术源流上看，"苏图"与"杨图"存在显见的继承关系。对此，苏甲荣也承认"国内郡县之位置区域之界线，多以杨守敬图为本"。杨敏曾在序言中已就"苏图"与"杨图"进行了比较，认为"杨图"略于边徼之地，不便展阅。朱希祖在序言中对"苏图"与"杨图"的关系说得更多，他认为"杨图繁重，不便检阅，朔南割裂，贯穿綦难。苏君甲荣有鉴于此，特制新图以矫斯弊，缩万里于咫尺，期一览而无阻"[1]。白眉初在序言中也将之与"杨图"进行比较，认为"杨氏之图渊博而不可立检，卢氏战迹图[2]非详于州县之沿革，故读史者仍怅怅焉"[3]。在杨敏曾、朱希祖、白眉初等看来，"苏图"已经构成了对"杨图"的超越。

　　在"苏图"序言中，最知名的出自写序之前未曾与之谋面的梁启超之手。梁启超感叹杨守敬"纯用旧法，山脉河流，不便稽寻，又割页接装，极难检阅。其位置考证舛错之处，亦复不少"，并批评"今之治史者欲揽沿革，惟抱东人剽窃杨本所制诸图为鸿宝，斯真士大夫之羞也已"，进而表扬苏甲荣"以其极缜密之学

---

[1] 朱希祖：《〈中国地理沿革图〉序》，载苏甲荣编：《中国地理沿革图》，新体中华地图发行处，1925年，第3页。
[2] 此处"卢氏战迹图"当为卢彤（1873~1919年，湖南浏阳人）所绘《中国历史战争形势全图》的简称。
[3] 白眉初：《〈中国地理沿革图〉序》，载苏甲荣编：《中国地理沿革图》，新体中华地图发行处，1925年，第4页。

识，极浓挚之兴趣，极忠实强毅之责任心，竭十年之力，累易其稿，制成斯图，夹漈、宜都有知，可以瞑矣"①。此外，梁启超还希望苏甲荣能再接再厉，编纂一本地理沿革词典，已达到地图与文字辅车相依的效果。

"苏图"初版之时，由北京参谋部制图局印刷，并经设于北京大学第二院的新体中华地图发行处发售。此图得以出版，颇费周折。在苏甲荣给胡适的数通书信中可窥其端倪。"苏图"成稿后，遇到印刷费用不足的困难，与本校印刷局、武昌亚新地学社、上海商务印书馆等机构接洽后均未成功，就连蔡元培也想不出办法，甚至有人研读建议专门成立中国舆地制图社负责印刷。为此，苏甲荣给胡适写信商量对策，希望他帮忙筹款，或介绍给中华书局出版。胡适回信说"此种图，社会很需要，愿介绍出版"。最终，通过胡适借款以及预约代售的办法，"苏图"终获出版。②后来，苏甲荣自办日新舆地学社，扩大了《中国地理沿革图》的销售渠道。他还利用《申报》等媒体做广告，称该图为唯一的历史地图，其广告词也颇具宣传噱头：

> 现代史地上之唯一制作，乃治史地不可少之工具，凡用过本图者无不获研究上之莫大帮助。现已增补三版，自禹贡至近年民国政治兴革各图。书大小共一百五十图，插附简说，布面金字，蔡元培题签，梁任公、张蔚西序。实价三元五角，八折，寄费十五分。③

---

① 梁启超：《〈中国地理沿革图〉序》，载苏甲荣编：《中国地理沿革图》，新体中华地图发行处，1925年，无页码。该文收入《饮冰室文集》后，字句上有不少改动。

② 耿云志主编：《胡适遗稿及秘藏书信》第41册《苏甲荣信六通》，黄山书社，1994年，第513~517页。

③ 佚名：《生活书店联合广告》，载《申报》，1933年9月1日。

将"苏图"视为"现代史地上之唯一制作"自然是营销宣传策略，但其一定的质量保证和出色的营销手段为其获得了足够的市场份额和较大的社会影响。

"苏图"获得了学界一定程度上的认可，而来自地理学界的赞誉尤其难得。在回顾三十年来的地理学进步时，任美锷认为："苏甲荣先生的《中国地理沿革图》，用地图来表示历代疆域的沿革，是沿革地理上的一本重要著作。"[①] 20 世纪 40 年代末期，侯仁之在英国完成博士论文时参考的也是"苏图"。

不过，时移世易，在受过西方学术熏陶的地理学科班眼中，苏甲荣的地理学或地图学成就还是要打一些折扣。譬如，地理学大师级人物竺可桢就对苏甲荣略有微词。他在 1962 年 1 月 3 日日记中写道：

> 九点至中关村地理所，约历史地理组王士鹤谈中印边界问题。据渠查出，印度所据的 '25 年北京大学地图乃当时一位讲师苏甲荣所编。查苏在地理学界声望不高，不能与印度 Calcutta 大学的 Prof. Chatterjie 相比较，但 Chatterjie 的 1947 的 Bengal in Maps《孟加拉地图》却没有 MacMahon 线，所［以］苏甲荣将喀喇哈什河上游划归拉达克，《中国地理沿革图》（北京大学出版，'25 年再版）无疑是一个抄英国地图的。[②]

竺可桢认为苏甲荣不加审慎地照搬英国地图，当中印两国发生拉达克、阿克赛钦地区的边界纠纷时，这就留下了有利于印度的所

[①] 任美锷：《最近三十年来中国地理学之进步》，《科学》，1948 年 4 月第 30 卷第 4 期。

[②] 竺可桢：《竺可桢全集》第 16 卷《竺可桢日记》第十一集，上海科技教育出版社，2009 年，第 172 页。

谓"证据"。竺可桢的怀疑可能是一面之词，虽然"苏图"在中印边界上出了纰漏，但在苏甲荣所处的时代或许这并非敏感而又严重的政治问题。从"苏图"罗列的参考图籍目录看，既有传统舆图，也有日本人编绘的历史地图，还包括参谋部制图局绘制的百万分之一中国舆图，并未开列英文地图。

当然，我们也没有充足理由证明"苏图"并未参考英文地图，毕竟苏甲荣1917年从北京大学预科第一部英文乙班毕业，有能力阅读和利用英文地图。

四、从地图底本到历史地图

如果说历史地图学是历史地理学的重要组成部分，而顾颉刚又被视为历史地理学的开山祖师，那么，顾颉刚主持和影响下的历史地图编纂事业就成了不得不详加考察的学术命题。

（一）顾颉刚的历史地图理念

1. 普及智识的手段

在顾颉刚的学术理念中，历史地图与其是高深莫测、偏僻冷门的纯学术，倒不如说是面向民众服务、普及智识的手段。

1929年，顾颉刚执教中山大学时既意识到历史地图的价值所在，故在为中大语言历史研究所起草研究计划时就提到"编制各种历史图表"，具体而言：

> 图表是治学问最方便简明的方法，从前各史虽然也有应用图表的，可是并未十分注重。现在应就纵的方面如世系表，学术派别表，各处地名的沿革等；横的方面如各时

代的地图，以及各时代争伐国及争伐地等。①

此处虽未明说"地理沿革表"与"地理沿革图"，但其表达的意思无外乎此。其他如"编制方言地图"、"编制考古地图"的计划，也体现出顾颉刚对地图工具的重视。正是基于这一认识，顾颉刚才呼吁"我们希望研究历史的工具的完成，必须从事于年表、历谱、地图、人名录、书目、辞书、统计表和各种索引的编制"②。

转入燕京大学后，顾颉刚开设中国古代地理沿革史课程，仍旧希望"更把杨守敬的《前汉地理图》翻写在现代地图之上"③，这实际上就成了改编杨守敬《历代舆地图》工作的发端。及至《禹贡》半月刊和禹贡学会成立后，编绘历史地图及为之配套的地图底本就纳入轨道。

将历史地图视为治史工具，这并非顾颉刚独见。值得注意的是，顾颉刚更将历史地图视为应用于文教事业的学术普及的手段，当成谋取利润的出版品。1935 年，顾颉刚主张在中学历史教学中要重视图表的作用，地图"尤其是地理沿革图，是读历史时所不能少的辅助品"④。这一时期，顾颉刚在回答读者来信中提出的"为什么专做青年们所看不懂的研究文章，用高门槛去挡住他们认识事实的路呢？"问难时，道出了以《沿革地图》作为普及史地知识的心愿。顾颉刚在案语中解释道：

---

① 顾颉刚：《中山大学语言历史学研究所计划书》，载《顾颉刚全集·宝树园文存》卷一《学术编（上）》，中华书局，2011 年，第 301 页。

② 顾颉刚：《（史襄哉、夏云奇）纪元通谱序》，载《顾颉刚全集·宝树园文存》卷一《学术编（上）》，中华书局，2011 年，第 317 页。

③ 顾颉刚：《个人计划》，载《顾颉刚全集·宝树园文存》卷一《学术编（上）》，中华书局，2011 年，第 388 页。

④ 顾颉刚：《中学历史教学法的商榷》，载《顾颉刚全集·宝树园文存》卷三《教育编》，中华书局，2011 年，第 103 页。

至于以通俗的笔墨写研究的结果，这是最不容易的。……就以我们手头的工作而论，《禹贡》半月刊中一篇篇的研究文字自然沉闷琐碎，无法使民众了解，但是发表得多了，各时代各民族的地理沿革都有人讨论了，那么将来集合起来时，就成了一部最有系统，最可信据，而且国民常识所必须具备的《中国地理沿革史》和《沿革地图》了。所以，通俗化是我们的目的，而专门化乃是我们的手段。①

将中国地理沿革史和沿革地图当成通俗化读物，并不奇怪，因为他和史念海合著的《中国疆域沿革史》就是应商务印书馆之邀而作，并被纳入以普及为目的的"中国文化史丛书"。

1953年年初，顾颉刚将编书计划中的25种书分为通俗类、半通俗半学术类、学术性类、其他四大类，其中"历史地图"属通俗类，《中国古代疆域史》属学术类。在另一份编著书计划中，顾颉刚将41种书分为古史研究、编辑书籍、初学读物、民俗类四大类，其中《中国疆域沿革史》、《中国疆域沿革图》、《水经注图释》等9种为初学读物。②

2. "打好我的经济基础"

顾颉刚并非纯粹的一介书生，而是一位游走于学、政、商三界的复杂人物。其正式涉足商界，则是从出版开始，从最早的朴社到后来的中国出版公司、中国史地图表编纂社、大中国图书局等，皆为出版行业。顾颉刚在自传中单辟"我是怎样进了商界"一节，

---

① 顾颉刚：《张德庸来信（通信一束·二六）编者案》，《禹贡》半月刊，1935年11月第4卷第6期。
② 顾颉刚：《顾颉刚日记》第七卷（1951—1955），联经出版事业股份有限公司，2007年，第353~354页。

叙述了这一过程。在其涉足商界的历程中，地图出版是重要内容。对于从商之举，顾颉刚向胡适作了如下解释：

> 我深感到经济基础不稳定，无论办事或治学总是没有根的，所以很想借此打好我的经济基础，再来埋头读书。这真是学术界的悲哀，也是我们国家的耻辱。①

当然，顾颉刚写信的目的不仅仅是为了诉苦，而是为大中国图书局争取《胡适文存》的版权。顾颉刚在信中还说"目下正在编制中外历史地图，使历史教学获得极大方便"，其实，历史地图编制与出版，正是顾颉刚主持出版机构的工作重点之一。

(二) 顾颉刚主持的历史地图编绘事业

1. 禹贡学会时期的历史地图编绘

《禹贡》半月刊创立伊始，就将地理沿革图列入"学会具体的工作计划"。据该刊发刊词所称：

> 二、我们也还没有一部可用的地理沿革图。税安礼的《历代地理指掌图》早已成了古董，成了地图学史中的材料了。进三十年来中国、日本两方面所出版中国地理沿革图虽然很多，不下二三十种，可是要详备精确而合用的却一部也没有。日本人箭内亘所编的《东洋读史地图》很负盛名，销行甚广，实际错误百出，除了印刷精良之外一无足取。中国亚新地学社所出版的《历代战争疆域合图》

---

① 顾颉刚：《顾颉刚致胡适（11月27日）》，载中国社会科学院近代史研究所中华民国史研究室编：《胡适来往书信选》下册，社会科学文献出版社，2013年，第1014页。

还比箭内氏图稍高一筹。至于上海商务印书馆等所出版的童世亨们的《中国地理沿革图》，固然最为通行，但其讹谬可怪却尤有甚于《东洋读史地图》者。比较可以称述的，只有清末杨守敬氏所编绘的《历代舆地图》。此图以绘录地名之多寡言，不为不详备，以考证地名之方位言，虽未能完全无误，亦可以十得七八，可是它有一种最大的缺点，就是不合用。一代疆域分割成数十方块，骤视之下，既不能见其大势，检查之际，又有翻前翻后之苦。所以我们第二件工作是要把我们研究的结果，用最新式的绘制法，绘成若干种详备精确而又合用的地理沿革图。①

这里指出杨守敬《历代舆地图》"不合用"的主要缺点，其实这更多是雕版印刷而带来的技术性问题。要想编绘"详备精确而合用"的地理沿革图，必须由地理考据、地图测绘、印刷技术三者配合而成。

(1) 从地图底本到历史地图

为了编绘地理沿革图，首先需要精准的地理底图，而此事正是顾颉刚等研治沿革地理同人的"苦闷"所在。据禹贡学会1934年4月16日《地图底本出版预告》载：

> 我们一群人是研究地理沿革史的。我们读古人的地理书，满纸是地名而没有图，不要说记不住，就是读了也等于不读，彼此心中都感到十分的苦闷。想替他们补画图罢，那真是不胜其烦；而且没有一个共同的标准，就是画了也合不拢来。因此，我们从去年三月起，开始画《地图底本》……②

---

① 佚名：《〈禹贡〉半月刊发刊词》，《禹贡》半月刊，1934年3月第1卷第1期。
② 佚名：《地图底本出版豫告》，《禹贡》半月刊，1934年4月第1卷第4期。

地理沿革图（历史地图）是研治地理沿革史（历史地理学）所必需的工具，而地理沿革图的绘制，必须以精准的当代地理底图为基础。在没有精准合用的当代地图的情况下，顾颉刚等只得从基础做起，绘制地图底本。

在最初的构想中，这项工作由顾颉刚、郑德坤任编纂，谭其骧任校订，此外还专门聘请吴志顺、张颐年负责地图底本绘制。后来，冯家昇、侯仁之、郭敬辉、赵璇等也加入其中，各司绘制、校对之责，而谭其骧、张颐年则因故退出。侯仁之晚年回忆说自己"接受了颉刚师的一项任务，就是为他所主持编绘的《历史地图底本》做校订工作，这是为他计划中的《中国历史地图集》的绘制所作的准备"①。

上述诸人中，郑德坤与吴志顺的贡献最大。在顾颉刚看来，"郑德坤先生为本会创办人之一，会中所绘《地图底本》即其计划者"②。郑德坤的贡献不仅在于"计划"，而且还是地图底本的最早出资人。吴志顺的工作主要是绘图，他自称："我也是绘图员的一分子，从民国十五年在南京高等测量军官学校毕业，即在制图课绘图股工作，以后到安徽，到东北，直至九·一八事变归平，总没离开测量局的生活。……归平后脱离测量局，即以绘画出版图为业；……廿二年春，我来到燕大，作这地图底本。"③ 从履历上看，应该是熟练的地图绘制专业人员。

禹贡学会编绘印制的地图底本的规格，在分幅、设色及地名更新上均有考虑。按照预想，应达到如下三种目的：

---

① 侯仁之：《师承小记——忆我师顾颉刚教授》，载《我从燕京大学来》，生活·读书·新知三联书店，2009年，第38页。
② 佚名：《郑德坤来信（通信一束·十一、十二）编者案》，《禹贡》半月刊，1934年4月第4卷第5期。
③ 吴志顺：《地图底本作图之经过》，《禹贡》半月刊，1934年12月第2卷第8期。

一、用经纬线分幅，使各幅可分可合，须大须小，得随用者之意。

二、每幅皆分印浅红，浅绿，及黑版套色三种，使用者可以按自欲加绘之色而采购。凡购红绿色单色图者，如更购黑版套色图以作对照，便可一目了然。

三、对于民国十七年以来新置之县治，及十八年以来改名之县治，均参照《内政公报》尽量采录，即不以为底本，视为最新地图亦可。①

按照上述预设目标，禹贡学会首先着手绘制了甲种（比例尺1∶200万）、乙种（比例尺1∶500万）、丙种（比例尺1∶1000万）三种地图底本。

虽然1934年11月13日顾廷龙在致函顾颉刚时乐观地说："地图底本已有，各处转辗来问，出版以后销路之广不言可知，专盼驾来付印也。"② 但这些底本的绘制出版并非易事，毕竟"我们一群人是研究地理沿革史的"，地图绘制则是专门之学，《地图底本出版豫告》中提到的圆锥投影法、晕渲线法，必须由专人实施。而且，印制地图的成本（顾颉刚称为"铸版费"）也超过单纯的文字印刷。为此，顾颉刚曾向王伯祥"吐苦水"说：

地图底本，弟与郑德坤君合办者也。初定计划，绘图及印刷费二千元，各担其半。其后聘请的绘图员吴志顺君非常细心，一月仅可画一幅，即画就者亦多修改，遂使至今出版者不过五分之二。（将来全图出版，拟托开明代

---

① 佚名：《本会三年来工作略述》，《禹贡》半月刊，1937年4月第7卷第1~3期合刊。

② 顾廷龙：《致顾颉刚（十三）》，载《顾廷龙文集》，北京图书馆出版社、上海科学技术文献出版社，2002年，第766页。

销，未识可否？）而郑君已告力竭，不复续付。①

地图底本绘制如此困难，而销路又相对狭窄，于是顾颉刚希望王伯祥这位密友能够为之代销。为了打开市场，顾颉刚还想到了另一位好友叶圣陶。他在1935年8月15日致叶圣陶信中说："此后所仰仗于兄者正多，地图底本之吹嘘，一也。"②

事实上，截至1934年年底地图底本付印的只有十二幅。为此绘图员吴志顺在《地图底本作图之经过》中作了解释，原因无非是顾颉刚想编一部"比较完备的地图来作研究的底本，决不使它抱残守缺，难于适用"③，而绘图界当时存在不少黑幕，"包件"作图虽然快，但难以保证质量。截至1937年4月，甲乙丙三种地图底本共出版34幅。6月，地图底本甲种图56种全部绘竣，其校订者改为侯仁之、郭敬辉。

对于禹贡学会的地图底本编绘工作，后人认为："分析《地图底本》的编绘，可以了解禹贡学派不再限于朴学考据，而能拓展新的研究视野，增加治学的实用性，且在考据之外，注意到现实的需要。"④那么，在具备地图底本的前提下，历史地图该如何绘制呢？

(2) 关于历史地图制法的讨论

1935年2月，《禹贡》半月刊刊发了一组关于"历史地图制法的讨论"文章。王育伊在《历史地图制法的几点建议》中对杨守

---

① 顾颉刚：《致王伯祥（1935年12月18日）》，载《顾颉刚全集·顾颉刚书信集》卷一，中华书局，2011年，第125页。
② 顾颉刚：《致叶圣陶函一通（1935年8月15日）》，载孔另境编：《现代作家书简》，花城出版社，1982年，第221页。
③ 吴志顺：《地图底本作图之经过》，《禹贡》半月刊，1934年12月第2卷第8期。
④ 彭明辉：《历史地理学与现代中国史学》，东大图书股份有限公司，1995年，第280页。

敬《历代舆地图》、欧阳缨《中国历代疆域战争合图》、苏甲荣的《中国地理沿革图》做了点评，指出其中的问题，并就如何编制历史地图提出如下七条建议：

（一）新图最好不采用杨氏的朱墨套印法，而用历史及当代两图分立的法子。历史地图用黑色印，着彩色更好。当代地图用红色印，印在透明或半透明的油蜡纸或蜡绢上……

（二）新当代地图，要和普通地图一般绘制，使他离开了历史地图，还是一部独立的当代地图，不失其独立的用途……

（三）历史地图各页的单位以历史上的区域为准，免有割裂之憾……

（四）秦汉以前的疆界，除以自然形势，如以山，以河为界者外，人定的界线，现在要画它，是很难求准确的。……新上古图最好在各地名下画一道颜色线条来区别：……（这办法曾听洪煨莲师提过，并非我的创见，不敢掠美，合并声明。）

（五）新图如不名为"某史地理志图"，"某史郡国志图"的话，最好能画各短时代的，注出某年某月更好。要能够利用各史的地志，地理书籍，历代及近代历史学者考古学者整理考订的结果，以及外国的材料。

（六）要附带引得，以便翻检。

（七）除普通历史地图外，希望更有各种专门史的地图，如经济史地图，文化史地图，宗教史地图，民族史地图出现。①

这七条建议,即便是放在今天也仍有其借鉴意义。而他所期望的几种专门史地图,至今还没有出现。

此外,郑秉三在《改革历史地图的计划》中主要提出了"复页地图"的设想,亦即:

> 先把一幅厚纸,印着现时之形势全图,然后另用一透明纸印着所需的局部地图,以后将两幅一起叠着(当然模样要一样大小,且全图的应在下,局部的应在上,糊亦只要一边糊着,其余一边不用糊及),两相对照,于是我们应用起来就格外觉得明白便利了。②

郑秉三的这个想法过于简单,如此做法,或许可以"明白",但很难"便利"。如果用厚纸印当代全局地图,用透明纸印局部历史地图,势必造成地图集中现时地图的重复出现,而采用厚纸印刷现时形势全图,势必增加地图集的厚度,难以便利使用。

王育伊、郑秉三关于历史地图制法的讨论,更多停留在"坐而论道"的阶段,并未付诸实施。吴志顺更是从专业技术人员的角度,从投影法、纸张伸缩率上否定了王育伊、郑秉三有关"复页地图"的建议。不仅如此,吴志顺还提出"若要作出一部有价值的新的历史地图,非绘图技术人员与历史专家合作不可"的主张,建议成立"历史地图编制讨论会"③。

---

① 王育伊:《历史地图制法的几点建议》,载《禹贡》半月刊,1935年2月第2卷第12期。

② 郑秉三:《改革历史地图的计划》,载《禹贡》半月刊,1935年2月第2卷第12期。

③ 吴志顺:《历史地图制法的讨论——历史地图式样的讨论及进行绘制的计划》,载《禹贡》半月刊,1935年9月第4卷第1期。

平心而论，编绘中国地理沿革图谈何容易？在 1937 年制定的禹贡学会未来三年的工作计划中，《中国沿革地图》仍旧赫然在目：

> 然本会目的既在研究中国沿革地理，故于地图之绘制自当以作出较详备较正确之《中国沿革地图》，方与宿志相合。……拟以杨氏之沿革图为底本，除重以科学方法绘制外，并就会中同人研究之所长，分别时代而考订之，凡杨氏所遗漏或错误者均为增补改正。又吾国疆域往往于一代之中发生数次之重要变化，或州郡改置，或领属增缩，亦当分期绘制，以便明了一代演变之情势。①

遗憾的是，数月之后卢沟桥事变爆发，随着顾颉刚远走避难，禹贡学会的诸多学术计划也只得束之高阁，增补改正"杨图"的任务只能搁浅，以俟来者。

不过，从顾颉刚的书信中可以看出，他的确已经开始着手安排沿革地理图的绘制。1933 年 3 月 3 日，顾颉刚给郑德坤写信问："《汉书·地理志》图的画法已拟定否？"② 在地图底本尚未画完的情况下，顾颉刚就建议郑德坤"先画西汉地理图，因其于沿革史上为最重要也"，并且鼓励他"如兄有决心以编制地图过生活者，自当夺苏甲荣之席耳"③。俨然一派取代苏甲荣《中国地理沿革图》的气魄。

---

① 佚名：《本会此后三年中工作计划》，《禹贡》半月刊，1937 年 4 月第 7 卷第 1～3 期合刊。
② 顾颉刚：《致郑德坤（1933 年 3 月 3 日）》，载《顾颉刚全集·顾颉刚书信集》卷二，中华书局，2011 年，第 467 页。
③ 顾颉刚：《致郑德坤（1934 年 1 月 29 日）》，载《顾颉刚全集·顾颉刚书信集》卷二，中华书局，2011 年，第 471 页。

(3) 不了了之的清代历史地图

这场关于历史地图制法的讨论，以蔡方舆的《绘制〈清代历史地图〉报告》收尾。蔡方舆（本名蔡贤杰）是受清史名家萧一山的嘱托，加上个人兴趣的驱使，从而开始清代历史地图研究。1935～1938 年，萧一山出任河南大学文学院院长。蔡方舆的"此一工作系萧一山氏设计指导，惜因抗战，全图未克问世"①。

此前，蔡方舆显然注意到了此前王育伊、郑秉三、吴志顺的讨论，并选择站在吴志顺这边。从 1936 年 2 月开始，蔡方舆搜集了 19 种资料（大部分为舆图），并就投影法、图幅、符号等问题进行了初步考虑，拟定了"明末满洲形势图（附女真迁徙线）"、"清代学者及名人分布图"等 25 个图幅。② 不过，蔡方舆显然没有充分考虑到地理底图的重要性，在他搜集到的资料中，最新的地图就是申报馆新地图。在没有解决底图问题的情形下，蔡方舆已经画了 5 幅草图，编制了《清乾隆内府舆图索引图》。

蔡贤杰 1936 年 4 月 23 日致信顾颉刚并呈上《绘制〈清代历史地图〉报告》。顾颉刚认为报告"极有条理，本拟即日发表，嗣因积存稿件甚多，限于篇幅，未能如愿"③。报告发表后，蔡贤杰于当年 12 月 10 日又致信顾颉刚，介绍了使用禹贡学会地图底本遇到的问题。此时，他的清代历史地图绘制工作进展为"绘图考证，已做至清入关时期"④。至于日后的工作，则无从得知。

当年的讨论者中，王育伊后来主要从事图书馆工作，曾任职于

---

① 蔡方舆：《绘制清代历史地图报告》，载包遵彭等编纂：《中国近代史论丛》第一辑第一册《史料与史学》，正中书局，1957 年，第 257 页。
② 蔡方舆：《绘制〈清代历史地图〉报告》，《禹贡》半月刊，1936 年 12 月第 6 卷第 7 期。
③ 顾颉刚：《蔡贤杰来信（通信一束·八）编者按》，《禹贡》半月刊，1936 年 6 月第 5 卷第 7 期。
④ 蔡贤杰：《致顾颉刚（通信一束·一三五）》，《禹贡》半月刊，1937 年 1 月第 6 卷第 10 期。

第六章 人事有代谢——"谭图"以前的中国历史地图编绘 265

中研院史语所善本书库、北平图书馆、上海图书馆等处。郑秉三则淡出学界，难觅其踪。至于立志编绘清代历史地图的蔡贤杰，除了知道他是 1914 年出生湖南长沙人，毕业于长沙师范，1935 年任河南大学图书馆书记员外，几乎没有其他生平事迹可资查考。① 蔡贤杰 1936 年 10 月加入禹贡学会，在《禹贡学会会员录》也仅记录"蔡贤杰（方舆）"、"湖南长沙"、"河南大学文史系肄业"等简单信息。②

如果仅仅因为蔡贤杰是禹贡学会会员，而将其编绘清代历史地图视为禹贡学会主持下的历史地图事业，这未免牵强。好在张玮瑛这位正牌的燕京大学学人、禹贡学会会员也有性质相同的工作。张玮瑛在 1948 年提出了编绘历史地图的计划，据其女所撰传记载：

  1947 年秋，母亲任燕京大学讲师。半时在中文系教大一的国文，半时在哈佛燕京学社工作。哈佛燕京学社主要主持人之一聂崇岐教授建议母亲试着摸一下读史地图存在的问题。1948 年 3 月母亲提出编绘历史地图的研究计划，准备先从清代入手，以申报馆地形挂图为底图，并根据杨〈宗〉〔守〕敬图及大清一统志、大清一统〈画〉〔舆〕图等书，提出修改增订意见，试做清极盛时图及清末地图。然而时局动荡，这项研究在春学期末中断了。③

张玮瑛这项中途止步的清代历史地图编绘，其研究路径和此前的工作没有本质区别。虽然这项工作是哈佛燕京学社委托的，但该社与燕京大学、禹贡学会有着千丝万缕的联系，将之视为禹贡学会

---

① 李景文主编：《河南大学图书馆史》，河南大学出版社，2008 年，第 403 页。
② 禹贡学会编：《禹贡学会会员录》，禹贡学会，1937 年，第 25 页。
③ 侯馥兴：《从塘头厦到燕南园：我的母亲张玮瑛》，花城出版社，2012 年，第 89 页。

名下的历史地图编制，也未尝不可。

张玮瑛的历史地图编绘并非无迹可循，毫无影响。1949 年 9 月 13 日，顾颉刚造访燕京大学，路遇张玮瑛。同日，顾颉刚又"到哈燕社，晤筱珊、八爱，看史系所绘历史地图"①。聂崇岐（字筱珊）与顾颉刚在哈佛燕京学社看到的历史地图，十之八九就是张玮瑛所绘的未成品。后来，在中国社科院近代史所工作的张玮瑛又参加《中国近代史稿地图集》的编辑，制作了"十九世纪帝国主义对华文化侵略形势图"②，也算是她历史地图编制的延续。

2. 出版商顾颉刚的史地图表事业

1942 年，金振宇、金擎宇等约请身在重庆的顾颉刚成立中国史地图表编纂社，由顾颉刚出任社长。后来，顾颉刚又任大中国图书局总经理兼编辑部主任。这一时期的顾颉刚，我们可以视之为"出版商"。

顾颉刚之所以与金氏兄弟这些"资本家"合作，与其遭遇发妻病亡而带来的经济压力有关。而金氏兄弟之所以拉顾颉刚"入伙"，则源于其拥有较高名望，"在教育界工作近三十年，交游众多，做书店生意不能无教育界的联络"③。而顾颉刚则仰仗金振宇等"有极灵活的商业手段，极丰富的商业经验"④。可以说，顾颉刚与出资方是各有所需，优势互补。

中国史地图表编纂社，顾名思义，当以历史地图为出版主旨。

---

① 顾颉刚：《顾颉刚日记》第六卷（1947—1950），联经出版事业股份有限公司，2007 年，第 516 页。

② 侯馥兴：《从塘头厦到燕南园：我的母亲张玮瑛》，花城出版社，2012 年，第 119 页。

③ 顾颉刚：《顾颉刚自传》，北京大学出版社，2012 年，第 131 页。

④ 顾颉刚：《顾颉刚致胡适（11 月 27 日）》，载中国社会科学院近代史研究所中华民国史研究室编：《胡适来往书信选》下册，社会科学文献出版社，2013 年，第 1014 页。

因此，该社成立"其首意识即从事于中等学校适用之《中国》、《世界》两地图，以青年之需要此种智识为尤迫切也"①。而这种历史地图的编制出版，又直接继承了禹贡学会的未竟事业。

那么，除了继承禹贡学会未竟事业的内在逻辑在起作用外，还有什么因素导致了顾颉刚成为出版商呢？事情还得从蒋介石号召的史地教育，以及顾颉刚与国民党高官朱家骅的关系说起。没错，这不仅仅是学术，还是显而易见的政治。

1938年8月，蒋介石在中央训练团第一期毕业典礼上提出"革命教育以史地教育为中心"。此后，"历史、地理得成为实施革命教育之基本科目"②，受到文教各界的高度重视。为了遵奉蒋介石的训示，促进史地教育的发展，国民政府教育部于1940年4月设立史地教育委员会，顾颉刚与钱穆、陈寅恪、吕思勉、蒋廷黻、张其昀、傅斯年、胡焕庸、黄国璋等十九人被聘为委员。5月14日，教育部史地教育委员会召开首次会议，陈立夫、傅斯年等出席。会议通过如下提案：①编纂中国史学丛书；②编纂中国通史大学教本；③改进大学史地教育；④改进中学史地教材及教学法；⑤编纂一般史地读物；⑥增设历史研究所，提高历史教育，编制史地挂图年表、历代史迹图，拟制地形模型，搜集史料，编演历史戏剧及中国地理影片等。③

为了贯彻蒋介石"革命教育以史地教育为中心"的指示，教育部势必要加大史地读物的编纂力度，编制史地挂图年表。身为史地教育委员会委员的顾颉刚不可能不知道里边的无限的商机，毕竟他早已办过朴社、通俗读物编刊社、《禹贡》半月刊，对于出版印刷那点事，早就心知肚明。

---

① 顾颉刚：《中学等校适用中国、世界两种地图序》，载《顾颉刚全集·宝树园文存》卷一《上游集》，中华书局，2011年，第47页。
② 郑鹤声：《史地教育之总目标》，《训练月刊》，1940年第1卷第5期。
③ 佚名：《史地教委会召开首次会议》，《教育通讯》，1940年第3卷第20期。

现在回头看看 1942 年成立的中国史地图表编纂社，几乎就是配合"革命教育以史地教育为中心"最高指示而设置的商业出版机构。既然要赚钱，就要搞好发行渠道。发行渠道的搭建和拓宽，至关重要的一点，在于教育部的政策扶持。这时，顾颉刚与教育部长朱家骅的良好私人关系，为中国史地图表编纂社的发展奠定了基础。1938 年 10 月，朱家骅致信顾颉刚，询问"通俗读物之编刊大有功于抗战建国，未知近来尚照常出版否"①。此时，蒋介石以史地教育为革命教育中心的谈话刚刚发表不久。朱家骅去信关注顾颉刚的通俗读物编刊社，或属空穴来风。

先前，顾颉刚受时任国民党中央组织部部长的朱家骅之命主持《文史杂志》、边疆语文编译委员会，出力不少。等到顾颉刚主持编辑出版机构时，也能获得后来荣膺教育部部长之职的朱家骅的支持，毕竟教学挂图、教材教辅的编印都在教育部职权范围内。

1946 年，教育部国民教育司命令："在中心国民学校及国民学校设备标准中，曾规定学校应备历史地理等挂图各一套，并将此项挂图，委托中国史地图表编纂社设计编辑。"获得授权后，由顾颉刚主持的中国史地图表编纂社编绘了国民学校适用《中华民国新地图》及《世界新地图》，交由大中国图书局发行，并通过教育部审定。此外，又编绘国民学校适用历史挂图两幅，中心学校适用地理挂图六幅、历史挂图六幅，小学地理教科图一册。除了出版历史、地理挂图，中国史地图表编纂社还编辑了国文、公民等科的教学指引、教材及辅导书。1947 年，顾颉刚在致朱家骅信中说：

在渝之时，与地图工作者合办中国史地图表编纂社，
于北碚编绘各种实用地图，用以继承禹贡学会之端绪；胜

---

① 顾颉刚：《致朱家骅（1938 年 10 月 29 日）》，载《顾颉刚全集·顾颉刚书信集》卷二，中华书局，2011 年，第 383 页。

利后携稿至沪出版，集股一亿，设立大中国图书局，以东北、台湾、南洋各地之大量购求，营利颇称顺利。有此经济基础，他日普及史地智识似不为难，故通史工作已在准备中。①

"普及史地智识"是有待他日实现的目标，而当下的任务就是打下"经济基础"，说白了，就是多挣钱。

1947年6月，大中国图书局在申请公民、国文、历史、地理四科小学教科书的印行权时，遇到了中华书局的竞争，顾颉刚于是给朱家骅写信谋求援助。为表示诚意，顾颉刚还主动将国定本中学师范教科书的制版津贴加以削减。可以说，如果没有顾颉刚与国名党政要朱家骅的关系，恐怕教育部国民教育司没有理由为顾颉刚主持的出版机构开绿灯，毕竟他是在与商务印书馆、中华书局等老牌出版社抢生意。

当然，也正是因为他与朱家骅走得太近，被拉进了政治的漩涡。在后来令顾颉刚叫苦不迭地给蒋介石进献九鼎一事中，顾颉刚正是受朱家骅之托撰写了鼎铭。

3. 顾颉刚、章巽合编《中国历史地图集》

随着国民党败走台湾，顾颉刚也就终结了与国民党政要的直接往来。蛰居上海的顾颉刚，恐怕遭受到前所未有的冷遇。1949年7月，顾颉刚得知中国新史学研究会在北平成立的消息后，不禁感慨"予其为新贵所排摈矣"。究其原因，顾颉刚认为："前数年，予所以不能不接近政府，实以既办大中国，便不得不与政治发生关系，

---

① 顾颉刚：《致朱家骅（1947年2月20日）》，载《顾颉刚全集·顾颉刚书信集》卷二，中华书局，2011年，第399页。

不虑即此以使人歧视。"① 昔日可以凭依的政治资本，在江山易色、政权更迭的情况下，已经成了政治污点。1950年7月顾颉刚在日记中说："上月出版总署开一地图会议，主持者为曾世英，仅邀亚新地学社及师范大学地理系参加，对亚光等社则斥为'地图商'而不邀"。② 这可能是同业者的门户之见，但谁又敢保证没有政治的考虑在里边呢？顾颉刚主持的不少图书，是由中国史地图表编纂社编制，亚光舆地学社出版，大中国图书局发行的。这三个编印出版发行机构仍旧需要经营，个人的"经济基础"还没有保障，顾颉刚又该如何处理与政治的关系呢？

主动靠近政治，总比政治来找你要好一些，所以1949年11月2日，顾颉刚"写上军事委员会呈文及毛主席书（为二百万分之一地图出版事）"③。该地图比例尺较大，可能会涉及军事泄密以及国界争端问题，于是，顾颉刚只能上书政治高层，以期妥善解决。不久又发生了新情况，据1949年11月21日日记载："大中国出《苏联新图志》，自以为稳赚钱矣，乃昨接京电，谓胡愈之嘱删去第十三图，盖此图为'帝俄东部疆域的开拓'。"④面对这一变故，顾颉刚除了哀叹"极度主观，极度唯心"之外，无可奈何，只得写信给周立三，"劝其遵从愈之之意，将第十三图取消，并将东德改为德意志共和国，南北韩改为朝鲜人民共和国"⑤。

在这接二连三的变故之中，重重顾虑之下的顾颉刚又开启了与

---

① 顾颉刚：《顾颉刚日记》第六卷（1947—1950），联经出版事业股份有限公司，2007年，第485页。
② 顾颉刚：《顾颉刚日记》第六卷（1947—1950），联经出版事业股份有限公司，2007年，第656页。
③ 顾颉刚：《顾颉刚日记》第六卷（1947—1950），联经出版事业股份有限公司，2007年，第542页。
④ 顾颉刚：《顾颉刚日记》第六卷（1947—1950），联经出版事业股份有限公司，2007年，第550页。
⑤ 顾颉刚：《顾颉刚日记》第六卷（1947—1950），联经出版事业股份有限公司，2007年，第556页。

章巽合编《中国历史地图集》的工作。

(1) 为什么是章巽

章巽(1914~1994年,字丹枫,浙江金华人),与其在中西交通史、航海史方面的成就和影响力而言,章巽在历史地理学上的贡献似乎被湮没了。章巽曾就读于中央大学,师从张其昀、缪凤林等史地名家,1956年后长期执教于复旦大学。由此,章巽与历史地理学的发展产生了直接联系,参与历史地图绘制也就在情理之中。关于自己的学术渊源,章巽有如下自述:

> 大学时代,我主要是在南京中央大学度过的,当时主要的老师,中国史方面有缪凤林、丁山、朱希祖等几位先生,外国史方面有沈刚伯先生,地理方面有张其昀、胡焕庸两位先生。他们各人的专长和教学方法虽各有不同,但在知识学习方面有一点共同的要求,就是要我们注意史地科学中的人、地、时三个方面和这三个方面相互之间的关系,因此特别使我在民族史方面和历史沿革地理方面养成较高的兴趣。至于时间因素的方面,年代计算虽似比较简单,但就应该掌握每一时代的时代特征而言,也不是容易的事情。①

如果说章巽关注中西交通史主要是受沈刚伯的教益,那么,在历史地理学领域,章巽则将张其昀、缪凤林视为领路人,如其所言:"张、缪两先生的启迪,带领我进入学习历史地理和历史地图的大门。"这种兴趣,因为结识顾颉刚而加深。据其自述:

---

① 章巽:《我的生活经历和甘苦谈》,载《章巽文集》,海洋出版社,1986年,第4页。

我参加大中国图书局时，离上海解放还不久，有大量苏联图书运来上海销售，其中就有许多历史地图集和大幅历史地图挂图。……颉刚先生当时说起，以政区改变为主要内容的沿革地图是不能认为满意的，因此就要求我先编译一部分苏联的大幅历史地图，以应中等以上学校的需要。这样，我就编译成上古之部、中古之部上和中古之部下的三套《世界历史地图》，由大中国图书局出版（1952~1955年）。接着，颉刚先生和我又合编了一册《中国历史地图集》，时间自上古之鸦片战争时为止，由地图出版社出版（1955年）。它的内容方面，我们曾经努力企图根据马列主义的原则来编绘，稍改变单纯政区沿革图的面貌。①

正是因为见到了苏联历史地图，章巽才得以加深对历史地图的认识，促进了其历史地图编绘实践。1953年3月29日，在上海历史学会举行的哀悼斯大林同志逝世座谈会上，"潘硌基、章丹枫、周予同、沈起炜、李平心分别就学习斯大林学说、苏联史学界最近情况、苏联史学界编制历史地图的经验、苏联中等高等学校的历史教学情况以及吸收苏联先进经验等问题作了发言"②。不用多说，介绍苏联史学家编绘历史地图经验的肯定是章巽。

（2）编纂始末

顾颉刚、章巽合编《中国历史地图集》一事之原委，见于1953年5月21日顾颉刚《法华读书记》的记载：

---

① 章巽：《章巽自述》，载高增德、丁东编：《世纪学人自述》第五卷，北京十月文艺出版社，2000年，第17页。

② 冯绍霆：《上海历史学会大事记》，载姜义华主编：《史魂：上海十大史家》，上海辞书出版社，2002年，第398页。

第六章 人事有代谢——"谭图"以前的中国历史地图编绘

地图出版社既成立,金擎宇君谓予曰:"历史地图,坊间久阙如矣。兹若能依中学历史教本编一参考地图,当有广大之销路。君负担重,薪资不足用,我辈之所共喻,请即与章丹枫君合为之何如?"予自惟学以为禽犊,此昔日所不肯为者也。然历史地图之编制,即当年创办禹贡学会之本意;且子女成行,月亏百万,若无周急济穷之术,便将索我于枯鱼之肆,因诺之。①

1951年,私私联营的地图联合出版社成立,并于1953年改组为私营地图出版社,又于1954年与北京国营新华地图社组成公私合营地图出版社。既然地图出版社想出版历史地图而赚取利润,顾颉刚又何乐而不为?因为从学术意义上,此举继承了顾颉刚"当年创办禹贡学会之本意",从现实经济问题考虑,卖书挣版税则是他的"周急济穷之术"。

于是,顾颉刚1951年就约章巽合编《中国历史地图集》。在顾颉刚最初的构想中,这部历史地图集包括近代史内容,为此,1951年3月30日顾颉刚"访季龙、厚宣,谈近代史图约事"②。1953年3月7日,"谭季龙来,屠烈煊来,商《太平天国历史地图》事"③。

与此同时,顾颉刚还在张罗其他历史地图的编绘。据其日记,1951年8月2日顾颉刚"将张芝联所作世界史图说明书点改一

---

① 顾颉刚:《顾颉刚读书笔记》卷五《法华寺读书记(九)》,中华书局,2011年,第314页。
② 顾颉刚:《顾颉刚日记》第七卷(1951—1955),联经出版事业股份有限公司,2007年,第37页。
③ 顾颉刚:《顾颉刚日记》第七卷(1951—1955),联经出版事业股份有限公司,2007年,第357页。

过"①。其合伙人丁君匋也说过:"解放之初,顾颉刚等聘请了复旦大学的章巽、谭其骧和庞正文等编绘了世界历史组的上古之部、中古之部挂图,太平天国革命运动挂图。"② 这些图显然是与顾章合编《中国历史地图集》并行的。

在顾章二人的努力下,次年既编竣草稿,但修订及出版环节仍旧还有很多工作。1953年1月21日,顾颉刚与"邹新垓讨论本局出历史地图事"③。2月8日,"章丹枫来,商编制历史图事"④。这些事项均围绕合编中国历史地图而展开。直到4月19日,编绘历史地图之事才得以签约,据顾颉刚日记载,是日"丹枫来,签《历史地图》约。……地图出版社邀予与丹枫编辑《历史地图》,照定价抽百分之三·五税,第一册于今年八月完稿,大约可赶明年春销。倘销路旺,予生计可得一补助矣"⑤。10月25日,金擎宇面告顾颉刚说:"《历史地图》自在地图社目录上登出出版预告后,已接来信一千五百封来定,其中有一校定至一千份者,可见需要至切。因此,地图社酷望我与丹枫早日编出。"⑥ 可见,出版方对顾章合编历史图的销路充满期待。于是,1954年1月26日,"地图出版社欲将予与丹枫所编历史图加绘挂图"⑦。2月19日,顾颉刚

---

① 顾颉刚:《顾颉刚日记》第七卷(1951—1955),联经出版事业股份有限公司,2007年,第94页。
② 丁君匋:《大中国图书局简史》,载俞子林主编:《百年书业》,上海书店出版社,2008年,第255页。
③ 顾颉刚:《顾颉刚日记》第七卷(1951—1955),联经出版事业股份有限公司,2007年,第337页。
④ 顾颉刚:《顾颉刚日记》第七卷(1951—1955),联经出版事业股份有限公司,2007年,第344页。
⑤ 顾颉刚:《顾颉刚日记》第七卷(1951—1955),联经出版事业股份有限公司,2007年,第376页。
⑥ 顾颉刚:《顾颉刚日记》第七卷(1951—1955),联经出版事业股份有限公司,2007年,第460页。
⑦ 顾颉刚:《顾颉刚日记》第七卷(1951—1955),联经出版事业股份有限公司,2007年,第498页。

第六章 人事有代谢——"谭图"以前的中国历史地图编绘　275

在与金擎宇、章巽讨论编制历史地图事之后,发出如下感慨:

> 予等所编图,地图出版社画得极精。此图出,必有广大之销路。从此加功,可以化出若干种来,家用贴补必不难,而予办禹贡学会之一段心血亦不浪掷矣。①

又经过一年的努力,这部《中国历史地图集》终于可以出版了。1955年1月1日,顾颉刚"修改《中国历史地图集》序文"②,说明已经进入出版前的最后阶段。4月16日,顾颉刚"到一所,送稿酬与季龙,并签高中历史挂图约"③。据此可知,顾颉刚、章巽合编,谭其骧校订的《中国历史地图集(古代史部分)》(图6—5)已经基本告竣,顾颉刚又要开始新的历史地图编绘。

当然,事情总是在起变化。1954年10月31日,顾颉刚在日记中罗列工作任务,其中有"标点资治通鉴及改绘杨守敬地图工作委员会:标点资治通鉴及杨守敬地图"与"地图出版社:历代地图"两项。至此,原本作为营生手段的历史地图绘制与改绘杨图两项工作交汇在一起。④

这里捎带谈及一点对顾颉刚、章巽合编《中国历史地图集》的评价问题。对于这本书,"论者每以为丹枫先生的著述,有些已被后起者所取代。……这种看法当然有一定的道理,但是,窃以为还是'隔'了一点。学问之事,一般而言,后来者居上,这应当

---

① 顾颉刚:《顾颉刚日记》第七卷(1951—1955),联经出版事业股份有限公司,2007年,第508~509页。
② 顾颉刚:《顾颉刚日记》第七卷(1951—1955),联经出版事业股份有限公司,2007年,第638页。
③ 顾颉刚:《顾颉刚日记》第七卷(1951—1955),联经出版事业股份有限公司,2007年,第677页。
④ 顾颉刚:《顾颉刚日记》第七卷(1951—1955),联经出版事业股份有限公司,2007年,第609页。

图 6—5　顾颉刚章巽合编《中国历史地图集（古代史部分）》

是千古恒理（现在，我却越来越怀疑这一点了）。丹枫先生的著述在很不短的一段时间内，是大有功于学界的。而且，丹枫先生的学问自有不可及者。"① 言下之意，似乎认为这本《中国历史地图集》自有其不可否认的价值。

　　无独有偶，黄裳也有一番议论："我也有一位先师，在中学教过我的老师章丹枫（巽）先生，也是专攻古地理与中外交通史的，中央大学和复旦大学的教授，就曾与顾颉刚一起研究创始绘制中国历史地图，其最先拿出的成果可能还早于谭季龙。"② 不过，如果了解了这部历史地图集的成书过程，亲自翻翻这本书，也就会有另一番议论。毕竟谭其骧也参与到这本图集的编绘之中，虽然他最终

---

① 钱文忠：《忆丹枫先生》，载《末那皈依》，上海书店出版社，2006 年，第 167~168 页。
② 黄裳：《忆旧不难》，载《来燕榭文存》，生活·读书·新知三联书店，2009 年，第 244 页。

没有拿出可能原本由他负责的近代史部分图稿，但谭其骧作为校订者，其名字出现在封面上，这本身就是对其贡献的肯定。

(3) 与新中国不合拍的历史地图集

如果说民国时期顾颉刚主持编制的地图销路受到国共战争影响甚大，那么，后带来的一系列政策变化则导致原有地图的灭顶之灾。"原印的图，一切不合适，只有卖给纸厂造还魂纸。再则，新印的图是否合适也是问题。"① 在这百废待兴，凡事无一定之规的时期，顾颉刚"恐怕自己政治认识不够，出了岔子"。当初与章巽合编历史地图，顾颉刚就说："今编《历史地图》。即是对社会之最好贡献。而且此事做得好，生活自无问题。至于通俗读物，与现实政治关系太密切，现在做了，将来必然骑虎难下，或致身败名裂。予之与国民党发生关系，即由通俗读物编刊社来也。"② 顾颉刚没有想到的事情发生了，历史地图虽然不是与政治关系太密切的通俗读物，但仍旧被洪瑞钊揭发出所谓的政治问题。

洪瑞钊（1904~？，浙江瑞安人）。毕业于东南大学，后步入仕途，历任国民政府交通部秘书、国民党中央宣传部特种宣传处处长、三青团中央干事会干事等要职。1948年当选为立法委员，新中国成立前夕与其他五十余名立法委员发表宣言，"与国民党反动派脱离关系，将诚心诚意接受中共领导"。中华人民共和国成立后，洪瑞钊入上海市文物管理委员会，由此与顾颉刚发生实质性交往。

在顾颉刚主持的历史地图中，洪瑞钊的确发挥了一定作用。1955年11月17日，顾颉刚在日记中写道：

> 洪瑞钊，因同在上海文管会，彼常来谈沿革地理，我因正编《历史地图》，即交与彼校订数幅，以地图出版社

---

① 顾颉刚：《顾颉刚自传》，北京大学出版社，2012年，第137页。
② 顾颉刚：《顾颉刚日记》第七卷（1951—1955），联经出版事业股份有限公司，2007年，第421页。

所给校订费不多,我贴予之。及彼争在封面列名而地图社不允,彼遂到处骂我,甚至写信至科学院告我,真如猘犬咬人。①

洪瑞钊与顾颉刚围绕历史地图编制而进行的交往,散见于顾颉刚日记中。譬如,1954年3月4日"洪瑞钊来,为历史地图事长谈"②。5月14日顾颉刚"到丹枫处,送瑞钊所作图"③。8月3日顾颉刚"抄洪瑞钊评地图语入笔记"④。洪瑞钊对历史地图草图评语的要点,被顾颉刚收入《法华寺读书记》中,其代表性的修改意见包括:①地图"陈义过高,恐非一般甫自高小卒业之初级中学生所能领会",应配合通行教本的内容,做到史料与观点的统一;②用分层设色的办法绘制地形,表现地理背景和自然条件;③采用"古墨今朱"之例处理古今地名;④用符号和字体的差异区分各类地名。平心而论,这些修改意见很有见地,顾颉刚也表示"此皆甚宝贵之意见,应尽量采取者也"⑤。

出版后的《中国历史地图集》在附注中提到"我们在编制《中国原始社会文化遗址的分布》图时,特请胡厚宣先生供给详细的资料,并经洪瑞钊先生加以补充"。但是,洪瑞钊显然对该书封面没有标注其姓名反应强烈,于是写信给顾颉刚表示抗议。洪顾二人往来之书信,不见于《顾颉刚书信集》,故无从得知其全部真

---

① 顾颉刚:《顾颉刚日记》第七卷(1951—1955),联经出版事业股份有限公司,2007年,第777页。

② 顾颉刚:《顾颉刚日记》第七卷(1951—1955),联经出版事业股份有限公司,2007年,第514页。

③ 顾颉刚:《顾颉刚日记》第七卷(1951—1955),联经出版事业股份有限公司,2007年,第541页。

④ 顾颉刚:《顾颉刚日记》第七卷(1951—1955),联经出版事业股份有限公司,2007年,第577页。

⑤ 顾颉刚:《洪瑞钊论编历史地图事》,载《顾颉刚读书笔记》卷六《法华寺读书记(二〇)》,中华书局,2011年,第268~270页。

第六章 人事有代谢——"谭图"以前的中国历史地图编绘

相。但该图的校订者谭其骧1955年4月12日在顾颉刚家中看到了洪瑞钊的信，读后认为"此人无耻之尤"①。5月16日，谭其骧又"得悉洪瑞钊又来函捣乱而欧阳缨竟潜助之"②。洪瑞钊的攻击显然并未至此收敛。8月29日，徐森玉面告顾颉刚洪瑞钊的激烈反应，顾颉刚在日记中写道："洪瑞钊大骂我，我好心帮助他，使他得一千单位之校订费，徒以地图出版社不列其名于封面，乃怨集于予"。③

不仅如此，洪瑞钊还四处写信，揭发检举图集中的政治问题，这在当时是最致命的。既然没有从顾颉刚和新华地图社得到满意答复，洪瑞钊就把揭发信寄到了顾颉刚当时供职的中国科学院领导手里。1955年11月6日，竺可桢在日记中谈及此事：

> 上午阅上海市文物保管委员会洪瑞钊来函及寄来揭发新华地图社出版顾颉刚、章巽合编（谭其骧校）《中国历史地图集》。说其内容反动，以红星在图上代黄巢起义地，以坟墓代表陈胜、黄巢灭亡地；满清以前不当台湾作中国领土看待，与外国地方一样看待；把纸和印刷术传播亦未列入图上。他已把此意三函新华地图社，社置之不理。顾颉刚曾复信谓赶应秋销，不及更改。但是最后两万册精装《历史地图》终于停止发售。成本据洪估计是四万元。④

洪瑞钊还捎带将矛头对准陈述彭，"揭发陈述彭著《中国地形

---

① 葛剑雄编：《谭其骧日记》，文汇出版社，1998年，第32页。
② 葛剑雄编：《谭其骧日记》，文汇出版社，1998年，第38页。
③ 顾颉刚：《顾颉刚日记》第七卷（1951—1955），联经出版事业股份有限公司，2007年，第732页。
④ 竺可桢：《竺可桢全集》第14卷《竺可桢日记》第九集，上海科技教育出版社，2008年，第210页。

鸟瞰图》反动本质"。

陈述彭的《中国地形鸟瞰图（集）》于 1955 年 1 月由中华书局出版。顾颉刚、章巽合编《中国历史地图集（古代史部分）》1955 年 3 月由地图出版社出版。这两本新出版的地图集就成了洪瑞钊用来证明自己政治正确性的"反面教材"。且不管洪瑞钊揭发此事是出于何种目的，既然上纲上线到政治高度，竺可桢也不得不重视。于是，竺可桢次日与向达、谭其骧商量此事。据日记载：

> 与向觉明、谭季龙谈及洪瑞钊来函评地图出版社出版《中国历史地图集》，顾颉刚、章巽编，谭校。据云洪瑞钊系无赖，此图集曾经他看过，因没有放他在校对之名上，所以提出反对。洪曾做过许多无聊之事云。觉民亦说他在东大时代目中无人，以后经孙科提拔得入立法院，因与蒋无关，所以得入上海文物保管委员会云云。①

谭其骧在当日日记中也提及"上午竺藕舫来，谈及洪瑞钊有信致竺，诋《历史地图集》"②。从事后的客观效果看，顾颉刚、章巽合编《中国历史地图集》的确遇到了"政治危机"。据 1956 年 3 月 4 日顾颉刚日记载：

> 前所编《历史地图》，已印三万册而不发行，因其中有原则性之错误，且有国际间之顾虑也。上月十七日，予在二所开会，因计划中有历史地图一项，予将此事言之，邵循正、傅乐焕二君均谓有补正办法，侯外庐谓可将样本送至二所，大家讨论修改。故今日至沈静芷一信，请其送

---

① 竺可桢：《竺可桢全集》第 14 卷《竺可桢日记》第九集，上海科技教育出版社，2008 年，第 211 页。
② 葛剑雄编：《谭其骧日记》，文汇出版社，1998 年，第 60 页。

第六章　人事有代谢——"谭图"以前的中国历史地图编绘　281

去十册。[①]

数万册的地图册印成而不能发行，这是一笔不小的经济损失。书中的所谓反动政治问题，更是说不定什么时候会被引爆的"地雷"。多年以后，仍旧有学者指出顾章合编《中国历史地图集》的所谓"反动的传统观点"：

> 也有些人遵循反动的传统观点，不仅把西南各族人民的史事摈弃在中国历史之外，即在中国历史地理，也把西南地区划出国界之外，……在一九五六年编印的中国历史地图，元代以前各图幅，把西南地区的全部或局部划出国界外，即明清图也不免有这样的情况，都是违反历史实际的。[②]

这里说到的反对观点，说严重点，就是"为反动统治服务的文人，以《春秋》大义为圭臬，对待西南地区的历史是极其恶毒的"。这种论调还是颇具杀伤力的。

面对此局，顾颉刚势必要挽回经济损失，排除政治隐患。1956年10月29日，顾颉刚到新华地图社商讨中小学历史地图之事，会后"与沈、张两社长商旧编《历史地图》是。"[③] 与沈静芷、张思俊两位社领导商谈的旧编历史地图，无疑就是业已出版的《中国历史地图集（古代史部分）》。商谈的结果，恐怕就是在地图集上贴上出版者说明，然后内部发行。在1956年11月地图出版社编辑

[①] 顾颉刚：《顾颉刚日记》第八卷（1956—1959），联经出版事业股份有限公司，2007年，第29页。
[②] 方国瑜：《中国西南历史地理考释》上册，中华书局，1987年，略例第3页。
[③] 顾颉刚：《顾颉刚日记》第八卷（1956—1959），联经出版事业股份有限公司，2007年，第138页。

部的说明中,提到"本图集印成后,发觉内容在处理国界和少数民族地区方面,有些地方不尽完善,为郑重起见,暂不发行。原拟俟修订改版后再发行,由于这些问题尚须专家研究,一时未能着手;而目前读者迫切需要历史地图,为此,我们决定将已印成的图集,采用内部发行的办法,以应从事研究工作者的迫切需要。"

采取内部发行的办法,对于三万册地图集库存而言,并不是彻底解决方案。在 1957 年二三月间召开的中国人民政治协商会议第二届全国委员会第三次会议的小组会议上,顾颉刚提交了《请纠正歪曲历史事实的历史地图案》,认为北京历史博物馆的历史地图犯了不老实和歪曲历史的毛病,顾颉刚写道:

> 听说某出版社将效法历史博物馆的地图,编辑中、小学历史挂图,我深恐怕扩大这不良影响,妨害科学的发展,故特行提议,请讨论决定后交文化、教育等部迅予纠正这种极度主观主义的发展。[1]

明眼人一看便知,顾颉刚这是有破有立,在批评历史博物馆历史地图的错误时,实际上暗含着对自己所编历史地图集的肯定。如果文化部、教育部能纠正他所说的错误,实际上也就为自己所编历史地图集解禁啦!

此提案理遭到了郑振铎的反对。3 月 3 日,顾颉刚与"振铎晤面,对于所提历史地图一案大不满意"[2]。不过,政协是参政议政之所,不可能立即解决某项具体事务。顾颉刚还一度把此事的解决寄托在当时正在热衷向党提意见的陈铭枢身上。据 1957 年 6 月 15

---

[1] 顾颉刚:《请纠正歪曲历史事实的历史地图案》,载《顾颉刚全集·宝树园文存》卷二《学术编(下)》,中华书局,2011 年,第 414 页。

[2] 顾颉刚:《顾颉刚日记》第八卷(1956—1959),联经出版事业股份有限公司,2007 年,第 212 页。

日顾颉刚日记载：

> 静秋来言，擎宇自上海回，为言丹枫嘱告，陈铭枢是政客，予忌者横集，专在寻错头，最好不与打交道。上月陈氏到予家，予曾以《历史地图》不出版事告之。静秋嘱予即致一函，此事不必在本届人大会中提起，缘擎宇言，此事已有公开发行之可能，不必再生是非也。①

此时，顾颉刚仅是全国政协委员，不像陈铭枢一样是第一届全国人大代表。从语境判断，顾颉刚想通过陈铭枢在 6 月 26 日开幕的第一届全国人大四次会议上为历史地图集的公开发行发声。不过，6 月 9 日的《人民日报》社论《要有积极的批评，也要有正确的反批评》已经点名批评陈铭枢。顾颉刚并没有意识到政治风向的变幻，要是他能预料到陈铭枢随后被罢免全国人大常委会委员的结果，恐怕绝口不敢向他提出任何请托。

当然，金擎宇所说的"已有公开发行之可能"也仅仅停留在可能性上，随着政治局势，谁还敢去给尘封在仓库里的数万册有政治问题的历史地图集想"出路"？况且，谭其骧主持的重编和改绘"杨图"工作已经成为地图出版社的主要工作，1956 年 11 月所说的"尽可能的短时期内完成此图的修订改版工作，与广大读者见面"，只是一个没有兑现的空想。

不过，这部书却流传到毛主席的案头。据葛剑雄说："1981 年，我到中南海毛泽东故居参观，在他那张宽大的床旁堆放着的大批书籍中见到一本由顾颉刚与章巽编、先生校的《中国历史地图集》，可见他生前使用的依然是他向吴晗提出问题时就有的、过于

---

① 顾颉刚：《顾颉刚日记》第八卷（1956—1959），联经出版事业股份有限公司，2007 年，第 258 页。

简单的工具书。"① 顾章合编《中国历史地图集》卷首的序言由顾颉刚、章巽联合署名,落款时间是1954年8月20日。而据顾颉刚日记载,他在1955年1月1日"修改《中国历史地图集》序文"。那么,毛泽东与吴晗在1954年9月15日至28日召开全国人大会议期间,不大可能看到顾章合编的《中国历史地图集》。毛泽东读到这本地图集,应在1955年之后。

---

① 葛剑雄:《先师谭季龙(其骧)先生传》,载孙进己主编:《东北亚研究——东北亚历史地理研究》,中州古籍出版社,1994年,第367页。

参 考 文 献

1. *Minutes of the General Faculty Executive Committee*, August 1st and 2nd, 1929, 北京大学档案馆藏, 燕京大学档案 YJ1929011。
2. Smith, Neil. 1987. Academic War over the Field of Geography: The Elimination of Geography at Harvard, 1947-1951. *Annals of the Association of American Geographers*, Vol. 77.
3. Susan Chan Egan. 1987. *A Latterday Confucian: Reminiscences of William Hung (1893 - 1980)*, Cambridge, Mass.: Council of East Asian Studies, Harvard University.
4. [英] 贝尔纳著,伍况甫等译:《历史上的科学》,科学出版社,1959年。
5. [美] 伯纳德·巴伯著,顾昕等译:《科学与社会秩序》,生活·读书·新知三联书店,1991年。
6. [美] 陈毓贤著:《洪业传》,商务印书馆,2013年。
7. [美] D. 普赖斯著,任元彪译:《巴比伦以来的科学》,河北科学技术出版社,2002年。
8. [日] 古川安著,杨舰、梁波译:《科学的社会史:从文艺复兴到20世纪》,科学出版社,2011年。
9. [美] 哈里特·朱克曼著,周叶谦、冯世则译:《科学界的精英——美国的诺贝尔奖金获得者》,商务印书馆,1979年。
10. [德] 卡尔·曼海姆著,黎鸣、李书崇译:《意识形态与乌托邦》,商务印书馆,2000年。
11. [英] 卡特赖特著,王巍、王娜译:《斑杂的世界:科学边界的研究》,上海科技教育出版社,2006年。
12. [美] 乔纳森·科尔、斯蒂芬·科尔著,赵佳苓等译:《科学界的社会分层》，华夏出版社，1989年。
13. ［美］乔治·萨顿著，刘兵等编译：《科学的历史研究》，上海交通大学出版社，2007年。
14. ［美］R. K. 默顿著，鲁旭东、林聚任译：《科学社会学》，商务印书馆，2004年。
15. ［德］施耐德著，李貌华、关山译：《真理与历史——傅斯年、陈寅恪的史学思想与民族认同》，社会科学文献出版社，2008年。
16. ［美］司徒雷登著，陈礼颂译：《司徒雷登日记：相见时难别亦难》，黄山书社，2009年。
17. ［美］约翰·司徒雷登著，程宗家译、刘雪芬校：《在华五十年——司徒雷登回忆录》，北京出版社，1982年。
18. ［英］约翰·亨利著，杨俊杰译：《科学革命与现代科学的起源》，北京大学出版社，2013年。
19. ［英］约翰·齐曼著，刘珺珺等译：《元科学导论》，湖南人民出版社，1988年。
20. ［英］约翰·齐曼著，曾国屏等译：《真科学：它是什么，它指什么》，上海科技教育出版社，2002年。
21. 北京大学历史系《北京史》编写组：《北京史》（增订版），北京出版社，1999年。
22. 北京大学地质学系百年历程编委会编：《创立·建设·发展：北京大学地质学系百年历程（1909—2009）》，北京大学出版社，2009年。
23. 北京大学党史校史研究室编：《战斗的历程：1925—1949.2/燕京大学地下党概况》，北京大学出版社，1993年。
24. 北京大学历史地理研究中心编：《侯仁之师九十寿辰纪念文集》，学苑出版社，2003年。
25. 北京大学历史地理研究中心编：《走近侯仁之——恭贺侯仁之先生百岁寿辰》，学苑出版社，2011年。
26. 北京大学研究生院编：《继往开来：北京大学研究生教育90年》，北京大学出版社，2008年。
27. 本报讯：《暨大之新气象》，《申报》，1934年2月21日。
28. 本刊整理：《历史教学战线上的标兵——简介出席全国文教群英会大会的先进历史教学工作者》，《历史教学》，1960年第7期。
29. 本书编辑部编：《中国教育年鉴（1949—1981）》，中国大百科全书出版社，1984年。
30. 本书编辑组编：《吴大猷科学哲学文集》，社会科学文献出版社，1996年。
31. 本书编写组编：《南大百年实录中央大学史料选》上卷，南京大学出版社，2002 年。
32. 卞僧慧纂，卞学洛整理：《陈寅恪先生年谱长编（初稿）》，中华书局，2010 年。
33. 卞毓方：《千手拂云千眼观虹——季羡林、钱学森、杨绛、侯仁之、陈省身、黄万里的人生比较》，作家出版社，2011 年。
34. 财政科学研究所、中国第二历史档案馆编：《民国外债档案史料》第十二册，档案出版社，1990 年。
35. 蔡方舆：《绘制〈清代历史地图〉报告》，《禹贡》半月刊，1936 年 12 月第 6 卷第 7 期。
36. 蔡方舆：《绘制清代历史地图报告》，载包遵彭等编纂：《中国近代史论丛》第一辑第一册《史料与史学》，正中书局，1957 年。
37. 蔡美彪：《学林旧事》，中华书局，2012 年。
38. 蔡尚思：《中国历史新研究法》，中华书局，1940 年。
39. 蔡尚思：《中国文化史要论（人物·图书）》，湖南人民出版社，1979 年。
40. 蔡元培：《蔡元培全集》，浙江教育出版社，1997 年。
41. 陈传康：《自然地理学不是"地理学的基础"，而是一门独立的自然科学》，《自然辩证法通讯》，1958 年第 1 期。
42. 陈福康：《郑振铎传》，北京十月文艺出版社，1994 年。
43. 陈光中：《侯仁之》，生活·读书·新知三联书店，2005 年。
44. 陈怀宇：《在西方发现陈寅恪——中国近代人文学的东方学与西学背景》，北京师范大学出版社，2013 年。
45. 陈平原：《文本中见历史 细节处显精神——〈触摸历史与进入五四〉导言》，《鲁迅研究月刊》，2005 年第 7 期。
46. 陈平原：《作为学科的文学史》，北京大学出版社，2011 年。
47. 陈桥驿：《从〈禹贡〉到〈中国历史地理论丛〉》，《史学史研究》，1990 年第 3 期。
48. 陈桥驿：《郦学新论——水经注研究三集》，山西人民出版社，1992 年。
49. 陈桥驿：《学论与官论——关于历史地理学的学科属性》，《学术界》，2001 年第 2 期。
50. 陈桥驿：《八十逆旅：陈桥驿自传》，中华书局，2011 年。
51. 陈思和：《陈思和自选集》，广西师范大学出版社，1997 年。
52. 陈徒手：《北京高校五十年代对教授入党的态度》，《南方都市报》，2011 年 12 月 6 日。
53. 陈仪深等访问，王景玲等记录：《南港学风——郭廷以和中研院近史所的故事》，九州出版社，2013 年。
54. 陈寅恪：《金明馆丛稿二编》，生活·读书·新知三联书店，2001 年。

55. 陈垣:《通鉴胡注表微》,中华书局,1962年。
56. 陈远:《消逝的燕京》,重庆出版社,2011年。
57. 陈智超编注:《陈垣来往书信集》,上海古籍出版社,1990年。
58. (明)陈子龙著,孙启治点校:《安雅堂稿》,辽宁教育出版社,2003年。
59. 戴逸:《皓首学术随笔(戴逸卷)》,中华书局,2006年。
60. 邓辉:《论侯仁之历史地理学的"环境变迁"思想》,《北京大学学报》(哲学社会科学版),2002年第3期。
61. 邓珂编:《邓之诚学术纪念文集》,北京大学出版社,1991年。
62. 邓云乡:《云乡琐记》,河北教育出版社,2004年。
63. 邓之诚:《中华二千年史》,中华书局,1983年。
64. 邓之诚著,邓瑞整理:《邓之诚日记(外五种)》,北京图书馆出版社,2007年。
65. 邓之诚:《邓之诚读书记》,中华书局,2012年。
66. 邓之诚著,邓瑞整理:《邓之诚文史札记》,凤凰出版社,2012年。
67. 地理研究所编辑部编:《大跃进中的中国地理学》,商务印书馆,1959年。
68. 丁君匋:《大中国图书局简史》,载俞子林主编:《百年书业》,上海书店出版社,2008年。
69. 董黎明:《城市土地利用与规划》,科学出版社,2012年。
70. 杜勤、睢行严:《北京大学学制沿革(1949—1998)》,北京大学出版社,2000年。
71. 方国瑜:《中国西南历史地理考释》,中华书局,1987年。
72. 方惠坚、张思敬主编:《清华大学志》,清华大学出版社,2001年。
73. 冯春龙:《试论禹贡学会对历史地理学的贡献——兼〈禹贡〉半月刊评述》,《扬州师院学报》(社会科学版),1987年第4期。
74. 复旦大学历史地理研究中心主编:《谭其骧先生百年诞辰纪念文集》,上海人民出版社,2012年。
75. 复旦大学校史编写组编:《复旦大学志》第1卷(1905—1949),复旦大学出版社,1985年。
76. 《复旦学报》记者:《历史地理学的由来和发展——谭其骧教授和他领导的历史地理研究室的学术成就和特点》,《复旦学报》,1980年第2期。
77. 高策、杨小明等:《科学史应用教程》,山西科学技术出版社,2003年。
78. 高明勇:《北京城的守望者:侯仁之传》,江苏人民出版社,2012年。
79. 高增德、丁东编:《世纪学人自述》,北京十月文艺出版社,2000年。
80. 葛剑雄:《先师谭季龙(其骧)先生传》,载孙进己主编:《东北亚研究——东北亚历史地理研究》,中州古籍出版社,1994年。
81. 葛剑雄:《往事与近事》,生活·读书·新知三联书店,1996年。

82. 葛剑雄：《悠悠长水——谭其骧前传》，华东师范大学出版社，1997 年。
83. 葛剑雄：《悠悠长水——谭其骧后传》，华东师范大学出版社，2000 年。
84. 葛剑雄编：《谭其骧日记》，文汇出版社，1998 年。
85. 葛剑雄、华林甫：《二十世纪的中国历史地理研究》，《历史研究》，2002 年第 3 期。
86. 葛兆光：《宅兹中国——重建有关"中国"的历史论述》，中华书局，2011 年。
87. 耿云志主编：《胡适遗稿及秘藏书信》，黄山书社，1994 年。
88. 顾潮：《历劫终教志不灰——我的父亲顾颉刚》，华东师范大学出版社，1997 年。
89. 顾潮：《顾颉刚年谱》，中国社会科学出版社，1993 年。
90. 顾潮：《顾颉刚年谱》（增订本），中华书局，2011 年。
91. 顾潮编：《顾颉刚学记》，生活·读书·新知三联书店，2002 年。
92. 顾颉刚：《史林杂识（初编）》，中华书局，1963 年。
93. 顾颉刚：《禹贡学会研究边疆计划书》，《史学史研究》，1981 年第 1 期。
94. 顾颉刚：《当代中国史学》，辽宁教育出版社，1998 年。
95. 顾颉刚：《古史辨自序》，河北教育出版社，2000 年。
96. 顾颉刚：《当代中国史学》，上海古籍出版社，2002 年。
97. 顾颉刚：《顾颉刚日记》，联经出版事业股份有限公司，2007 年。
98. 顾颉刚：《顾颉刚全集·宝树园文存》，中华书局，2011 年。
99. 顾颉刚：《顾颉刚全集·顾颉刚书信集》，中华书局，2011 年。
100. 顾颉刚：《顾颉刚全集·顾颉刚读书笔记》，中华书局，2011 年。
101. 顾颉刚：《顾颉刚全集·顾颉刚古史论文集》，中华书局，2011 年。
102. 顾颉刚：《顾颉刚自传》，北京大学出版社，2012 年。
103. 顾颉刚主编：《尚书通检》，书目文献出版社，1982 年。
104. 顾颉刚、史念海：《中国疆域沿革史》，商务印书馆，1938 年。
105. 顾颉刚、史念海：《中国疆域沿革史》，商务印书馆，1999 年。
106. 顾颉刚、郑德坤：《研究经济地理计划刍议》，《东方杂志》，1933 年第 30 卷第 5 期。
107. 顾廷龙：《〈尚书文字合编〉前言》，载侯仁之、周一良主编：《燕京学报》新二期，北京大学出版社，1996 年。
108. 顾廷龙：《顾廷龙文集》，北京图书馆出版社、上海科学技术文献出版社，2002 年。
109. 国立中山大学：《国立中山大学一览（民国十九年二月）》，国立中山大学，1930 年。
110. 国立中山大学：《国立中山大学现状（民国二十四年）》，国立中山大学，1935 年。
111. 国务院学位委员会办公室编：《全国授予博士和硕士学位的高等学校及科研机构名册》，高等教育出版社，1987 年。
112. 韩光辉：《侯仁之先生对历史地理学的贡献》，《地理与地理信息科学》，1991 年第 4 期。
113. 韩光辉：《历史地理学论稿》，商务印书馆，2006 年。
114. 郝斌等：《回眸侯仁之》，大统图书股份有限公司，2008 年。
115. 何东昌主编：《中华人民共和国重要教育文献（1949—1975）》，海南出版社，1998 年。
116. 侯馥兴：《从塘头厦到燕南园：我的母亲张玮瑛》，花城出版社，2012 年。
117. 侯仁之：《从欧战印度民族的自治运动说到独立运动》，《博文季刊》，1931 年 2 月第 2~3 期。
118. 侯仁之：《论"天路历程"》，《燕大团契圣诞特刊》，1938 年。
119. 侯仁之：《续〈天下郡国利病书〉山东之部》，燕京大学研究院文科研究所历史学部硕士学位毕业论文，1940 年。
120. 侯仁之：《天津聚落之起源》，天津工商学院，1945 年。
121. 侯仁之：《徐霞客》，中华书局，1961 年。
122. 侯仁之：《中国古代地理学简史》，科学出版社，1962 年。
123. 侯仁之：《历史地理学的理论与实践》，上海人民出版社，1979 年。
124. 侯仁之：《步芳集》，北京出版社，1981 年。
125. 侯仁之：《侯仁之燕园问学集》，上海教育出版社，1991 年。
126. 侯仁之：《历史地理学四论》，中国科学技术出版社，1994 年。
127. 侯仁之：《奋蹄集》，北京燕山出版社，1995 年。
128. 侯仁之：《〈洪业传〉读后题记》，《燕京学报》新二期，北京大学出版社，1996 年。
129. 侯仁之：《侯仁之文集》，北京大学出版社，1998 年。
130. 侯仁之：《晚晴集——侯仁之九十年代自选集》，新世界出版社，2001 年。
131. 侯仁之：《我从燕京大学来》，生活·读书·新知三联书店，2009 年。
132. 侯仁之：《中国历史地理论集》（英汉对照），外语教学与研究出版社，2015 年。
133. 侯仁之主编：《北京历史地图集》，北京出版社，1988 年。
134. 侯仁之、邓辉：《北京城的起源与变迁》，中国书店，2001 年。
135. 侯仁之口述，梅辰整理：《我的历史地理学之路》，《纵横》，2004 年第 7 期。
136. 侯甬坚：《历史地理学的由来及其延展》，《中国社会科学报》，2010 年 2

月 25 日。
137. 侯甬坚：《历史地理学探索》，中国社会科学出版社，2004 年。
138. 胡寄尘编：《虞初近志》，启智书局，1934 年。
139. 胡铭心：《执着的追求者——记民进湖北省委会名誉主委石泉同志》，《湖北文史资料》，2002 年第 1 期。
140. （元）胡三省：《通鉴释文辨误》，影印文渊阁四库全书本。
141. 胡山源：《文坛管窥——和我有过往来的文人》，上海古籍出版社，2000 年。
142. 胡适纪念馆编：《论学谈诗二十年——胡适杨联升往来书札》，安徽教育出版社，2001 年。
143. 胡文辉：《现代学林点将录》，广东人民出版社，2010 年。
144. 华林甫编：《中国历史地理学五十年》（增订本），学苑出版社，2005 年。
145. 华林甫：《中国历史地理学·综述》，山东教育出版社，2009 年。
146. 黄福庆：《近代中国高等教育研究：国立中山大学（1924—1937）》，"中央研究院"近代史研究所，1988 年。
147. 黄静：《禹贡派与食货派的学术关联》，《学海》，2003 年第 3 期。
148. 黄侃：《黄侃论学杂著》，中华书局，1964 年。
149. 黄裳：《来燕榭文存》，生活·读书·新知三联书店，2009 年。
150. 黄盛璋：《论历史地理学与地理学》，《湘潭大学社会科学学报》，1982 年第 3 期。
151. 纪念陈寅恪教授国际学术讨论会秘书组编：《纪念陈寅恪教授国际学术讨论会文集》，中山大学出版社，1989 年。
152. 季剑青：《1935 年郑振铎离开燕京大学史实考述》，《文艺争鸣》，2015 年第 1 期。
153. 暨南大学历史地理研究中心编：《中国历史地理研究》第 1 辑《民族与边疆历史地理》，暨南大学出版社，2005 年。
154. 冀朝鼎著，朱诗鳌译：《中国历史上的基本经济区与水利事业的发展》，中国社会科学出版社，1981 年。
155. 简华品、阳初生：《舆地学家欧阳缨》，载中国人民政治协商会议湖南省隆回县委员会文史资料研究委员会编：《隆回文史资料》第三辑，内部印刷，1988 年。
156. 姜亮夫：《姜亮夫全集》卷二十二《成均楼文录》，云南人民出版社，2002 年。
157. 姜义华主编：《史魂：上海十大史学家》，上海辞书出版社，2002 年。
158. 江淑芳、江淑英：《江武子先生传略》，载中国人民政治协商会议江苏省仪征县委员会文史资料研究委员会编：《仪征文史资料》第 2 辑，内部印刷，1985 年。
159. 江晓原：《科学史外史研究初论——主要以天文学史为例》，《自然辩证法通讯》，2000 年第 2 期。
160. 江晓原主编：《科学史十五讲》，北京大学出版社，2006 年。
161. 蒋天枢编：《陈寅恪先生编年事辑》（增订本），上海古籍出版社，1997 年。
162. 《科学家传记大辞典》编辑组编：《中国现代科学家传记》第 1 集，科学出版社，1991 年。
163. 孔另境编：《现代作家书简》，花城出版社，1982 年。
164. 雷洁琼：《美、英资产阶级思想对于高等教育的影响》，《新建设》，1951 年第 3 期。
165. 黎东方：《平凡的我：黎东方回忆录》，中国工人出版社，2011 年。
166. 李景文主编：《河南大学图书馆史》，河南大学出版社，2008 年。
167. 李乔：《行业神崇拜：中国民众造神运动研究》，中国文联出版社，2000 年。
168. 李曙光：《法思想录》，中国政法大学出版社，2007 年。
169. 李玉海编：《竺可桢年谱简编（1890—1974）》，气象出版社，2010 年。
170. 梁启超：《清代学术概论》，上海古籍出版社，1998 年。
171. 林颉编著：《中国历史地理学研究》，福建人民出版社，2006 年。
172. 刘珺珺、赵万里：《知识与社会行动的结构：知识社会的理论与实践研究》，天津人民出版社，2005 年。
173. 刘浦江：《不仅是为了纪念》，《读书》，1999 年第 3 期。
174. 刘肃勇：《忆古史辨学派开创者顾颉刚》，《中国社会科学报》，2012 年 8 月 13 日。
175. 刘子健：《洪业先生：少为人知的史家和教育家》，《历史月刊》，1989 年第 17 号。
176. 柳定生：《柳诒徵传略》，载北京图书馆《文献》丛刊编辑部、吉林省图书馆学会会刊编辑部编：《中国当代社会科学家》第一辑，书目文献出版社，1983 年。
177. 柳曾符、柳定生选：《柳诒徵史学论文集》，上海古籍出版社，1991 年。
178. 柳曾符、柳佳编：《劬堂学记》，上海书店出版社，2002 年。
179. 陆昕：《祖父陆宗达及其师友》，人民文学出版社，2011 年。
180. 罗尔纲：《困学丛书》第十种《记序文存》，广西人民出版社，1989 年。
181. 吕思勉：《吕著史地通俗读物四种》，上海古籍出版社，2010 年。
182. 吕思勉：《吕著中小学教科书五种》，上海古籍出版社，2011 年。
183. 麻星甫、王淑芳选编：《楚图南集》，云南教育出版社，1999 年。

184. 马来平：《科学的社会性和自主性——以默顿科学社会学为中心》，北京大学出版社，2012年。
185. 马赛屏：《燕京大学历史系课程设置与中国现代史学的发展（1919—1941）》，北京大学历史学硕士论文，2010年。
186. 毛曦：《全球史观与中国历史地理学研究范围的拓展》，《天津师范大学学报》（社会科学版），2009年第1期。
187. 蒙默编：《蒙文通学记》（增补本），生活·读书·新知三联书店，2006年。
188. 牟润孙：《注史斋丛稿》，中华书局，1987年。
189. 南京大学元史研究室编：《韩儒林文集》，江苏古籍出版社，1985年。
190. 欧阳康主编：《人文社会科学哲学》，武汉大学出版社，2001年。
191. 欧阳缨：《中国历代疆域战争合图》，武昌亚新地学社，1933年。
192. 欧阳哲生编：《胡适文集》第11册《胡适时论集》，北京大学出版社，1998年。
193. 潘懋元：《潘懋元论高等教育》，福建教育出版社，2000年。
194. 潘乃谷：《潘光旦先生和他的〈中国民族史料汇编〉》，《历史档案》，2005年第3期。
195. 彭明辉：《历史地理学与现代中国史学》，东大图书股份有限公司，1995年。
196. 裴宜理、谢喆平：《学术竞争的风险：过去与现在》，《清华大学教育研究》，2015年第1期。
197. （清）钱大昕著，杨勇军整理：《十驾斋养新录》，上海书店出版社，2011年。
198. 钱穆：《师友杂忆》，生活·读书·新知三联书店，1998年。
199. 钱文忠：《末那皈依》，上海书店出版社，2006年。
200. 邱仁宗：《科学方法和科学动力学：现代科学哲学概述》，高等教育出版社，2013年。
201. 瞿林东：《史学家的河山之恋》，《中华读书报》，2002年5月22日。
202. 荃麟：《复旦大学历史地理研究室开展学术讨论，探讨历史地理学的性质对象等问题》，《光明日报》，1961年11月23日。
203. 阙维民：《现代中国历史地理学的建立与发展——兼论侯仁之〈历史地理学四论〉》，《北京大学学报》，1996年第3期。
204. 阙维民：《陈桥驿先生的〈水经注〉历史地图研究》，载中国地理学会历史地理专业委员会《历史地理》编辑委员会编：《历史地理》第十九辑，上海人民出版社，2003年。
205. 阙维民主编：《史地新论——浙江大学（国际）历史地理学术研讨会论

文集》，浙江大学出版社，2002 年。
206. 任美锷：《最近三十年来中国地理学之进步》，《科学》，1948 年 4 月第 30 卷第 4 期。
207. 申报社：《北大同学会将追悼苏甲荣，并设位合祭张莘夫》，《申报》，1946 年 6 月 11 日。
208. 《史学史研究》资料室：《顾颉刚先生和禹贡学会》，《史学史研究》，1981 年第 1 期。
209. 石泉：《中国历史地理专题》，湖北人民出版社，2013 年。
210. 施爱东：《中国现代民俗学检讨》，社会科学文献出版社，2010 年。
211. 施雅风口述，张九辰整理：《施雅风口述自传》，湖南教育出版社，2009 年。
212. 施岳群、周斌主编：《与历史同行——复旦大学哲学社会科学研究的回顾与展望（1978—1998）》，复旦大学出版社，1998 年。
213. 史念海：《钱竹汀先生之史学》，《国立北平研究院院务汇报》，1936 年 5 月第 7 卷第 3 期。
214. 史念海：《河山集》（三集），人民出版社，1988 年。
215. 史念海：《忆先师陈援庵先生》，《史学史研究》，1990 年第 3 期。
216. 史念海：《河山集》（九集），陕西师范大学出版社，2006 年。
217. 史念海：《我与〈中国疆域沿革史〉》，载王兆成主编：《历史学家茶座》第四辑，山东人民出版社，2006 年。
218. 史念海：《史念海全集》，人民出版社，2013 年。
219. （宋）税安礼：《宋本历代地理指掌图》，上海古籍出版社，1989 年。
220. 司徒尚纪：《吴尚时》，广东人民出版社，1995 年。
221. 苏甲荣编：《中国地理沿革图》，新体中华地图发行处，1925 年。
222. 谭其骧：《谭其骧自传》，载北京图书馆《文献》丛刊编辑部、吉林省图书馆学会会刊编辑部编：《中国当代社会科学家》第四辑，书目文献出版社，1983 年。
223. 谭其骧：《长水集》上册，人民出版社，1987 年。
224. 谭其骧：《竺老热肠奖掖后进》，载浙江省政协文史资料委员会编：《一代宗师竺可桢》，浙江人民出版社，1990 年。
225. 谭其骧：《长水集续编》，人民出版社，1994 年。
226. 谭其骧、邹逸麟、葛剑雄：《在马克思主义指导下开创我国历史地理研究的新阶段》，载上海市哲学社会科学学会联合会编：《沿着马克思的理论道路前进——纪念马克思逝世一百周年论文集》，上海人民出版社，1983 年。
227. 唐明、饶玲一编：《唐振常文集》，上海社会科学院出版社，2013 年。

228. 田亮：《禹贡学会和〈禹贡〉半月刊》，《史学史研究》，1999年第3期。
229. 童教英：《从炼狱中升华——我的父亲童书业》，华东师范大学出版社，2001年。
230. 童书业著，童教英整理：《童书业中国疆域地理讲义》，天津古籍出版社，2008年。
231. 汪辟疆著，傅杰点校：《目录学研究》，华东师范大学出版社，2000年。
232. （清）汪士铎图，陈桥驿校释：《水经注图》，山东画报出版社，2003年。
233. 王汎森等编：《傅斯年遗札》，社会科学文献出版社，2015年。
234. 王记录、林琳：《〈禹贡〉半月刊对中国史学近代化的影响》，《史学史研究》，2010年第1期。
235. 王世襄：《锦灰不成堆：王世襄自选集》，生活·读书·新知三联书店，2007年。
236. 王守春：《地理环境在经济和社会发展中的作用的再认识——关于对"地理环境决定论"批判》，《地理研究》，1995年第1期。
237. 王树民：《纪念禹贡学会》，载中国地理学会历史地理专业委员会《历史地理》编委会编：《历史地理》创刊号，上海人民出版社，1981年。
238. 王煦华编：《顾颉刚先生学行录》，中华书局，2006年。
239. 王学典、孙延杰：《顾颉刚和他的弟子们》，山东画报出版社，2000年。
240. 王学典主撰：《顾颉刚和他的弟子们》（增订本），中华书局，2011年。
241. 王学珍等主编：《北京大学纪事（1898—1997）》，北京大学出版社，1998年。
242. 王育伊：《历史地图制法的几点建议》，载《禹贡》半月刊，1935年2月第2卷第12期。
243. 王毓蔺编：《侯仁之学术文化随笔》，中国青年出版社，2001年。
244. 王元化：《王元化集》第七卷《随笔》，湖北教育出版社，2007年。
245. 王钟翰辑：《史学消息：〈历代地理通释〉行将脱稿》，《史学年报》，1939年12月第3卷第1期。
246. 王钟翰著，诸同学整理：《王钟翰学述》，浙江人民出版社，1999年。
247. 王钟翰：《清心集〈王钟翰自选集〉》，新世界出版社，2002年。
248. 王钟翰：《王钟翰手写甲丁日记》（影印本），文津书店，2005年。
249. 王钟翰、邓珂：《邓之诚先生传略》，载北京图书馆《文献》丛刊编辑部、吉林省图书馆学会会刊编辑部编：《中国当代社会科学家》第四辑，书目文献出版社，1983年。
250. 魏屹东：《广义语境中的科学》，科学出版社，2004年。
251. 文士员著，文榕生整理：《邹氏地学与亚新地学社简史》，载中国地理学会历史地理专业委员会《历史地理》编辑委员会编：《历史地理》第二十辑，上海人民出版社，2004年。
252. 吴传钧：《发展中的中国现代人文地理学：吴传钧院士学术报告选辑》，商务印书馆，2008年。
253. 吴传钧、施雅风主编：《中国地理学90年发展回忆录》，学苑出版社，1999年。
254. 吴怀祺：《〈禹贡〉半月刊的爱国史学思想》，《史学史研究》，1983年第1期。
255. 吴天任编：《水经注研究史料汇编》，艺文印书馆，1984年。
256. 吴虞：《吴虞日记》，四川人民出版社，1986年。
257. 吴志顺：《地图底本作图之经过》，《禹贡》半月刊，1934年12月第2卷第8期。
258. 吴志顺：《历史地图制法的讨论——历史地图式样的讨论及进行绘制的计划》，《禹贡》半月刊，1935年9月第4卷第1期。
259. 西鸿：《辛勤的园丁——先进生产者史念海教授二三事》，《人民教育》，1956年第6期。
260. 席泽宗：《科学史十论》，复旦大学出版社，2003年。
261. 夏鼐：《夏鼐日记》，华东师范大学出版社，2011年。
262. 夏泉主编：《凝聚暨南精神：暨南大学建校100周年（1906—2006）》，广东人民出版社，2006年。
263. 夏中义：《九谒先哲书》，上海文化出版社，2000年。
264. 谢维扬、房鑫亮主编：《王国维全集》第1卷《静安文集》，浙江教育出版社，2009年。
265. 谢雪峰：《从全面学苏到自主选择：中国高等教育与苏联模式》，华中科技大学出版社，2004年。
266. 辛德勇：《侯仁之先生对于我国历史城市地理研究的开拓性贡献》，《中国历史地理论丛》，1990年第4期。
267. 辛德勇：《困学书城》，生活·读书·新知三联书店，2009年。
268. 新文丰出版公司编辑部编：《中国史学要籍介绍》，新文丰出版公司，1984年。
269. 熊会贞：《关于〈水经注〉之通信》，《禹贡》半月刊，1935年5月第3卷第6期。
270. 熊明安：《中国近现代教学改革史》，重庆出版社，1999年。
271. 许冠三：《新史学九十年（1900—）》上册，中文大学出版社，1988年。
272. 徐鸿修：《先秦史研究》，山东大学出版社，2002年。
273. 徐苹芳编著：《明清北京城图》，地图出版社，1986年。

274. 徐兆奎：《"禹贡学会"的历史地理研究工作》，载中国地理学会历史地理专业委员会《历史地理》编辑委员会编：《历史地理》创刊号，上海人民出版社，1981年。

275. 《学术研究丛刊》编辑部编辑：《金毓黻学术年谱》（初稿），内部印刷，1987年。

276. 燕京大学校长陆志韦编写组编：《燕京大学校长陆志韦》，内部印刷，2005年。

277. 燕京大学研究院辑：《私立北平燕京大学研究院入学简章（民国二十四年三月）》，燕京大学，1935年。

278. 燕京研究院编：《燕京大学人物志》第二辑，北京大学出版社，2002年。

279. 颜亮：《周振鹤：学问的关键是"求真"，不管有无用处》，《南方都市报》，2013年7月11日。

280. 杨开忠主编：《向上的精神：北京大学规划文选（1914—2013）》，北京大学出版社，2014年。

281. （清）杨守敬：《历代舆地图》，清末宜都杨守敬观海堂刻本。

282. 杨向奎（署名拱辰）：《史学漫谈》，《文史哲》，1982年第5期。

283. 杨向奎：《师门记学》，《文史哲》，1984年第5期。

284. 杨向奎述，李尚英整理：《杨向奎学述》，浙江人民出版社，2000年。

285. 杨亦农编：《湖南历代文化世家·新化邹氏卷》，湖南人民出版社，2012年。

286. 叶再生主编：《出版史研究》第五辑，中国书籍出版社，1997年。

287. 佚名：《国立清华大学学程大纲（附学科内容说明）》，清华大学，1929年。

288. 佚名：《国立清华大学本科学程一览（民国十八至十九年度）》，清华大学，1929年。

289. 佚名：《国立清华大学一览（民国二十一年十二月）》，清华大学，1932年。

290. 佚名：《〈禹贡〉半月刊发刊词》，《禹贡》半月刊，1934年3月第1卷第1期。

291. 佚名：《禹贡学会募集基金启》，《禹贡》半月刊，1936年1月第4卷第10期，附册。

292. 佚名：《本会此后三年中工作计划》，《禹贡》半月刊，1937年4月第7卷第1~3合期。

293. 佚名：《史地教委会召开首次会议》，《教育通讯》，1940年第3卷第20期。

294. 佚名：《华北高等教育委员会各大学专科学校文法学院各系课程暂行规

定》，《人民日报》，1949 年 10 月 12 日。
295. 佚名：《中小学教师寒假学习会分科讲座开始》，《人民日报》，1950 年 2 月 21 日。
296. 佚名：《京中小学教师寒假学习先后结束》，《人民日报》，1950 年 3 月 11 日。
297. 佚名：《北京大学历史系三个教研室的跃进规划草案》，《光明日报》，1958 年 7 月 21 日。
298. 佚名：《四川大学历史系开设专题讲授课》，《历史研究》，1961 年第 6 期。
299. 佚名编：《励耘书屋问学记——史学家陈垣的治学》，生活·读书·新知三联书店，1982 年。
300. 佚名：《暨南大学历史地理研究中心概况》，《中国历史地理论丛》，2015 年第 1 期。
301. 尹钧科、韩光辉：《侯仁之先生对北京城市历史地理研究的重大贡献》，《中国历史地理论丛》，2001 年第 4 期。
302. 余英时：《史学与传统》，时报文化出版事业有限公司，1982 年。
303. 余英时：《未尽的才情——从〈日记〉看顾颉刚的内心世界》，联经出版事业股份有限公司，2007 年。
304. 禹贡学会编：《禹贡学会会员录》，禹贡学会，1937 年。
305. 喻沧、廖克编著：《中国地图学史》，测绘出版社，2010 年。
306. 章群：《刚正不阿，风骨凛然——敬悼谭其骧师》，《明报月刊》，1992 年 12 月。
307. 章巽：《章巽文集》，海洋出版社，1986 年。
308. 张世林编：《学林往事》，朝华出版社，2000 年。
309. 张世林编：《家学与师承——著名学者谈治学门径》，广西师范大学出版社，2007 年。
310. 张世林主编：《想念史念海》，新世界出版社，2012 年。
311. 张世林主编：《想念王锺翰》，新世界出版社，2013 年。
312. 张世龙：《燕园絮语》，华龄出版社，2005 年。
313. 张舜徽：《中国古代史籍举要》，湖北人民出版社，1980 年。
314. 张玮瑛等主编：《燕京大学史稿（1919—1952）》，人民中国出版社，1999 年。
315. 张习孔：《北京中学教师集体编写"中国历史小丛书"开始出版》，《历史教学》，1959 年第 7 期。
316. 张修桂：《〈水经·江水注〉枝城—武汉河段校注与复原（下篇）》，载中国地理学会历史地理专业委员会《历史地理》编辑委员会编：《历史地理》第二十四辑，上海人民出版社，2010 年。

317. 张荫麟著，陈润成、李欣荣编辑：《张荫麟全集》，清华大学出版社，2013 年。
318. 张芝联：《我的学术道路》，生活·读书·新知三联书店，2007 年。
319. （清）张之洞撰，范希曾补正：《书目答问补正》，上海古籍出版社，2001 年。
320. 赵中亚选编：《王庸文存》，江苏人民出版社，2014 年。
321. 郑秉三：《改革历史地图的计划》，《禹贡》半月刊，1935 年 2 月第 2 卷第 12 期。
322. 郑德坤：《中国历史地理论文集》，联经出版事业公司，1985 年。
323. 郑德坤：《郑德坤古史论集选》，商务印书馆，2007 年。
324. 郑鹤声：《史地教育之总目标》，《训练月刊》，1940 年第 1 卷第 5 期。
325. （宋）郑樵著，王树民点校：《通志二十略》，中华书局，1995 年。
326. 郑天挺：《学习苏联高等学校的历史教学》，《历史教学》，1952 年第 12 期。
327. 郑天挺：《谈谈历史系教学改革》，《高教战线》，1982 年第 2 期。
328. 郑天挺：《探微集》，中华书局，1980 年。
329. 郑振铎：《郑振铎全集》第六卷《中国古典文学论文》，花山文艺出版社，1998 年。
330. 中共中央文献研究室刘少奇研究组、中央教育科学研究所编：《刘少奇论教育》，教育科学出版社，1998 年。
331. 中国出版科研所科研办公室编：《近现代中国出版优良传统研究》，中国书籍出版社，1994 年。
332. 中国地图出版社社庆办公室编：《中国地图出版社五十年（1954—2004）》，中国地图出版社，2004 年。
333. 中国第二历史档案馆编：《中华民国史档案资料汇编》第三辑《教育》，江苏古籍出版社，1991 年。
334. 中国第二历史档案馆编：《中华民国史档案资料汇编》第五辑第二编《教育（一）》，江苏古籍出版社，1997 年。
335. 中国科学院编译出版委员会主编：《十年来的中国科学（地理学/1949—1959）》，科学出版社，1959 年。
336. 中国社会科学院近代史研究所中华民国史研究室编：《胡适来往书信选》，社会科学文献出版社，2013 年。
337. 中国社会科学院历史研究所编：《求真务实五十载：历史研究所同人述往（1954—2004）》，中国社会科学出版社，2004 年。
338. 中国社会科学院历史研究所、中山大学历史系合编：《纪念顾颉刚先生诞辰 110 周年论文集》，中华书局，2004 年。
339. 中国社会科学院院史研究室编著：《中国社会科学院编年简史（1977—2007）》，社会科学文献出版社，2010 年。
340. 中华人民共和国教育部计划财务司编：《中国教育成就（统计资料/1949—1983）》，人民教育出版社，1984 年。
341. 中央教育科学研究所编：《中华人民共和国教育大事记（1949—1982）》，教育科学出版社，1984 年。
342. 中央人民政府教育部编印：《高等学校课程草案——文法理工学院各系》，光明日报社，1950 年。
343. 中国科学院南京地理与湖泊研究所编：《周立三论文选集》，中国科学技术大学出版社，1990 年。
344. 钟敬文主编：《民俗学概论》，上海文艺出版社，1998 年。
345. 周航：《中国地理学会举行历史地理专业学术讨论会》，《科学通报》，1962 年第 1 期。
346. 周清澍主编：《内蒙古历史地理》，内蒙古大学出版社，1993 年。
347. 周清澍：《学史与史学：杂谈和回忆》，上海古籍出版社，2011 年。
348. 周欣平主编：《东学西渐：北美东亚图书馆（1868—2008）》，高等教育出版社，2012 年。
349. 周一良：《毕竟是书生》，北京十月文艺出版社，1998 年。
350. 周一良：《周一良集》第 5 卷《杂论与杂记》，辽宁教育出版社，1998 年。
351. 周伟洲：《周伟洲学术经典文集》，山西人民出版社，2013 年。
352. 周振甫译注，《周易译注》，中华书局，1991 年。
353. 竺可桢：《竺可桢全集》，上海科技教育出版社，2008~2012 年。
354. 邹逸麟：《〈中国历史地图集〉工作琐忆》，载中国地理学会历史地理专业委员会《历史地理》编辑委员会编：《历史地理》第二十一辑，上海人民出版社，2006 年。
355. 邹逸麟：《谭其骧主编〈中国历史地图集〉编绘始末及其学术意义》，载华林甫主编：《清代地理志书研究》，中国人民大学出版社，2014 年。

后　　记

　　这本书的写作，拉拉杂杂，时断时续，写得非常辛苦。写到最后，我甚至都怀疑自己能否驾驭得了这个题目，以致打算放弃，图个清静。可是没办法，课题申请下了，经费也花完了，出版津贴也申领到了，再不出书，于公于私，都说不过去。于是，只能咬着牙，壮着胆，把这本书写下来。

　　现在终于到了写后记的时候，我却高兴不起来。这不是矫情，而是出于对学术的敬畏。我的这本书，很大程度上只是自己学习历史地理过程中的心得体会。我深知，里边可能充满错误，无论史实上的还是逻辑上的。那么，我是不是也该发一个免责声明，或者像商家一样，把"解释权"归我所有呢？显然，这一切都是徒劳的，你敢出版，别人就敢批判。保不齐还有人专门盯着你，等你出错。既然你为了名利着急出书，那就免不了别人为了维护学术的尊严，对你进行毫不客气的批评。想到这些，心里倒是由非常忐忑转向有点坦然。可是，一想到先贤说的"著述之家，最不利乎以未定之书传之于人"，心中又重生忐忑，担心自己成了"今世之人速于成书，躁于求名"的典型案例。

　　写书就像挖矿，只要有耐心，总是能够发现别人没有看到的东西。这些新发现，并不是因为我聪明，也不是我运气好，只不过是因为我稍有兴趣而已。如果让别人来做，或许做得更好。但是，当学界"小矿工"一旦遇到了"学术富矿",幸福来得太突然,就会得意忘形,甚至眩晕,迷失了方向。为了出这本书,我最终还是把没有写完的章节舍弃掉了,甚至已经发表的某些章节也只能束之高阁。当然,这并不是我想"一鸡多吃",也不是说我的这本书已经体系完整,结构严密,无懈可击。既然自命为一项"中国历史地理学的科学社会史"研究,那么,这个领域内还有太多的问题没有涉及。即便是利用我剩余的残篇断章,以更大的耐心去写另一本书,我也坚信仍旧还有不少悬而未决的问题冷冷地站在那里,用鄙责的语气说:"我就在这里,你来抓我呀!"

　　挖矿只是个比喻,我不是矿工子弟,只是个农民的儿子。我与农民工的唯一区别就是,他们是体力民工,我是脑力民工。既然是民工,无论在家种地还是外出打工,都要老实本分,不能偷奸耍滑,偷工减料。父亲跟我说过"人勤地不懒"的道理,我不敢说自己不是个懒人,但自信还不是一个没有一丝学术品位的烂人。我这个学术型的脑力民工,不敢说自己拿出的一定是学术精品,但至少相信自己是以真诚的态度去作了一些粗浅的思考。当然,我更不敢去奢望获得超出自己努力程度之外的任何赞许。

　　这本书能够写成,离不开师长们的鞭策、同事的督促。要不是因为院所领导和对门师长隔三差五的催促,恐怕猴年马月也见不到这本连我都不甚满意的书。希望这本书的出版,能够让关心我的人稍稍满意。这些关心我的人,自然可以列出一个很长的名单。按照中国人的惯例,排名总是要分先后的,这样总是会显得厚此薄彼。而且,名单再长,也会遗漏。既然会顾此失彼,那我就耍个滑头,在心中默念他们的名字,用以后更扎实的工作去回报他们。感谢的话,当我把这本书送给他们时,再亲笔写在扉页上吧。这样,再过若干年,说不定在旧书摊上也会出现有我签名的赠本。但愿这些签赠本,不会因为我的签名而贬值,卖不出新书的价钱。

　　当然,有些人是不能不提的。我的师弟有句名言"我是从小地方来的",我也一样。当年从曲阜(这里有一所以考研著称的大学）懵懵懂懂来到北京参加硕士生复试，心里一点着落也没有。行前，我联系过两位教授，没有结果，后来才知道两位老师已经招收了北大的保送生，我自知愚钝，哪能挤掉别人，忝列门墙？还好，幸亏韩光辉老师接纳了我，让我在北大能够安心读了五年书。没有韩老师的悉心栽培，我就不可能顺利进入历史地理这个行当，也不可能写出这些没有几个读者的文字。就连这些文字，也颇让韩老师挂牵。他一再叮嘱我行文时要客气，不该写的就别写，不要在无意中伤害了别人的感情。在此，我除了声明文责自负之外，只能衷心祝福他老人家健康长寿，颐养天年。

当然还要感谢我的父母（请允许我列出他们的名讳"丁元亮、孙家玉"），要不是他们三十多年前"勇敢"地违反计划生育政策，也就不会有我来到这个世间。他们是本本分分的农民，辛辛苦苦把我送出"农门"。希望我这一个不成器的"学术壮丁"，能让他们朴素的心灵有所慰藉。这么多年出门在外，我没有尽到一丝孝敬的义务，只能感谢在家的哥嫂一家，让父母享受到一些天伦之乐。同样感谢我的爱人张秀娟，她任劳任怨地操持着这个小家，容忍我的坏脾气，给我生下可爱的女儿。还要感谢岳母撇家舍业对我女儿的悉心照料。刚满两岁的女儿，总是用柔软的手把我从电脑旁拉开，口中念念有词："爸爸不工作，跟玄玄玩。"

末了，还要感谢中国人民大学清史所对我的接纳，以及商务印书馆诸位编辑的大力支持。往者不可谏，来者犹可追。我只有老老实实地耕耘好自己的一亩三分地，用自己微薄的收成，去回馈诸位师长亲朋施与我的恩泽。

又及，本书被纳入中国人民大学历史地理学丛书甲种第四号。是为记。

丁　超

2015 年 10 月 20 日记于椿杨楼